Karl-Heinrich Bieritz

Das Kirchenjahr

Das Kirchenjahr

Feste, Gedenk- und Feiertage
in Geschichte und Gegenwart

VERLAG C.H.BECK MÜNCHEN

Die Deutsche Bibliothek – CIP-Einheitsaufnahme

Bieritz, Karl-Heinrich:
Das Kirchenjahr: Feste, Gedenk- und Feiertage in Geschichte und Gegenwart / Karl-Heinrich-Bieritz. – Überarb. Aufl., 16.-27. Tsd. – München : Beck, 1994
ISBN 3 406 38444 7
NE: GT

ISBN 3 406 38444 7

16.–27. Tausend. 1994

Satz und Druck: C.H.Beck'sche Buchdruckerei, Nördlingen
Gedruckt auf säurefreiem,
aus chlorfrei gebleichtem Zellstoff hergestelltem Papier
Printed in Germany

Inhalt

Zweiter Teil:

Der Osterfestkreis

Dritter Teil:

Der Weihnachtsfestkreis

Vierter Teil:

Der Festkreis der Heiligen

Vorwort

Dieses Buch wurde für Leser geschrieben, die knappe und dennoch detaillierte Informationen über die Entstehung, den Sinn, die gegenwärtige Gestalt und die gottesdienstliche Begehung des christlichen Festjahres suchen. Es erhebt nicht den Anspruch, einen Beitrag zur historischen und liturgiewissenschaftlichen Erforschung des Kirchenjahres zu leisten. Es verzichtet auch weitgehend darauf, praktisch-theologische Fragen zu erörtern, die sich aus der gegenwärtigen Praxis christlicher Festfeier ergeben. Es wendet sich demzufolge nicht an den Experten auf diesem Gebiet, sondern hat den Theologen ohne liturgiewissenschaftliche Spezialkenntnisse und den interessierten Nichttheologen, auch Nichtchristen im Blick. Anderen Publikationen ähnlicher Art hat es voraus, daß es in umfassender Weise sowohl die evangelische als auch die katholische Praxis berücksichtigt. Es will in diesem Sinne ein *ökumenisches* Buch sein, aus dem sich evangelische wie katholische Leser nicht nur über die Praxis der eigenen, sondern auch der jeweils anderen Kirche informieren können.

Gerade rechtzeitig vor Beginn der Arbeit an diesem Buch erschien als Teil 5 des Handbuchs der Liturgiewissenschaft das Werk von Hansjörg Auf der Maur: Feiern im Rhythmus der Zeit. Herrenfeste in Woche und Jahr (Regensburg 1983), das den gegenwärtigen Forschungsstand in übersichtlicher und zuverlässiger Weise darstellt. Daß ich hierauf immer wieder zurückgreifen konnte, hat mir die Arbeit sehr erleichtert. In der Zielsetzung, der Art der Darstellung und im Hinblick auf den potentiellen Leserkreis konnte ich mich an dem Buch von Adolf Adam: Das Kirchenjahr mitfeiern. Seine Geschichte und seine Bedeutung nach der Liturgieerneuerung (Freiburg i. Br. 1979) orientieren. Auch auf die betreffenden Artikel in Adolf Adam/ Rupert Berger: Pastoralliturgisches Handlexikon (Freiburg

i. Br. 1980, Leipzig 1982) habe ich immer wieder dankbar zurückgegriffen.

Danken möchte ich den Herren Prof. Dr. Hans-Hinrich Jenssen, Berlin, und Dozent Lic. Franz Schneider, Erfurt, die das Manuskript gelesen und mir wichtige Hinweise gegeben haben. Ebenso gilt mein Dank Frau Renate Harder und Herrn Dr. Wilfried Engemann, die das Register erstellten und Korrektur lasen.

Leipzig, im Oktober 1985 Karl-Heinrich Bieritz

Vorwort zur Neuauflage

Seit 1993 liegt die Stammausgabe des neuen *Evangelischen Gesangbuchs* vor, das das bisherige *Evangelische Kirchengesangbuch* ablöst. In der vorliegenden Auflage wurden die Angaben zu den Liedern entsprechend umgestellt. Soweit dies nötig erschien, wurde auch auf den 1990 erschienenen, von der *Evangelischen Kirche der Union* und der *Vereinigten Evangelisch-Lutherischen Kirche in Deutschland* gemeinsam in Auftrag gegebenen Vorentwurf einer *Erneuerten Agende* Bezug genommen. Die vom Verlag gebotene Möglichkeit, einige sprachliche Glättungen und kleinere Ergänzungen und Korrekturen einzuarbeiten, wurde dankbar genutzt.

Rostock, im Januar 1994 Karl-Heinrich Bieritz

Erster Teil

Festzeiten und Festtage

Kapitel 1

Leben in der Zeit

Bedingungen menschlicher Zeiterfahrung

Kosmische und biologische Rhythmen

Unsere Zeiterfahrung ist zutiefst von biologischen und kosmischen Rhythmen bestimmt. Zeit: Das ist der Raum zwischen zwei Schlägen unseres Herzens, zwischen zwei Atemzügen, der Rhythmus von Wachen und Schlafen, von Hunger und Sättigung. Zeit: Das ist auch der Rhythmus von Hell und Dunkel, von Tag und Nacht, das Spiel der Gezeiten, der Wechsel der Jahreszeiten und Jahre. Daß wir in der Zeit leben, ja daß alles Leben eine Erscheinungsweise von Zeit ist, lesen wir ab am Lauf der Gestirne, des Mondes, der Sonne, unserer Erde, die sich um sich selber dreht und sich zugleich um die Sonne bewegt. Wir lesen es auch ab an der biologischen Uhr, die wir in uns tragen und die deutlich auf jene kosmischen Rhythmen abgestimmt ist.

Zyklische und zielgerichtete Zeiterfahrung

Leben im Kreis

Ihre Lebens-Zeit, ihren Lebenslauf können Menschen grundsätzlich auf unterschiedliche Weise erleben und deuten. Eine Möglichkeit besteht darin, den Weg von der Geburt zum Tod als Kreis zu beschreiben und zu begehen, der zu seinem Ursprung zurückführt. Im Glauben an die Wieder-Geburt der menschlichen Seele gewinnt diese Sinndeutung ihre religiöse

Gestalt: Der Tod, das Ende aller Lebens-Zeit, stellt sich zugleich als ein neuer Anfang dar, fällt mit der Geburt einer neuen Existenz in Leiblichkeit zusammen. Der jeweilige Lebenslauf wird dann als Wiederholung stets gleicher, vorgegebener Schritte begriffen: Nicht das geschichtlich Einmalige, Unverwechselbare wird hervorgehoben, sondern der überindividuelle, zeitlose Rhythmus, der in zahllosen anderen Lebensläufen seine Entsprechung findet.

Leben als Weg

Anders ist es, wenn der Weg von der Geburt zum Tod als ein zielgerichteter, unumkehrbarer Vorgang verstanden wird, der sich im Tod abschließend vollendet – gleich, ob sich solche Vollendung in einem neuen, ganz anderen Sein verwirklicht oder ausschließlich auf die irdische Existenz bezogen wird. Hier wird der individuelle Lebenslauf als einmalige, unverwechselbare und unwiederholbare Lebensgeschichte verstanden, die so oder so einem Ziel zustrebt. In dieser Geschichte fallen Entscheidungen, die – weil sie nicht in einem zweiten oder dritten Anlauf korrigiert werden können – endgültig über Sinn oder Unsinn des einmal gelebten Lebens verfügen.

Mythische Weltdeutung: Wiederkehr der Ursprünge

Beiden Erklärungen des individuellen Lebenslaufs entsprechen Interpretationen des Weltlaufs und der Weltgeschichte. Dabei dominierte in frühen Kulturen und ihren religiösen Deutungssystemen zunächst die zyklische, kreisförmige Zeiterfahrung. Die göttliche Gründungstat, die in der Vorzeit Welt und Leben aus sich entließ, mußte je und je erneuert werden, um den Bestand von Welt und Leben auch weiterhin zu sichern. Dabei wurde Böses getilgt, Leben neu erschaffen, ein neues Zeitalter eröffnet. Solche fromme Erneuerung der göttlichen Gründungstat leistete der Kult. Er war nicht fromme Erinnerung an einst Geschehenes, sondern wirksame Vergegenwärtigung, Wieder-Holung der welt- und lebenschaffenden Gründungshandlung. Er war Abbildhandlung, in der das Urbild, die göttliche Gründungstat und Urhandlung, immer neu zur Gegenwart und zur Wirkung kam.

Es ist deutlich, daß man im Rahmen eines solchen (wir sagen: mythischen) Weltverständnisses von der Zukunft eigentlich nichts Neues erwarten konnte. Weltlauf und Weltgeschichte erschöpften sich in der steten Wiederkehr der Anfänge: Rückkehr zu den Ursprüngen war das Leitbild aller individuellen und gesellschaftlichen Deutung von Welt und Leben. Geschichte – wenn man diesen Begriff hier überhaupt verwenden darf – bestand in der unendlichen Wiederholung gleicher Abläufe, deren Rhythmen und Strukturen bereits in der Gründungstat vorgeschrieben und festgeschrieben waren. Die zyklische, kreisförmige Zeiterfahrung orientierte sich vor allem an den naturhaften kosmischen und biologischen Rhythmen, am Lauf der Gestirne und der Jahreszeiten. Auch da, wo sie sich (wie in den altägyptischen und mesopotamischen Religionen) mit einem geschichtlichen Interesse verband, geschah das vornehmlich zu dem Zweck, durch kultisches Handeln feste Strukturen im Fluß der Zeit zu schaffen, die Halt und Sicherheit angesichts aller Veränderungen gewähren sollten.

Biblische Zeiterfahrung

Heilsgeschichte: Weg mit Anfang und Ziel

Das biblische Israel hatte zunächst durchaus an solcher zyklischen Welt- und Zeiterfahrung teil. Und doch entwickelten sich hier, soweit sich dies erkennen läßt, erstmalig und wohl auch einmalig innerhalb altorientalischer Kulturen Ansätze einer zielgerichteten, im eigentlichen Sinne geschichtlichen Zeiterfahrung und Zeitdeutung. Im frühen Israel war der Rhythmus der großen Feste zunächst am Ablauf des Naturjahres orientiert. Aber bald schon wurden diese Feste auf Ereignisse in der Geschichte des Volkes bezogen, denen es seine Existenz verdankte und die es als Heils- und Rettungstaten Gottes erlebte. Diese geschichtlichen Ereignisse verbanden sich – in einem nächsten Schritt – im Bewußtsein des Volkes zu einem heilsgeschichtlichen Zusammenhang, wurden insgesamt als *Heilsgeschichte* erfahren, gedeutet und gefeiert. Die Heilsgeschichte hatte ihren Anfang in der Erwählung des Volkes durch Gott, im Bund, den Gott mit dem Volk geschlossen hatte. Sie hatte aber notwendig auch einen Fortgang. Die Zukunft konnte jetzt nicht mehr als bloße Wieder-Holung der Anfänge verstanden werden, die nichts Neues zu bringen vermochte. Das Volk erlebte Gott als gegenwärtig geschichtlich Handelnden. Es rechnete mit neuen, unerwarteten und unerhörten Gottestaten in der Zukunft. Gott hatte noch etwas vor mit seinem Volk. Die Heilsgeschichte bekam nun ein Ziel.

Es ist deutlich, daß solche Geschichte sich nicht in der endlosen Wiederkehr der gleichen Abläufe erschöpfen konnte, sondern unverwechselbare, unumkehrbare, unwiederholbare Züge gewann. Es war eine Geschichte, in der Entscheidungen fielen – Entscheidungen über Heil und Unheil; eine Geschichte, in der die Weichen für die Zukunft gestellt wurden; eine Geschichte, die gleichsam „von oben" qualifiziert wurde durch das, was Gott in ihr tat. Die Feste, die das Volk Gottes feierte, gewannen darum ein doppeltes Gesicht: Das Volk gedachte der Großtaten Gottes in der Geschichte. Zugleich feierte es sie als Zeichen der Hoffnung auf die zukünftige Vollendung.

Gegenwart des Vergangenen und Zukünftigen

Dieses biblische Zeiterleben wird durch eine grammatikalische Eigentümlichkeit der hebräischen Sprache veranschaulicht und gestützt. Unsere Unterscheidung von Vergangenheit, Gegenwart und Zukunft ist der Sprache des Alten Testaments im Grunde fremd. Entsprechende Verbformen bezeichnen keine streng voneinander geschiedenen Abschnitte auf der Zeitleiste, sondern geben so etwas wie „die Strömungsrichtung der Gezeiten" an: „Das Vergangene ist nicht entschwunden, die Zukunft nicht in weiter Ferne, sondern alles in der Gegenwart wirksam" (A. Adam/R. Berger, S. 566). Das ist wichtig für das Verständnis dessen, was im biblischen Sinne *Gedächtnis* heißt. Wenn das Volk sich an die Großtaten Gottes erinnerte, wurden diese als ein gegenwärtig wirksames und rettendes, die Gegenwart bestimmendes Geschehen erfahren. In gleicher Weise reichte auch Zukünftiges in die Gegenwart hinein. Die Zukunft Gottes – noch ausstehend, noch nicht vollendet – wurde schon in ihrer die Gegenwart ergreifenden und verwandelnden Kraft erfahren, verkündet und gefeiert.

Zeitraum und Zeitpunkt

Für das Verständnis und die Erfahrung von Zeit im Neuen Testament ist die Unterscheidung zweier Begriffe wichtig: *Chronos* ist der Zeitraum, die Zeitdauer, die Zeitspanne. *Kairos* dagegen ist der Zeitpunkt, dem eine solche lineare Erstreckung nicht unbedingt eignet: Zeit, die durch ein bestimmtes Geschehen, ein Ereignis, eine Entscheidung qualifiziert wird und sich darin von aller anderen Zeit unterscheidet; *rechte* Zeit, die zu einer solchen Entscheidung, einem solchen Handeln aufruft; Zeit, die man verpassen kann und die dann unwiederbringlich verloren ist. *Kairos* ist darum die Christuszeit, in der sich Gott auf eine einmalige, unwiederholbare Weise an die Welt wendet und sie zum Heil ruft. *Kairos* ist auch die Endzeit, die das Gericht bringt und die Verheißungen Gottes erfüllt.

Die Gegenwart der Zukunft: Schon und Noch nicht

All dies wird im Neuen Testament in einer merkwürdigen Spannung erfahren. Mit dem Kommen Jesu Christi ist der *kairos* Gottes, die Endzeit, bereits angebrochen. In ihm ist die Königsherrschaft Gottes gegenwärtig. Aber noch steht die Vollendung dieser Herrschaft aus: Das Reich Gottes wird als etwas Gegenwärtiges und Zukünftiges zugleich verkündet. *Schon* und *Noch nicht:* In der spannungsvollen Einheit dieser Formel drückt sich seitdem christliche Zeiterfahrung aus. Das heißt: Die Zukunft Gottes ist fern und nah zugleich. Seit Jesus ist diese Zukunft bereits unter uns gegenwärtig. Aber eben als

Zukunft gegenwärtig: noch nicht eingeholt, noch nicht vollendet, sondern offen, unergründet und unergründbar.

Kirchenjahr: kairos im chronos

In diesem Sinne wird mit dem christlichen Festjahr der Versuch unternommen, auf der Ebene und mit den Mitteln des *chronos* den göttlichen *kairos* zu kennzeichnen und abzubilden. Das ist eigentlich problematisch, denn das Christusereignis entzieht sich aller *chronologischen* Einordnung, weil es sich nicht in die eherne Abfolge von Vergangenheit, Gegenwart und Zukunft fügt; im Kirchenjahr aber wird es gleichsam auf die Zeitstrecke des Jahres verteilt. Jedoch führen auch Christen ihr Leben in der Zeit, und zwar in der als Zeitraum, als *chronos*, erfahrenen Zeit. Das Kirchenjahr ist eine nötige, zutiefst menschliche Weise, die Christusgeschichte zu vergegenwärtigen und an ihr teilhaben zu lassen.

Die Bezeichnung „Kirchenjahr“ für das christliche Festjahr findet sich zum erstenmal 1589 bei Johannes Pomarius. Andere Bezeichnungen lauten „liturgisches Jahr“ oder „Jahr des Heils“. Gemeint ist die Gliederung, die das Jahr durch die Abfolge der Sonntage und Wochen, der Feste und Festzeiten erfährt. Das Besondere des Kirchenjahres findet vor allem in der gottesdienstlichen Feier Ausdruck und Darstellung.

Kapitel 2

Tag und Woche

Gliederungen der Zeit

In den uns bekannten Weisen, Zeit einzuteilen, spiegeln sich kosmische Vorgänge: Der Lauf der Erde um ihr Zentralgestirn, die Sonne, ergibt den Zeitabschnitt des Jahres. Rund 29½ Tage braucht der Mond, um einmal die Erde zu umrunden. Daher rührt die Zeitspanne des Monats. Die Drehung der Erde um ihre eigene Achse bildet die astronomische Grundlage für die Zeiteinheit des Tages mit ihren zweimal zwölf Stunden. Ob ein Zusammenhang besteht zwischen der sieben Tage umfassenden Zeitdauer einer Woche und der regelmäßigen Abfolge der Mondquartale (Neumond, zunehmender Halbmond, Vollmond, abnehmender Halbmond), ist umstritten. Es wird auch die Anschauung vertreten, daß die Sieben-Tage-Woche auf sozialen Konventionen beruht. Sie läßt sich nicht ohne Schwierigkeiten mit dem Mond-Monat und dem Sonnenjahr koordinieren.

Der Tageslauf

Tag und Nacht

Der *Tag* war für antikes Denken der Zeitraum zwischen Sonnenaufgang und Sonnenuntergang. Er stand in einem qualitativen Gegensatz zur *Nacht*, in der Licht und Wärme fehlen, alle Ordnung sich auflöst, das Leben gleichsam stillsteht und menschliches Wirken kaum mehr möglich ist. *Nacht* war Un-Zeit, konnte also eigentlich in ihrem Verlauf auch nicht gemessen werden: „Die Nacht wird vom antiken Menschen als Bedrohung empfunden, als abendliches Zurückweichen des Lebens, als dunkler Urgrund unliebsamer Überraschungen" (A. Adam/R. Berger, S. 364).

Einteilungen

Dennoch kannte die römische Zeiteinteilung, die sich im 2. und 3. Jahrhundert auch in den östlichen Gebieten des Reiches durchzusetzen begann, die Einteilung der Nacht in Nachtwachen *(Vigilien)* zu je drei Stunden. Der eigentliche Tag umfaßte die Zeit vom Aufgang bis zum Untergang der Sonne und wurde in zwölf gleiche Teile eingeteilt; er begann gegen sechs Uhr morgens nach unserem Tagesrhythmus. Er wurde ebenfalls in Abschnitte zu je drei Stunden untergliedert, wobei die jeweiligen Endtermine (dritte, sechste, neunte Stunde) eine besondere Bedeutung für den Tageslauf und die mit ihm verbundenen Tätigkeiten besaßen. Im übrigen waren in den Kulturen der alten Welt durchaus unterschiedliche Tageseinteilungen gebräuchlich: Juden und ursprünglich auch Griechen zum Beispiel rechneten den Tag nicht von Mitternacht zu Mitternacht, sondern von Sonnenuntergang zu Sonnenuntergang, so daß jeweils der Vorabend mit zum folgenden Tag gehörte.

Alles hat seine Zeit

Weitgehend gemeinsam war dem antiken Menschen das Verhältnis zu Tag und Nacht: Im Gegensatz zur Nacht galt der Tag als die Zeit menschlichen Wirkens, in der Gefahren zurücktraten und die Welt als geordneter, sinnvoller Lebensraum erschien. Dabei verbanden sich mit den einzelnen Abschnitten des Tages unterschiedliche Gehalte; sie fügten sich zu einer Kette zusammen, die sich Tag für Tag wiederholte, so den Tageslauf gliederte, ihm Sinn und Ordnung verlieh (erkennbar zum Beispiel im Rhythmus von Arbeit und Ruhe, in der Abfolge der Mahlzeiten). In einem solchen sinnvoll gegliederten Tageslauf hatte „alles seine Zeit", das heißt, bestimmte Aktivitäten und Erlebnisse waren an bestimmte Tageszeiten gebunden und konnten nicht beliebig über den Tag verteilt werden. Ebenso wurden religiöse und kultische Handlungen auf bestimmte Tageszeiten festgelegt; sie standen in engem Zusammenhang mit dem jeweiligen Abschnitt und verloren an Gültigkeit und Sinn, wenn sie sich hiervon lösten.

Erinnerung an die Großtaten Gottes

Das gilt auch für das biblische Israel: Jeder Tag war so etwas wie ein Abbild, eine zusammenfassende Erinnerung der Geschichte Gottes mit seinem Volk. Jeder Abend vergegenwärtigte den Auszug des Volkes aus der Knechtschaft in Ägypten, jeder Morgen erinnerte an den Bundesschluß am Berge Sinai. Dieses tägliche Gedächtnis der Heilsgeschichte wurde durch das Abend- und Morgenopfer im Tempel kultisch begangen (Ex 29,38–43; Num 28,1–8). Später wurden daraus (durch die Einführung eines zusätzlichen Opfers und die Aufteilung des Abend- und Morgenopfers) fünf Opferzeiten. Im Exil traten an die Stelle dieses Opfers feste Gebetszeiten (zunächst drei: Dan 6,11; Ps 55,18), die auch in den Synagogen eingehalten wurden.

Tageslauf und Christusgeschichte

Ähnlich verband sich auch nach frühem christlichen Denken der Tageslauf mit bestimmten Ereignissen der Heilsgeschichte, wurde so zu einer Art „Kirchenjahr" im kleinen: Der Abend erinnerte an den Kreuzestod Jesu, die Stiftung des Neuen Bundes in seinem Blut. Jeder Morgen vergegenwärtigte seine Auferstehung, den Sieg des wahren, unvergänglichen Lebens. Auch die eigentlich „zeitlose" Nacht wurde in diesen heilsgeschichtlichen Zusammenhang einbezogen: die Nacht galt als die Zeit der Gottferne, der Sünde, in der der Mensch sich in besonderer Weise widergöttlichen Mächten ausgeliefert sah und zum Kampf gegen sie antreten mußte. Nächtliche Gottesdienste waren Ausdruck dessen; das Wort Christi vermochte dabei die

Finsternis zu erhellen und dem wachenden Christen Kraft zu geben. So gewann die Nacht – hier: die durchwachte, durchkämpfte Nacht – noch eine andere erlebnismäßige Qualität für den Glauben: Sie war Zeit der Erwartung und der Bereitschaft. Der Christ wartete auf den Anbruch des Morgens, der ihm die Auferstehung Christi und damit seine eigene Auferstehung und Vollendung ankündigte. So war für den Christen, der in diesen Vorstellungen lebte, jede Nacht ein Durchgang durch den Tod in das Leben, ein *österlicher Überschritt*, ein Osterfest im kleinen. Gottesdienstliche Nachtwachen knüpften hieran an; sie fanden ihren Höhepunkt in der Vigil der Osternacht, in der die Gemeinde gemeinsam den Anbruch des Auferstehungsmorgens erwartete.

Das Gebet der Tagzeiten (Stundengebet)

Diese Beziehung von Tageslauf und Heilsgeschichte fand ihren geformten Ausdruck im Tagzeitengebet (Stundengebet) der Christen. Schon früh bildeten sich – vermutlich vom Judentum übernommen – bestimmte Gebetsstunden auch bei ihnen heraus. Sie wurden zunächst von jedem für sich begangen. Man erinnerte sich dabei an die Ereignisse der Passion Jesu, die der jeweiligen Tages- oder Nachtstunde entsprachen. Es gab ein Gebet um Mitternacht, ein Gebet zum Aufstehen, jeweils ein Gebet zur dritten, zur sechsten und zur neunten Stunde und ein Gebet am Abend. Morgen- und Abendgebet wurden bald schon, wo dies möglich war, auch in Gemeinschaft begangen; als Morgenlob *(Laudes)* und Abendgebet *(Vesper)* bildeten sie den Grundbestand des kirchlichen Tagzeitengebets. Hinzu kamen die erwähnten gelegentlichen gemeinsamen nächtlichen Gottesdienste. In den Asketen- und Mönchsgemeinschaften wurden später ebenso die drei privaten Gebetszeiten zur dritten, sechsten und neunten Stunde gemeinsam begangen; hinzu traten eigene Gebete zur ersten Stunde und zum Tagesschluß.

So ergab sich eine Abfolge von acht Gebetszeiten: *Matutin* (entstanden aus den nächtlichen Vigilgottesdiensten), *Laudes* (Morgenlob), *Prim* (zur ersten Stunde), *Terz, Sext, Non* (zur dritten, sechsten, neunten Stunde), *Vesper* (Abendlob), *Komplet* (zum Tagesschluß).

Die 1970 fertiggestellte neue Ordnung des Stundengebets in der katholischen Kirche hebt vor allem die Bedeutung von *Laudes* und *Vesper* als „vornehmste Gebetsstunden" hervor. Die *Prim* entfällt; die drei anderen sog. kleinen Horen (von *hora* = Stunde) werden da beibehalten, wo man das gemeinsame Chorgebet übt *(Terz, Sext, Non);* außerhalb der Chorverpflichtung soll man eine davon auswählen. Die Matutin soll im Rahmen des Chorgebets ihren Charakter als nächtliches Gotteslob behalten, im übrigen aber so eingerichtet werden, daß sie als „Lesehore" auch zu jeder anderen Tageszeit gebetet werden kann. Die *Komplet* ist so zu halten, daß sie den Tag wirklich abschließt.

Im evangelischen Bereich besitzen vor allem Morgenlob (hier *Mette* genannt) und Abendlob *(Vesper)* Bedeutung; in den meisten evangelischen Gesangbüchern finden sich gottesdienstliche Ordnungen für die gemeinsame Feier dieser beiden Gebetszeiten, im neuen Evangelischen Gesangbuch darüber hinaus auch für das Mittags- und Nachtgebet (EG 782–786). In der „Agende für evangelisch-lutherische Kirchen und Gemeinden", Band II, werden ebenfalls Ordnungen für das Mittagsgebet *(Sext)* und das Nachtgebet *(Komplet)* angeboten. In bruderschaftlichen Kreisen der evangelischen Kirche werden verschiedentlich auch die anderen genannten Gebetszeiten begangen.

Der Wochenrhythmus

Unterschiedliche Wochenrhythmen

Im Unterschied zu Tag, Monat und Jahr hat der Wochenrhythmus wohl keinen unmittelbaren Rückhalt an vorgegebenen natürlichen Zyklen. Er beruht weitgehend auf Übereinkunft und Überlieferung und erwuchs vermutlich aus dem Bedürfnis, die größere Zeiteinheit des Monats zu untergliedern und überschaubare Zeiträume zu schaffen, in deren Abfolge einzelne

Tage in einem bestimmten Rhythmus wiederkehren. Dies ist wichtig für die Regelung des sozialen und ökonomischen Lebens (zum Beispiel: Markttage). Dabei wurde die Dauer dieses Zeitraums in unterschiedlichen Kulturen auch unterschiedlich bestimmt: Zehn Tage umfaßte die Woche in China, acht Tage im alten Rom, sieben Tage im Zweistromland und in Israel, drei bis sechs Tage in alten asiatischen, afrikanischen und amerikanischen Kulturen. Typisch ist meist, daß innerhalb dieses Zyklus *ein Tag* besonders ausgezeichnet und durch seine religiöse Bedeutung hervorgehoben wird: Juden feiern den Sabbat, Moslems den Freitag, Christen den Sonntag.

Sieben-Tage-Rhythmus im Zweistromland

Deutliche Hinweise auf einen Sieben-Tage-Rhythmus finden sich im 8. Jahrhundert v. Chr. in Mesopotamien, wo jeweils der 7., 14., 21. und 28. Tag eines Monats als arbeitsfreie Ruhetage galten. Magische Bedeutung kam insbesondere dem 7. Tag *(sibutu)* des Monats zu. Durch die Bindung des Monats an den tatsächlichen Mondumlauf wurde dieser Rhythmus immer wieder unterbrochen. Mit jedem Neumond begann die Zählung neu, und zwischen dem 28. Tag des alten und dem 7. Tag des neuen Monats konnten acht oder neun Tage vergehen, bis der nächste Ruhetag folgte. Warum man gerade die Zahl Sieben der Zählung zugrunde gelegt hat, bleibt offen; vielleicht hängt es damit zusammen, daß „die böse Sieben" auch damals und dort als Unglückszahl galt. Auch in anderen Kulturen spielte die Sieben eine wichtige Rolle: In Griechenland zum Beispiel feierte man die heiligen Tage des Gottes Apoll stets am 7. Tag eines Monats.

Sieben-Tage-Woche in Israel

Eine von Mondumlauf und Mondphasen unabhängige Sieben-Tage-Woche begegnet erstmals im biblischen Israel: „Sechs Tage sollst du deine Arbeit tun; aber am siebenten Tag sollst du feiern, auf daß dein Rind und dein Esel ruhen und deiner Sklavin Sohn und der Fremdling sich erquicken" (Ex 23,12). „Sechs Tage sollst du arbeiten; am siebenten Tage sollst du ruhen, auch in der Zeit des Pflügens und Erntens" (Ex 34,21). Vielleicht – so hat man vermutet – drückte solche Festlegung auf einen unverrückbaren Sieben-Tage-Zyklus, der sich weder am Laufe des Mondes noch am Lauf der Sonne orientierte und sich auch schlecht in den Ablauf der Jahreszeiten einpassen ließ, den Protest Israels gegen die Gestirngottheiten, Sonnen- und Mondkulte aus, wie sie bei den benachbarten Völkerschaften verbreitet waren.

Der Sabbat

Sabbat und „siebenter Tag"

In den ältesten Überlieferungen des Alten Testaments wird der wöchentlich gebotene Ruhetag einfach als „siebenter Tag" bezeichnet. In jüngeren Traditionen (z.B. Ex 20,11) begegnet die Bezeichnung *Sabbat.* Ob sich dieser Name wirklich aus dem hebräischen Wort für *aufhören, von der Arbeit ablassen, feiern* ableiten läßt, ist umstritten; denkbar ist auch ein Zusammenhang mit dem mesopotamischen *schapattu,* das dort den Tag des Vollmonds bezeichnete. Ungeklärt ist, ob der israelitische *Sabbat* von Anfang an mit der Praxis der Sieben-Tage-Woche verbunden war oder ob es sich hier um zwei ursprünglich getrennte Überlieferungen handelte, die erst später miteinander verbunden wurden. Wichtiger als solche Überlegungen sind für uns jedoch die Bedeutungen, die sich im biblischen Israel mit dem Sabbat als dem siebenten Tag der Woche schließlich verbanden.

Sabbat als Ruhetag und Feiertag

Der *Sabbat* war zunächst ein Tag, an dem alle Arbeit ruhte. Auch Tiere, Sklaven und Fremdlinge waren an diesem Tage von der Last der Arbeit befreit. Später dann wuchsen dem Sabbat weitere Bedeutungen und Funktionen zu: Am Sabbat dachte das Volk an die Vollendung der Schöpfung (Ex 20,8–11) und an die Befreiung aus Ägypten (Dtn 5,12–15). Es feierte Gottes Bund mit seinem Volk (Ex 31,12–17) in der Hoffnung auf die Ankunft des Messias, auf den *Sabbat* der Endzeit, auf den „großen und schrecklichen Tag des Herrn" (Joel 3,4). So wurde aus dem Ruhetag ein religiöser Feiertag, dessen Begehung und strikte Einhaltung als Kennzeichen Israels und als Ausdruck seiner Bundestreue galt, als ein Zeichen, das es von allen anderen Völkern unterschied. Seit dem babylonischen Exil wurde der *Sabbat* auch im Tempel und in den Synagogen gottesdienstlich begangen.

Wechsel von Arbeit und Ruhe

Den Wechsel von Arbeit und Ruhe begründet der biblische Schöpfungsbericht wie folgt: „Und Gott vollendete am siebenten Tage seine Werke, die er machte, und ruhte am siebenten Tage von allen seinen Werken, die er gemacht hatte. Und Gott segnete den siebenten Tag und heiligte ihn, weil er an ihm ruhte von allen seinen Werken, die Gott geschaffen und gemacht hatte" (Gen 2,2f). Ähnlich wie zu Beginn der Schöpfung das Licht von der Finsternis, der Tag von der Nacht, das Land vom Wasser geschieden wird, scheidet Gott Arbeit und Muße, Alltag und Feiertag. Beides gründet im Willen und Tun Gottes, in seiner schöpferischen Aktivität und in seiner schöpferischen Ruhe. Man hat das Verhältnis beider Bereiche mit den Brennpunkten einer Ellipse verglichen, die einander im Gleichgewicht halten. Im Schöpfungsbericht wird der überlieferte Rhythmus, der die Reihe der Werktage immer wieder durch den „siebenten Tag" unterbricht, zum Bild für das Wesen Gottes: Der Schöpfergott Israels ist ein Gott der Arbeit *und* der Muße. Und der Mensch, nach seinem Bilde geschaffen, hat an solchem Wesen teil: Er ist *homo faber,* tätiger Mensch, und *homo festivus,* „festlicher Mensch", der sich auch in Muße, Feier und Spiel verwirklicht. Das Gleichgewicht zwischen den Brennpunkten der Ellipse wird da gestört, wo beide Bereiche nicht mehr in ihrem Eigenrecht und Eigenwert ernst genommen, sondern einander über- bzw. untergeordnet werden.

Die Planetenwoche

Erst zu Beginn unserer Zeitrechnung – vom 1. Jahrhundert nach Christi Geburt an – kam es im römisch-hellenistischen Kulturkreis zur Ausbildung der sieben Tage umfassenden Planetenwoche. Das Vorbild der jüdischen Sieben-Tage-Woche, vor allem aber astrologische Vorstellungen trugen zu ihrer Verbreitung bei: Jeder Tag der Woche, so glaubte man, wurde von *dem* Planeten regiert, der über die erste Stunde des jeweiligen Tages herrschte. Die einzelnen Wochentage wurden so den damals bekannten sieben Planeten bzw. den Göttern zugeordnet, die die Namen für die Planeten hergaben: *Saturn* (Sonnabend), *Sonne* (Sonntag), *Mond* (Montag; Sonne und Mond galten hier als Planeten!), *Mars* (Dienstag), *Merkur* (Mittwoch), *Jupiter* (Donnerstag), *Venus* (Freitag). Im germanischen Raum traten für die römischen bzw. griechischen Götternamen die entsprechenden germanischen Gottheiten ein: In unserem *Sonntag* und *Montag* sind die Beziehungen zu *Sonne* und *Mond* deutlich erkennbar. *Dienstag,* der Tag des *Mars,* rührt her von *Thingus, Tyr, Ziu.* Unser *Mittwoch* verweist auf den Brauch, die Tage der Woche (beginnend mit dem Sonntag) durchzuzählen. Die englische Bezeichnung für *Mittwoch* – *Wednesday* – leitet sich von „Tag des *Wotan*" her. *Donnerstag* ist der Tag des *Donar, Freitag* der Tag der *Freia.* Unser *Samstag* hängt sprachlich mit *Sabbat* zusammen. Im englischen *Saturday* begegnet dagegen deutlich *Saturn,* dem dieser Tag geweiht war. Wichtig ist, daß die griechisch-römische Planetenwoche – im Gegensatz zur jüdischen Sieben-Tage-Woche – mit dem Tag des *Saturn,* dem *Sonnabend,* begann. Der zweite Wochentag, der Tag der *Sonne,* gewann freilich bald eine besondere Bedeutung.

Die christliche Woche

Neue Akzente – neues Profil

Die Christen übernahmen von den Juden die Sieben-Tage-Woche, gestalteten sie jedoch in charakteristischer Weise um: Sie feierten den ersten Tag der jüdischen Woche (in Durchbrechung des Sieben-Tage-Schemas auch *achter* Tag genannt) als ihren *Herrentag*, an dem sie sich zum eucharistischen Gottesdienst versammelten und das Gedächtnis der Auferstehung Jesu begingen. Gegenüber der jüdischen Woche gewann die christliche Woche ein eigenes Profil. Jüdische Fastentage waren der Montag und der Donnerstag. Schon sehr früh ist bezeugt, daß Christen – sicher auch, um sich von solchem Brauch abzusetzen – am Mittwoch und am Freitag fasteten. Diese Praxis wurde heilsgeschichtlich gedeutet: Christen fasteten, weil sie des Leidens Jesu gedachten. Dabei wurde der Mittwoch als Tag des Verrats und der Freitag als Tag des Todes Jesu begangen. Daneben erhielten der Samstag (Trauer der Apostel über den Tod Jesu; Grabesruhe) und im Mittelalter der Donnerstag (Erinnerung an die Einsetzung des Abendmahls und an das Ölbergleiden Jesu) ein deutliches Profil. So wurde der Durchgang durch die Woche zur Erinnerung an die Heilsgeschichte, wie sie in Leiden, Tod und Auferstehung Jesu kulminierte. Der Sonntag als Tag der Auferstehung Jesu wurde zum Ziel- und Höhepunkt der wöchentlichen Osterfeier.

Thematik der Wochentage

Es hat in späterer Zeit nicht an Versuchen gefehlt, die einzelnen Wochentage noch deutlicher zu profilieren und sie zu bestimmten heilsgeschichtlichen Ereignissen bzw. Inhalten des christlichen Glaubens in Beziehung zu setzen. In der katholischen Kirche gab es (bis zum Erscheinen des neuen römischen Meßbuches 1970) eine Zuordnung bestimmter Votivmessen (Messen mit einem bestimmten Anliegen bzw. Thema) zu einzelnen

Wochentagen (Montag: Dreifaltigkeit; Dienstag: Engel; Mittwoch: Apostel, Josef, Petrus und Paulus; Donnerstag: Heiliger Geist, Eucharistie, Hohespriestertum Christi; Freitag: Kreuz, Leiden Christi; Samstag: Maria). Im neuen deutschen Meßbuch von 1975 finden sich zwei Serien von Werktagsmessen, in denen die einzelnen Wochentage ebenfalls bestimmten Themen zugeordnet werden (Montag: Kirche/ewige Vollendung; Dienstag: Einheit/Glaubensverbreitung; Mittwoch: Umkehr/Nächstenliebe; Donnerstag: Eucharistie/Heiliger Geist; Freitag: Leiden Christi/Erlösung; Samstag: Gottesbund/Maria).

In der evangelischen Kirche ist eine thematische Bindung der Wochentage verbreitet, die sich an einen Vorschlag von Wilhelm Löhe anschließt (Montag: Arbeit, Sendung zum Dienst; Dienstag: Versuchung, Kampf; Mittwoch: Lebensmitte, Ehe und Familie, Nächster; Donnerstag: Abendmahl, Kirche, Volk; Freitag: Tod Christi, Leiden; Samstag: Grabesruhe, die letzten Dinge, Gericht, Erlösung). Ihr folgt auch das neue Evangelische Gesangbuch (EG 871–899; Sonntag: Verkündigung, Gemeinde, Freizeit, Schöpfung; Montag: Arbeit; Dienstag: Versuchung, Not, Glaubensferne; Mittwoch: Frieden, Öffentlichkeit, Erziehung, Ehe, Familie, Nachbarschaft; Donnerstag: Gemeinde, Evangelium, Ökumene; Freitag: Schuld, Leiden; Samstag: Reich Gottes, Sterben, Trauer, Vollendung). Eine andere Thematisierung der Wochentage schlägt Erich Hertzsch in seinem „Evangelischen Brevier“ vor (Sonntag: Auferstehung; Montag: Reich Gottes; Dienstag: Menschwerdung; Mittwoch: Brot des Lebens; Donnerstag: Der rechte Weinstock; Freitag: Passion Jesu; Samstag: Heimgang zum Vater).

Kapitel 3

Das Jahr

Naturjahr

Das Jahr als Zeiteinheit begegnet – wenn auch in unterschiedlicher Weise – in fast allen bekannten Kulturen und Gesellschaften. Dabei bestimmten zunächst die unmittelbar erfahrenen, zyklisch wiederkehrenden natürlichen Gegebenheiten die Gliederung und Gestaltung dieser Zeiteinheit: Der Wechsel von Regen- und Trockenperioden, von Zeiten der Fruchtbarkeit und der Unfruchtbarkeit regelte schon den Weidewechsel nomadischer Völkerschaften und bestimmte so in entscheidender Weise ihre Zeiterfahrung. In verstärktem Maße gilt das für alle bäuerlichen Kulturen. Wo diese an den Ufern großer Ströme entstanden, deren jährliche Überflutung die Fruchtbarkeit des Landes begründete, erwuchs aus solcher Erfahrung auch eine besondere Gliederung der Zeit. Bestimmte Getreidesorten und andere Landesfrüchte mußten zu bestimmten Zeiten ausgesät, zu bestimmten Zeiten geerntet werden: Gerstenernte, Weizenernte, Weinlese und anderes konnten deshalb – je nach den regionalen Gegebenheiten – zu *Festpunkten* werden, die dem bäuerlichen Jahr eine Struktur gaben.

Kultisches Jahr

Kollektive Übergangsriten

Nun kam in allen frühen Kulturen dem Jahreslauf und seinen einzelnen Phasen nicht nur eine soziale und ökonomische, sondern auch eine hervorragende religiöse Bedeutung zu: Der Beginn des Jahreszyklus – gleich, welchen konkreten Zeitpunkt man hierfür wählte – und die Übergänge von einer Phase des Zyklus in eine andere wurden kultisch begangen. Dabei zeichnete das kultische Handeln die natürlichen Rhythmen nicht einfach nur nach; es brachte sie – nach Überzeugung derer, die hier handelten und sich in solches Handeln einfügten – in gewisser Weise erst hervor. Weltlauf und kultisches Handeln (repräsentiert auch durch den kultischen Kalender und seine *Festpunkte*) wurden als Einheit erlebt und gesehen; sie verhielten sich zueinander wie zwei Hälften *eines* Bildes.

So wie die Übergänge im Leben des einzelnen – Geburt, Pubertät, Heirat, Tod usw. – durch rituelle Vollzüge hervorgehoben, begleitet, beschützt und bestätigt wurden, so kannte auch das Leben der Gemeinschaft solche Übergangsriten. In den frühen Kulturen waren sie eng mit den Phasen des Jahreszyklus verbunden: Begangen wurden die Sonnenwenden im Sommer und im Winter, also jene Punkte im Jahreslauf, an denen die Sonne ihren jeweils höchsten bzw. tiefsten Stand überschreitet. Begangen wurden die Tagundnachtgleichen im Frühjahr und im Herbst. Begangen wurde der Beginn derjenigen Phasen des Jahreszyklus, von denen die Existenz der Gemeinschaft wie des einzelnen in besonderer Weise abhing: Aussaat, Anfang und Abschluß der Ernte. Begangen wurden auch – in den vielverbreiteten Neujahrsfesten – das Ende eines alten und der Beginn eines neuen Jahres. Dabei wurde der natürliche Zyklus der Jahre und Jahreszeiten vielfach in Entsprechung zu Vorgängen im Leben des einzelnen erlebt und gedeutet: In Neujahrs-, Jahreszeiten- und Erntefesten feierte man das Werden, Sterben und Wiedergeborenwerden der Natur.

Geburt und Tod der Götter

Häufig wurde dieser Zyklus ausdrücklich personifiziert, an das Schicksal einer Gottheit gebunden: Man feierte die Geburt, den Tod und die Auferstehung eines Gottes, in dessen Schicksal die erfahrbaren Vorgänge in der Natur gleichsam eingeschlossen und vorgebildet waren. Im kultischen Handeln wurde dann das

Schicksal des Gottes dramatisch dargestellt, nachvollzogen und so der Gemeinschaft im ganzen wie dem einzelnen in ihr zugeeignet: Der Kult schuf Gemeinschaft zwischen dem Schicksal der Gottheit und dem der feiernden Gemeinde. Er verbürgte so den Fortgang und die Erneuerung der Welt, die Wiederkehr der lebenspendenden Rhythmen von Saat, Wachstum und Ernte und war darin wichtig für den Bestand der Gemeinschaft selbst.

Das jüdische Festjahr

Entwicklungsstadien

Der Christenglaube ist aus dem Glauben und der religiösen Praxis des biblischen Israel hervorgegangen. Das christliche Kirchenjahr weist manche Bezüge zum jüdischen Festjahr auf. Beide sind das Produkt einer langen Geschichte. Drei Entwicklungsstadien lassen sich beim jüdischen Festjahr unterscheiden: das alte Israel, das nachexilische Israel, das nachbiblische Judentum.

Nomadische und agrarische Elemente

In den Festen des alten Israel verbanden sich nomadische mit bäuerlichen Traditionen: Manche ursprünglichen Elemente des Festjahres verweisen deutlich auf jene Zeit, in der die späteren israelitischen Stämme noch als nomadisierende Viehzüchter an den Rändern des Kulturlandes lebten. Andere Elemente – später untrennbar damit verwoben – sind nur auf einem agrarischen Hintergrund verständlich; sie wurden von den Stämmen vermutlich vorgefunden und übernommen, als diese in das Kulturland einwanderten und in einem langwierigen Prozeß von der nomadischen zur seßhaften Lebensweise übergingen.

Vergeschichtlichung der Feste

Charakteristisch für das jüdische Festjahr ist jedoch die Tatsache, daß die ursprünglich an das Naturjahr gebundenen Feste und Festbräuche Schritt um Schritt eine geschichtliche Bedeutung erhielten, „vergeschichtlicht" wurden: Überlieferte Ereignisse aus der Geschichte des Volkes bzw. einzelner seiner Gruppen wurden bestimmten Festen zugeordnet. Damit veränderte sich der Charakter nicht nur dieser einzelnen Feste, sondern auch des Festjahrs im ganzen: Es war nicht mehr nur kultisch-reales Abbild und wirksame Darstellung des natürlichen Jahreszyklus, sondern vergegenwärtigte auf ebenso wirksame Weise das geschichtliche Handeln Gottes an seinem Volk.

Zyklisches Denken wurde hier zugleich aufgenommen wie durchbrochen: Das Gedenken an die großen Taten Gottes knüpfte an den natürlichen Kreislauf des Jahres und der Jahreszeiten an, aber es durchbrach ihn zugleich. Das Handeln Gottes an seinem Volk ist ja nie abgeschlossen, sondern geht auch in Gegenwart und Zukunft weiter. So öffnete sich der Kreis gleichsam von vorne: Das Volk, das in seinen Festen das Handeln Gottes in der Geschichte feiert, ruft sich nicht nur diese vergangenen Taten ins Gedächtnis, sondern hofft zugleich auf neues Gotteshandeln jetzt und in Zukunft.

Beginn und Gliederung des Jahres

Das jüdische Jahr begann – und im religiös-kultischen Bereich gilt das bis heute – ursprünglich im Herbst. Ihm lagen die natürlichen Umlaufphasen des Mondes zugrunde. Zwölf Monate von abwechselnd 29 und 30 Tagen begannen jeweils mit dem ersten Sichtbarwerden der Mondsichel. Unter babylonischem Einfluß verlegte man später den Jahresbeginn auf den ersten Neumondstag nach der Tagundnachtgleiche im Frühling, auf den Monat *Nisan,* der etwa dem März/April unseres Kalenders entspricht. Um die Übereinstimmung mit dem Sonnenjahr herzustellen, fügte man alle zwei bis drei Jahre im Anschluß an den letzten Monat vor der Tagundnachtgleiche im Frühling (*Adar*) einen zusätzlichen dreizehnten Monat (*Weadar*) in den Kalender ein. Nach dem Talmud beginnt die jüdische Zeitrechnung mit der Erschaffung der Welt im Jahre 3761 v. Chr.

In der Vollmondnacht des Frühlingsmonats *Nisan* (das heißt in der Nacht vom 14. zum 15. Nisan) feierte das Volk Israel das Passafest (hebr. *pesach* = vermutlich *schonend vorübergehen, verschonen,* oder auch: *hinken, um den Altar hüpfen,* vgl. 1 Kön 18,21.26). In seinem Kern geht dieses Fest auf ein Hirtenfest zurück, das mit dem Weidewechsel im Frühjahr in Zusammenhang stand. Das Gras, das unter dem herbstlichen und winterlichen Regen gesprossen war, begann zu verdorren; die Lämmer waren herangewachsen; die Nomaden zogen mit ihren Herden an den Rand des Kulturlands, um dort die abgeernteten Felder abzuweiden. Es war Brauch, ein junges männliches Tier zu opfern, mit seinem Blut das Zeltgestänge zum Schutz gegen böse Geister zu bestreichen und es anschließend zu verzehren.

Mit diesem Hirtenfest verband sich später das Fest der ungesäuerten Brote (*Mazzot*) vom 15. bis 21. *Nisan.* Als ursprüngliches Ackerbaufest gehörte es in den Bereich des Kulturlandes. *Mazzot* war das Fest der Gerstenernte: Man weihte die erste Gerstengarbe der Gottheit und nahm die ersten Brote aus dem Mehl der neuen Ernte zu sich, die noch nicht mit Sauerteig versetzt waren. Im Unterschied zum eigentlichen *Passa,* das in der Großfamilie begangen wurde (und noch heute in der Familie gefeiert wird), war *Mazzot* ein Wallfahrtsfest: Darunter sind Feste zu verstehen, an denen alle Männer verpflichtet waren, zu ihrem Heiligtum (später: zum Tempel in Jerusalem) zu ziehen.

Im Vorgang der Vergeschichtlichung des jüdischen Festjahres verschmolzen beide Feste zu einer Einheit und gewannen einen neuen Sinn durch das Gedächtnis der Befreiung aus Ägypten: „Ihr sollt euren Söhnen sagen an demselben Tage: das halten wir um dessentwillen, was uns der Herr getan hat, als wir aus Ägypten zogen. Darum soll es dir wie ein Zeichen sein auf deiner Hand und wie ein Merkzeichen zwischen deinen Augen, damit des Herrn Gesetz in deinem Mund sei; denn der Herr hat dich mit mächtiger Hand aus Ägypten geführt. Darum halte diese Ordnung Jahr für Jahr zu ihrer Zeit“ (Ex 13,8–10). Im Zentrum des Passafestes steht das Passamahl, das nach einer bestimmten Ordnung (*seder*) gefeiert wird: Zu Beginn wird ein erster Becher Wein gesegnet und getrunken. Dann werden ungesäuerte Brote und grüne Kräuter aufgetragen, gesegnet und verteilt. Es folgt das Passalamm und ein zweiter Becher Wein. Dabei werden der Sinn des Mahles erklärt und der erste Teil des *Hallel* (Ps 113 und 114,1–8) gesungen. Zum Lamm gibt es bittere Kräuter und ungesäuerte Brote. Ein dritter Becher (Segensbecher, mit dem das Tischdankgebet verbunden wird) und ein vierter Becher mit dem zweiten Teil des *Hallel* (Ps 115–118) schließen das Mahl ab.

An der Feier des Passafestes läßt sich besonders gut verdeutlichen, auf welche Weise das jüdische Volk das Gedächtnis der Großtaten Gottes begeht: „In jeder Generation sollte ein jeder sich so betrachten, als ob er persönlich aus Ägypten ausgezogen sei ... Nicht nur unsere Vorfahren hat der Allerheilige, gelobt sei er, erlöst, sondern auch uns selbst hat er mit ihnen befreit" (vgl. A. Adam, S. 19). Über dem Fest steht also ein großes *Heute:* Heute seid ihr im Aufbruch aus Ägypten. Heute seid ihr auf dem Weg durch das Meer. Heute seid ihr dem Pharao entkommen. Das heißt: Hier wird nicht nur an eine alte Geschichte erinnert. Hier wird die Geschichte der Väter ganz unmittelbar als eigene Geschichte erlebt. Der Auszug aus Ägypten ist nicht nur ein Ereignis der Vergangenheit, sondern dauert heute noch an: Das Volk ist noch auf dem Weg. Und immer neue Generationen schließen sich diesem Weg an, treten in diese Geschichte ein, erfahren die Befreiung als ein gegenwärtig wirksames Geschehen.

Das Wochenfest

Sieben Wochen nach dem Fest der ungesäuerten Brote feierte man das Wochenfest (*Schabuoth*) als Dankfest für die Weizenernte. Es fiel also in den dritten Monat des Jahres, *Siwan,* der unserem Mai/Juni entspricht. Relativ spät erfuhr auch dieses Naturfest eine Vergeschichtlichung, indem es mit der Gottesoffenbarung und dem Bundesschluß am Berge Sinai und mit der Übergabe der Zehn Gebote an das Volk in Verbindung gebracht wurde. Heute hat das Fest seinen agrarischen Charakter verloren; es wird als Fest der Bundeserinnerung begangen.

Das Laubhüttenfest

Auch das Laubhüttenfest (*Sukkoth*) war als Fest der Weinlese im Herbst ursprünglich ein Erntefest. Der Brauch, an diesen Tagen in Laubhütten (leicht gebauten Hütten aus belaubten Zweigen) zu wohnen, verweist noch deutlich auf diesen Sitz im Leben: Die Weinfelder mußten vor und während der Lese bewacht werden, und zu diesem Zweck errichtete man provisorische Hütten. Das Laubhüttenfest dauerte sieben Tage; es begann mit dem Vollmond des 7. Monats (*Tischri*): „Das Laubhüttenfest sollst du halten sieben Tage, wenn du eingesammelt hast von deiner Tenne und von deiner Kelter, und du sollst fröhlich sein an deinem Fest, du und dein Sohn, deine Tochter, dein Knecht, deine Magd, der Levit, der Fremdling, die Waise und die Witwe, die in dieser Stadt leben" (Dtn 16,13f). Als Erntedankfest war das Laubhüttenfest zugleich Bittfest für neuen Regen und neue Fruchtbarkeit, fiel es doch mit dem Ende der sommerlichen Trockenperiode zusammen. Es war wohl das ursprüngliche Neujahrsfest des israelitischen Kalenders, das den Übergang von einem Jahreszyklus in den anderen markierte.

In seiner geschichtlichen Ausdeutung erinnert das Fest an den Wüstenzug des Volkes Israel: Das Wohnen in den Laubhütten erinnert an das kärgliche Leben damals, aber auch an die Bewahrung durch Gott. Heute wird es mit dem Fest der Thorafreude (*Simchat Thora*) beschlossen, an dem die alljährliche Lesung der Thora (der fünf Bücher Mose: Genesis, Exodus, Leviticus, Numeri, Deuteronomium) beendet und mit den ersten Versen des Buches Genesis wieder neu begonnen wird.

Weitere Feste

Am 1. Tag des 7. Monats (*Tischri*) begeht man das Neujahrsfest (*Rosch Haschana*): „Am ersten Tage des siebenten Monats sollt ihr Ruhetag halten mit Posaunenblasen zum Gedächtnis, eine heilige Versammlung. Da sollt ihr keine Arbeit tun und sollt dem Herrn Feueropfer darbringen“ (Lev 23,24f; freilich wird hier der Name des Festes noch nicht erwähnt). Vielleicht hat bei der Entstehung des Festes das Thronbesteigungsfest des *Marduk* Pate gestanden, das die Verbannten in Babylon kennengelernt hatten und nun als Thronbesteigungsfest Jahwes, ihres Gottes, feierten. Inhaltlich ist das Fest durch den Gedanken an die Schöpfung bestimmt, aber auch durch den Gedanken an das Gericht Gottes, der in der Neujahrsnacht auf seinem Thron Gericht hält und die weiteren Geschicke der Welt bestimmt. Das Fest trägt in starkem Maße Bußcharakter.

Das gilt auch für den Versöhnungstag (*Jom Kippur*) am 10. Tag des Herbstmonats (*Tischri*): An diesem Tag betrat der Hohepriester das Allerheiligste des Tempels in Jerusalem und brachte für sich selbst, für die gesamte Priesterschaft und für das Volk Sühneopfer dar. Ein „Sündenbock“ wurde symbolisch mit den Sünden des Volkes beladen und in die Wüste getrieben. Heute ist der Tag durch eine strenge Bußhaltung ausgezeichnet: Orthodoxe Juden versammeln sich in weißen Sterbegewändern in der Synagoge, um an die Todverfallenheit allen menschlichen Lebens zu erinnern. Die Zeit zwischen dem 1. und dem 10. *Tischri* gilt als Bußzeit, die auf den Versöhnungstag vorbereitet.

Das Tempelweihfest (*Chanukka*) ist ein achttägiges Fest, das am 25. Tag des 9. Monats (*Kislew*, entspricht unserem November/Dezember) beginnt und der Wiedereinweihung des Tempels nach den Siegen der Makkabäer im Jahre 164 v.Chr. gedenkt. Es wird als Lichterfest in großer Fröhlichkeit begangen; an jedem Tag der Festwoche wird auf dem achtarmigen Chanukka-Leuchter ein neues Licht entzündet. Da *Channuka* in die christliche Adventszeit fällt, hat man es auch als „jüdisches Weihnachtsfest“ bezeichnet.

Auch das *Purimfest* erinnert an ein – wenn auch nur legendarisch überliefertes – Ereignis aus der Geschichte des Volkes Israel, über das das Buch Esther berichtet. Es wird – nach einem vorhergehenden Fastentag – am 14. und 15. *Adar*, dem letzten Monat vor der Tagundnachtgleiche im Frühling, gefeiert; es hat manche Züge von den Karnevalsfeierlichkeiten übernommen, die ja in die gleiche Zeit fallen.

Der 9. Tag des 5. Monats (*Ab*) wird als allgemeiner Trauertag begangen im besonderen Gedenken an die Zerstörung des ersten Tempels im Jahre 586 v. Chr., an die Zerstörung des zweiten Tempels im Jahre 70 n. Chr., an die Niederschlagung des jüdischen Aufstandes gegen die Römer im Jahre 135 n. Chr. und an die Vertreibung der Juden aus Spanien im Jahre 1492.

Das christliche Jahr

Jüdisches und christliches Jahr

Das christliche Festjahr berührt sich an zwei Stellen eng mit dem jüdischen Festkalender: Das jüdische Passafest wurde – weil es nach den Berichten des Neuen Testaments verbunden war mit dem Ereignis des Todes und der Auferstehung Jesu – zum Ansatzpunkt der christlichen Osterfeier. Und das im Abstand von sieben Wochen folgende Wochenfest bildete – verknüpft mit dem Ereignis der Sendung des Heiligen Geistes, der ersten öffentlichen Verkündigung des Evangeliums und der Gründung der ersten Gemeinde, von dem die Apostelgeschichte berichtet – den Hintergrund für das christliche Pfingstfest. Von einer ungebrochenen Übernahme jüdischer Festpraxis und Festtermine durch die christliche Gemeinde kann man freilich nicht sprechen. Gewiß haben judenchristliche Gemeinden die jüdische Festpraxis zunächst weiter gepflegt, wohl auch mit christlichen Inhalten verbunden. Für die Gesamtkirche bestimmend wurden jedoch zwei spezifische Vorgänge, die bis heute das christliche Jahr mit dem jüdischen Jahr verbinden: Das ist zum einen die Übernahme der Siebentagewoche, die freilich durch die Hervorhebung des Sonntags einen besonderen Akzent erhielt; und das ist zum andern die Ausbildung eines christlichen Jahrespassa (Ostern), mit der die Entwicklung eines eigenen christlichen Festjahres begann.

Außerjüdische Einflüsse

Der Osterfestkreis – in seiner engen Beziehung zum jüdischen Passa- und Wochenfest – bildet bis heute den Grundbestand des christlichen Kirchenjahres. Beim weiteren Ausbau des Kirchenjahres wurden jedoch auch Einflüsse aus dem hellenistischen Raum wirksam. Das gilt vor allem für jene Feste, die die Erscheinung Jesu und seine Menschwerdung zum Thema haben (Epiphanie und Weihnachten) und um die sich eine eigene Festzeit rankte. In diesen Zusammenhang gehören auch die Feste, die Stationen aus dem Leben Jesu und aus dem Leben seiner Mutter festzuhalten versuchen. Seit dem 3. Jahrhundert verbreitete sich in den christlichen Gemeinden der Brauch, die Gedächtnisfeiern der Märtyrer, später auch anderer Heiliger, gottesdienstlich zu begehen. Obwohl die Feste der Märtyrer und der anderen Heiligen inhaltlich eng mit der Osterfeier – mit Tod und Auferstehung Jesu – verbunden sind, wurden sie in ihrer Häufung schließlich zur Konkurrenz für eine an den Ereignissen der Christusgeschichte orientierte Festpraxis. Das gilt erst recht für jene Feste, die bestimmte Themen der christlichen Lehre und Frömmigkeit darzustellen versuchen (*Ideenfeste*): z. B. das *Dreifaltigkeitsfest, Fronleichnam, Herz Jesu.* Im evangelischen Bereich entspricht dem die Thematisierung bestimmter Sonntage (z. B. *Kantate* als Sonntag der Kirchenmusik). Zu erwähnen sind auch die Feste, die auf bestimmte kirchengeschichtliche Ereignisse zurückgehen (Fest der *Kreuzerhöhung, Rosenkranzfest,* auf evangelischer Seite das *Reformationsfest* u. a.).

Verhältnis zu Zeit und Geschichte

In seinem Grundbestand ist das christliche Jahr wie das jüdische Festjahr an heilsgeschichtlichen Ereignissen orientiert. Beim christlichen Jahr ist es vor allem die Christusgeschichte selbst. Keine mythischen Ereignisse einer fernen Urzeit werden vergegenwärtigt, sondern das geschichtlich wirksame Handeln Gottes an seinem Volk. Solches Handeln hat ein Ziel, das die naturgegebenen und kosmischen Kreisläufe durchbricht. Man hat deshalb vom dynamischen Charakter des jüdischen und christlichen Festjahres gesprochen: Beide öffnen sich auf Zukunft hin, erwarten ein Handeln Gottes, das jene Ereignisse, die das Festjahr feiert, übersteigt und vollendet. Nicht die geschlossene Kreisbahn, sondern der Weg, der einen Ursprung hat und ein Ziel, ist das treffende Bild für die geschichtliche Existenz des Volkes Gottes im Alten und im Neuen Bund. Man hat deshalb das Kirchenjahr auch mit einem Schraubengewinde oder einer Spirale verglichen, bei der jede Umdrehung ein Stück weiter und höher führt, dem endgültigen Zielpunkt entgegen. Auch im Bild des Bergkegels, den man immer wieder umschreitet und dabei doch Stück um Stück in die Höhe klimmt, hat man das Wesen christlicher Jahresfeier zu erfassen versucht.

Christliches Jahr und Naturjahr

Verchristlichung des Naturjahres

Ebenso wie das jüdische Festjahr ist auch das christliche Jahr in mannigfacher Weise mit dem Naturjahr verbunden. Manches spricht dafür, daß einige christliche Feste (z.B. Epiphanie am 6. Januar und Weihnachten am 25. Dezember) an die Stelle von Geburtsfesten heidnischer Gottheiten getreten sind, die ihrerseits eng vom Naturjahr geprägt waren. Die in der katholischen Kirche üblichen Quatembertage (von quattuor tempora, lat. = vier Zeiten) in der ersten Fastenwoche, in der Woche vor Pfingsten, in der ersten Oktoberwoche und im Advent stehen wohl nach Ursprung und Inhalt ebenfalls in Beziehung zum Naturjahr, genauer: zum Beginn der Jahreszeiten sowie zu heidnisch-römischen Ernte- und Aussaattagen. Auch andere Bittage und Bittprozessionen verweisen auf einen solchen Zusammenhang.

Einflüsse des Naturjahres auf christliche Feste

Bemerkenswert ist, daß im Laufe der Entwicklung auch christliche Feste und Festzeiten, die ihrem Ursprung und Gehalt nach

Ereignisse der Heilsgeschichte vergegenwärtigen, eine Verbindung mit dem Naturjahr eingingen. Ein Beispiel hierfür ist das christliche Osterfest, das – insbesondere im germanischen Raum – Züge eines Frühlingsfestes annahm und mit entsprechendem Brauchtum ausgestattet wurde. Beispiele liefern auch die Advents- und Weihnachtszeit, die auf der nördlichen Halbkugel in der lichtarmen Zeit um die Wintersonnenwende liegen und bei denen die Lichtsymbolik eine große Rolle spielt, ebenso das Pfingstfest sowie der Johannistag mit Bräuchen des alten Sonnenwendfestes. Wenn die katholische Kirche den Mai als Marienmonat mit Maiandachten begeht, kommen ebenfalls Einflüsse des Naturjahres zur Geltung.

Zusammenhang von Schöpfung und Erlösung

Die Tendenz, daß Inhalte und Bräuche des Naturjahres den ursprünglichen heilsgeschichtlichen Sinn der christlichen Hauptfeste verdrängen, taucht immer wieder auf, insbesondere da, wo die Kirchen in der Diaspora leben.

Dennoch gibt es triftige Gründe, die gegen eine säuberliche Trennung von Naturjahr und Jahr des Heils sprechen: Schöpfung und Erlösung gehören nach christlicher Überzeugung zusammen. Die Geschichte Jesu Christi besitzt kosmische Dimensionen. Sie zielt auf die Erlösung der gesamten Schöpfung, die gleichsam die Zeichen bereitstellt, unter denen die Christen das Gedächtnis der Christusgeschichte begehen. Wasser – bedrohend und lebenspendend zugleich – wird in der Taufe zum Zeichen für das Mitsterben und Mitauferstehen der Glaubenden mit Christus. Brot und Wein – Gaben der Natur und Produkte menschlicher Kultur – bezeichnen die geistliche Nahrung, die das Gottesvolk auf seinem Weg empfängt. Licht, das Leben und Wachstum schenkt, wird zum Zeichen des neuen Lebens, das mit Christus in diese Welt gekommen ist.

Die Sehnsucht nach Licht und Leben, das Verlangen nach Fruchtbarkeit und Fülle, das Menschen dazu führt, den natürlichen Kreislauf von Werden und Vergehen, von Wachstum und Reife, von Saat und Ernte mit allerhand Brauchtum zu begehen und zugleich kultisch zu überhöhen, wird vom Christenglauben nicht einfach abgewiesen. Es wird aufgenommen und auf eine Weise beantwortet, die alle Erwartungen erfüllt und übersteigt: Durch Christus, der das Brot des Lebens ist (Joh 6,35), das Licht der Welt (Joh 8,12), der wahre Weinstock (Joh 15,1), haben Menschen teil am Leben und der Fülle Gottes selbst (Kol 2,9f).

Christliches und bürgerliches Jahr

Kalender und Jahresbeginn

Unser bürgerliches Jahr heute geht im wesentlichen auf den Kalender zurück, den Julius Cäsar im Jahre 45 v. Chr. eingeführt hat (Julianischer Kalender): Auf jeweils drei Jahre mit 365 Tagen folgt ein Schaltjahr von 366 Tagen. Da das Sonnenjahr jedoch genau 365,2422 Tage umfaßt, war das Julianische Kalenderjahr zu lang. Es kam im Laufe der Zeit zu einer beachtlichen Differenz zwischen dem Kalenderjahr und dem tatsächlichen Sonnenjahr. Diesen Schwierigkeiten begegnete der von Papst Gregor XIII. im Jahre 1582 eingeführte Gregorianische Kalender: Er bestimmt, daß nur jene Säkularjahre (Jahre, mit denen ein Jahrhundert endet bzw. beginnt – 1900, 2000) einen Schalttag erhalten, die durch 400 teilbar sind.

Strittig war lange der Zeitpunkt des Jahresbeginns: In Rom begann man das Jahr ursprünglich am 1. März. Der Julianische Kalender verlegte den Jahresbeginn auf den 1. Januar. Jedoch galt im Frankenreich noch bis ins 8. Jahrhundert hinein (in Venedig sogar bis 1797) der 1. März als Jahresbeginn. Im Byzantinischen Reich fing das Jahr seit dem 7. Jahrhundert mit dem 1. September an. Deutliche Einflüsse des Kirchenjahres zeigen sich da, wo Ostern (Frankreich bis ins 15. Jahrhundert), Weihnachten (Deutschland, Skandinavien) und der 25. März (Fest der Verkündigung des Herrn; Italien, Trier) als Jahresbeginn galten. Die Auffassung, das Kirchenjahr mit dem 1. Sonntag im Advent beginnen zu lassen, ist aus dem Brauch entstanden, mit dem Formular dieses Sonntags die liturgischen Bücher zu eröffnen. Dieser Brauch ist nicht unumstritten; leistet er doch der Vorstellung Vorschub, als wolle das Kirchenjahr die Christus- und Heilsgeschichte gleichsam in chronologischer Reihenfolge abbilden.

Tabelle 1: Überblick über die Gliederung des Kirchenjahres

Lutherisches Lektionar (1978)	Deutsches Meßbuch (1975)
Im Advent 1. bis 4. Sonntag im Advent	Der Advent 1. bis 4. Adventssonntag
Das heilige Christfest, Jahreswende und Epiphaniasfest: Weihnachten Christvesper In der Christnacht	Die Weihnachtszeit
Tag der Geburt des Herrn: Christfest I – Erster Weihnachtstag Christfest II – Am ersten oder zweiten Weihnachtstag	Hochfest der Geburt des Herrn: Weihnachten (25. 12.)
1. Sonntag nach dem Christfest	Sonntag in der Weihnachtsoktav: Fest der Heiligen Familie
Altjahrsabend Neujahrstag (auch: 1. 1. Tag der Beschneidung und Namengebung Jesu)	Oktavtag von Weihnachten: Hochfest der Gottesmutter Maria (1. 1.)
2. Sonntag nach dem Christfest	2. Sonntag nach Weihnachten
Fest der Erscheinung des Herrn: Epiphanias	Erscheinung des Herrn (6. 1.)
Nach Epiphanias 1. bis 5. Sonntag nach Epiphanias Letzter Sonntag nach Epiphanias (Verklärung Jesu)	Sonntag nach dem 6. 1.: Taufe des Herrn (1. Sonntag im Jahreskreis)
Vor der Passionszeit 3. Sonntag vor der Passionszeit: Septuagesimae 2. Sonntag vor der Passionszeit: Sexagesimae Sonntag vor der Passionszeit: Estomihi	Sonntage im Jahreskreis

Lutherisches Lektionar (1978)	Deutsches Meßbuch (1975)
Passionszeit	Die Fastenzeit (Österliche Bußzeit)
Aschermittwoch	Aschermittwoch
1. bis 5. Sonntag der Passionszeit: Invokavit, Reminiszere, Okuli, Lätare, Judika	1. bis 5. Fastensonntag
	Heilige Woche (Karwoche)
6. Sonntag der Passionszeit: Palmsonntag	Palmsonntag
	Die drei österlichen Tage vom Leiden, vom Tod und von der Auferstehung des Herrn
Gründonnerstag	Gründonnerstag: Messe vom letzten Abendmahl
Karfreitag	Karfreitag
Karsamstag/Karsonnabend	Karsamstag
Das heilige Osterfest und die österliche Freudenzeit	Die Osterzeit
	Hochfest der Auferstehung des Herrn: Ostersonntag
Osternacht	Die Feier der Osternacht
Tag der Auferstehung des Herrn: Ostersonntag	Am Tage
Ostermontag	Ostermontag
1. bis 5. Sonntag nach Ostern: Quasimodogeniti, Misericordias Domini, Jubilate, Kantate, Rogate,	2. bis 6. Sonntag der Osterzeit
Christi Himmelfahrt	Christi Himmelfahrt
6. Sonntag nach Ostern: Exaudi	7. Sonntag der Osterzeit
Das heilige Pfingstfest	Pfingsten
	Am Vorabend
Tag der Ausgießung des Heiligen Geistes: Pfingstsonntag	Am Tage
Pfingstmontag	Pfingstmontag
Tag der heiligen Dreifaltigkeit: Trinitatis	Sonntag nach Pfingsten: Dreifaltigkeitssonntag

Lutherisches Lektionar (1978)	Deutsches Meßbuch (1975)
Nach Trinitatis	
1. bis 24. Sonntag nach Trinitatis	Sonntage im Jahreskreis
Drittletzter Sonntag des Kirchenjahres	32. Sonntag im Jahreskreis
Vorletzter Sonntag des Kirchenjahres	33. Sonntag im Jahreskreis
Buß- und Bettag	
Letzter Sonntag des Kirchenjahres: Ewigkeitssonntag	34. (letzter) Sonntag im Jahreskreis: Christkönigssonntag

Kapitel 4

Der Sonntag

Die Kette der Sonntage, die sich jährlich erneuert und in festem Rhythmus zugleich die Jahre sprengt und über sie hinausschreitet, liefert dem christlichen Jahr die Grundbausteine. Eine Darstellung des christlichen Festjahres muß deshalb beim Sonntag ihren Ausgang nehmen.

Biblischer Hintergrund

Auferstehung am Ersten Tag

Nach dem übereinstimmenden Zeugnis der Evangelien kamen am Morgen des ersten Tages der jüdischen Woche – das ist am Tag nach dem Sabbat – Frauen zum Grab Jesu und erhielten dort die Nachricht von seiner Auferstehung: „Und sehr früh, am ersten Tag der Woche, als die Sonne aufging, kamen sie zum Grab ..." (Mk 16,2; vgl. auch Mt 28,1; Lk 24,1; Joh 20,1). Am Abend des gleichen Tages – so berichten Lukas und Johannes – erschien der auferstandene Herr selbst seinen Jüngern: „Am Abend aber dieses ersten Tages der Woche kam Jesus dorthin, wo die Jünger versammelt waren, und trat mitten unter sie ..." (Joh 20,19–23; vgl. Lk 24, 13–49). Die Berichte zeigen nicht nur, daß der *erste Tag der Woche* in der frühen Christenheit einhellig als Tag der Auferstehung galt, sondern erschließen ebenso, daß die Christen sich an diesem Tag abends versammelten und ein Mahl miteinander hielten: „Und es geschah, als er mit ihnen zu Tisch saß, nahm er das Brot, dankte, brach's und gab's ihnen" (Lk 24,30; vgl. auch Lk 24,33.41–43). Für eine regelmäßige Versammlung der Christen am Abend des *ersten Tages der Woche* spricht auch die Selbstverständlichkeit, mit der Johannes voraussetzt, daß die Jünger *acht Tage* nach den genannten Ereignissen erneut zusammenkamen: „Und nach acht Tagen waren seine Jünger wieder drinnen versammelt ... (Joh 20,26).

Kollekte, Verkündigung, Brotbrechen am Herren-Tag

Diese Praxis wird gleichfalls durch 1 Kor 16,2 belegt: „An jedem ersten Tag der Woche lege jeder von euch bei sich etwas zurück und sammle an, soviel er vermag". Es geht hierbei um die Kollekte, die Paulus in den von ihm begründeten Gemeinden für die Gemeinde in Jerusalem einsammelte. Apg 20,7–12 beschreibt eine Versammlung am *ersten Tag der Woche*, in deren Mittelpunkt die Verkündigung und das gemeinsame Mahl standen: „Am ersten Tag der Woche aber, als wir versammelt waren, um das Brot zu brechen, lehrte Paulus, und da er am nächsten Tage weiterreisen wollte, zog er die Rede hin bis Mitternacht." Offen bleibt, ob der Vorabend, der nach damaliger Vorstellung bereits zum folgenden Tag gehörte, oder der Abend des *ersten Tages der Woche* gemeint ist. Eine Bezugnahme auf den christlichen Sonntag mag auch in Offb 1,10 vorliegen: „Am Tag des Herrn wurde ich vom Geist ergriffen und hörte hinter mir eine mächtige Stimme wie von einer Posaune." Hier taucht zum erstenmal die Bezeichnung *Herrentag* (so die treffendere Übersetzung) auf, die später zur feststehenden Bezeichnung für den *ersten Tag der Woche* wurde. Ob freilich an dieser Stelle tatsächlich damit schon der christliche Sonntag gemeint ist, muß offenbleiben.

Namen

Erster Tag der Woche ist demnach nicht nur die älteste, sondern die zugleich biblisch am besten bezeugte Bezeichnung für den christlichen Sonntag. Sie verdeutlicht, daß die Christen – auch da, wo sie aus dem Heidentum kamen – die jüdische Siebentagewoche übernahmen, die jüdische Zählung der Wochentage beibehielten, ihr jedoch einen anderen Akzent gaben: Der *erste Tag* wurde besonders hervorgehoben und zum Anlaß gottesdienstlicher Versammlungen genommen. Der Ausdruck *Herrentag* erfuhr später weite Verbreitung und ist in den romanischen Sprachen bis heute erhalten (*domenica, domingo, dimanche* von lat. *dominus* = Herr). Er wurde analog zu „Herrenmahl" für das Abendmahl bzw. die Eucharistie gebildet, ein Zeichen dafür, daß für die frühe Christenheit *Herrentag* und *Herrenmahl* untrennbar zusammengehörten.

Gelegentlich begegnet auch die Bezeichnung *Achter Tag* für den Sonntag (vgl. Joh 20,26). Damit wurde die Zählung der jüdischen Siebentagewoche zugleich aufgenommen wie durchbrochen: Der Sonntag ist der eigentliche Sabbat und damit Höhe- und Endpunkt der Woche. Bei dieser Bezeichnung mochten auch jüdische Geschichts- und Endzeitvorstellungen – sieben Weltperioden; danach beginnt die neue Weltzeit – eine Rolle gespielt haben.

Aus der griechisch-römischen Planetenwoche wurde schon sehr früh und unbefangen die Bezeichnung *Tag der Sonne (Sonntag)* übernommen. Das fiel den Christen insofern leicht, als der Messias schon im Alten Testament als „Sonne der Gerechtigkeit" (Mal 3,20) angekündigt worden war. Die Bezeichnung *Sonntag* hat sich insbesondere in den germanischen Sprachen durchgesetzt *(sunday, zondag)*.

In manchen Sprachen (z.B. im Russischen: *woskresenje*) lebt das Wort *Tag der Auferstehung* fort. Andere Sprachen heben besonders die Tatsache der Arbeitsruhe am Sonntag (tschechisch *neděle*, slowenisch *nedjelja* = Nicht-Arbeitstag) oder andere Kennzeichen (ungarisch *vasárnap* =Markttag; die gottesdienstliche Versammlung ermöglichte das Abhalten von Märkten) hervor.

Geschichtliches

Sonntag und Sabbat

Wie der Sabbat ist auch der Sonntag im Rhythmus der jüdischen Siebentagewoche verankert. Aber die Tatsache, daß sich die Christenheit schließlich dafür entschied, den Sonntag zum Tag der regelmäßigen gottesdienstlichen Versammlung zu bestimmen und so der jüdischen Sabbatfeier ausdrücklich ihre Sonntagsfeier entgegenzusetzen, weist doch auf bedeutsame Unterschiede zwischen Sabbat und Sonntag hin:

Wie wir gesehen haben, war der Sabbat ursprünglich und im eigentlichen Sinne Ruhetag. Erst später wurde er zum Feiertag, an dem man das Gedächtnis heilsgeschichtlicher Ereignisse beging und sich gottesdienstlich versammelte. Umgekehrt verlief die Entwicklung beim Sonntag. An sonntägliche Arbeitsruhe war in der Frühzeit überhaupt nicht zu denken. Deshalb mußte die Versammlung am Abend oder am frühen Morgen vor Arbeitsbeginn stattfinden. Erst später wurde der Sonntag durch staatliche Gesetzgebung zum Tag der Arbeitsruhe. Er zog dann mehr und mehr die entsprechenden Bedeutungen des Sabbats an sich, wurde sozusagen zum Sabbat des Neuen Bundes, des neuen Gottesvolkes. Das hatte gewisse Akzentverlagerungen in der Sonntagsfeier zur Folge: Die Verpflichtung zur Arbeitsruhe trat allmählich gleichgewichtig neben die ursprünglichen Motive bzw. verdrängte diese sogar.

Es ist sehr wahrscheinlich, daß die judenchristlichen Gemeinden der Frühzeit zunächst an der Sabbatfeier und Sabbatordnung festgehalten haben, wenn sie daneben auch zu ihren besonderen Versammlungen am *ersten Tag der Woche* zusammentrafen (vgl. Apg 2,46). Von Paulus wird berichtet, er habe auf seinen Missionsreisen immer wieder am Sabbat die Synagogen und andere Versammlungsorte der Juden aufgesucht, um ihnen die Christusbotschaft zu verkünden (Apg 13,14.42.44; 14,1; 16,13; 17,2 u.ö.). Der Sabbat wurde hier zum Ansatzpunkt christlicher Mission. Aus dem ursprünglichen Nebeneinander von Sabbat- und Sonntagsfeier in den judenchristlichen Gemeinden entstand in den heidenchristlichen Gemeinden aber bald schon ein hartes Gegeneinander. So wie die Sabbatfeier Kennzeichen der Juden war, wurde die Sonntagsfeier zum unterscheidenden Merkmal der Christen: Wer weiter den Sabbat einhalte, so lehrte man, falle von Christus ab und begebe sich unter die Knechtschaft des Gesetzes. Darum fasteten die Christen am Samstag, dem jüdischen Sabbat, und gedachten dabei der Grabesruhe Christi.

Versammlung zum Mahl am Vorabend des Sonntags?

Wie denn nun eigentlich der christliche Sonntag entstanden ist, ist mit all dem noch nicht erklärt. Es ist ziemlich unwahrscheinlich, daß die Sonntagsfeier von den ersten Christen bewußt „erfunden" wurde, um sich von der jüdischen Sabbatpraxis abzusetzen. Ebenso zweifelhaft ist es, daß die ersten Christen damit an heidnische Bräuche und Institutionen (etwa an sonntägliche Feiern im Rahmen heidnischer Sonnenkulte) anknüpften. Wahrscheinlicher ist eine andere Erklärung: In judenchristlichen Gemeinden kamen die Christen, nachdem sie am Sabbat an den Synagogengottesdiensten teilgenommen hatten, abends zu eigenen häuslichen Versammlungen zusammen, in deren Mittelpunkt die Christusverkündigung und das Herrenmahl standen. Da dieser Abend bereits als Anfang des *ersten Tages* der neuen Woche galt, an dem Christus nach der Überlieferung vom Tode erstanden war, ließ sich durchaus eine Beziehung zur Auferstehung herstellen. Heidenchristliche Gemeinden übernahmen diese Regelung, selbst wenn sie sonst den Sabbat nicht hielten. Vermutlich kam es durch ein zeitweiliges Verbot abendlicher Versammlungen unter Kaiser Trajan später zu einer Verschiebung dieser christlichen Zusammenkünfte auf den Sonntagmorgen. Freilich war es nun nicht mehr möglich, ein regelrechtes Sättigungsmahl miteinander zu halten. Die beiden eucharistischen Handlungen am Brot und am Kelch verbanden sich jetzt mit einem Wortgottesdienst zu der Gestalt des christlichen Gottesdienstes, wie wir sie auch heute noch kennen.

Fortsetzung der Mahlgemeinschaft mit Jesus: Versammlungen am Sonntagabend?

Diesem Erklärungsversuch widerspricht, daß das Lukas- und das Johannesevangelium ausdrücklich von Jüngerversammlungen am Abend des *ersten Tages der Woche* (und nicht am Vorabend) berichten. Denkbar ist deshalb, daß die christliche Sonntagsfeier unmittelbar mit den dort berichteten Erscheinungen des Auferstandenen am Abend des *ersten* (bzw. *achten*) *Tages* zusammenhängt: Die Christen setzten die Mahlgemeinschaft, die sie mit dem Herrn vor seinem Tod und nach seiner Auferstehung verbunden hatte, in Gestalt regelmäßiger Mahlfeiern am Sonntagabend fort, bis es zu einer Verlegung auf den Sonntagmorgen kam.

Christusverkündigung und Christusmahl: Herzstücke christlicher Sonntagsfeier

Auf ziemlich sicherem Boden befinden wir uns, wenn wir die Quellen des 2. nachchristlichen Jahrhunderts befragen. In der Lehre der zwölf Apostel (Didache), einer Kirchenordnung, heißt es: „Wenn ihr am *Herrentage* versammelt seid, so brecht das Brot und dankt, nachdem ihr dabei eure Übertretungen bekannt habt, damit euer Opfer rein sei." Hier wird deutlich, daß die Gemeinde am Sonntag zusammenkam. Vergleichbares lesen wir in einer Schrift des Märtyrers Justin aus der Mitte des 2. Jahrhunderts: „An dem *nach der Sonne genannten Tag* findet eine Zusammenkunft aller, die in Stadt und Land weilen, an einem bestimmten Ort statt ... Am *Sonntag* aber kommen wir alle deswegen zusammen, weil es der *erste Tag* ist, an dem Gott die Finsternis und die Materie wandelte und die Welt erschuf und unser Heiland Jesus Christus am gleichen Tage von den Toten wiederauferstanden ist ..." Aus der Schilderung des Justin geht eindeutig hervor, daß das Kernstück christlicher Sonntagsfeier die Versammlung war, in der das Wort Gottes verkündet und die Eucharistie bzw. das Abendmahl (hier schon kein Sättigungsmahl mehr, sondern eine stilisierte, reduzierte Mahlzeit) gefeiert wurde.

Sonntag als Sabbat des Neuen Bundes

Eine neue Stufe in der Entwicklung des Verhältnisses von Sabbat und Sonntag bahnte sich im 4. Jahrhundert an, als das Christentum zunächst die staatliche Duldung erlangte und dann im römischen Reich zur Staatsreligion erhoben wurde. Ein Gesetz des Kaisers Konstantin vom 3. März 321 erklärte den *Tag der Sonne* zum Ruhetag. Ausgenommen blieb zunächst die Landbevölkerung. Ein Gesetz aus dem Jahre 337 begründete die Arbeitsruhe damit, daß jedem Gelegenheit gegeben werden solle, seinen kultischen Verpflichtungen nachzukommen. Nicht Nebeneinander und Gegeneinander, sondern Integration bestimmte nun mehr und mehr das Verhältnis beider Tage: Der Sonntag sog gleichsam den Sabbat in sich auf. Vorstellungen und Regelungen, die ursprünglich am Sabbat hafteten, wurden nun auch in der christlichen Sonntagsfeier wirksam. Allerdings begann sich erst vom 6. Jahrhundert an der Gedanke durchzusetzen, daß die Arbeitsruhe ein eigenständiges und wesentliches Element der Sonntagsfeier darstelle. Strenge Strafen wurden für diejenigen festgesetzt, die gegen die sonntägliche Arbeitsruhe verstießen. Das Vorbild des jüdischen Sabbat spielte dabei, auch wenn man sich nicht ausdrücklich darauf berief, eine wichtige Rolle. Wo man das 3. Gebot zur Begründung der Sonntagsheiligung heranzog, war selbstverständlich auch die Pflicht zur Arbeitsenthaltung am Sonntag mit gemeint.

Sonntagspflicht

In der Frühzeit war die Teilnahme an der gottesdienstlichen Versammlung selbstverständliches Kennzeichen und notwendiger Vollzug christlichen Lebens. Ausdrückliche Kirchengebote, die die Pflicht zum sonntäglichen Gottesdienstbesuch einschärften, erübrigten sich, denn christliche Existenz *ohne* Teilnahme am Gemeindegottesdienst war in der Situation der frühen, vorkonstantinischen Kirche der Verfolgungszeiten kaum vorstellbar. Freilich findet sich schon im Neuen Testament die Mahnung, den Versammlungen nicht fernzubleiben (Hebr 10,25), weil das die Gefahr des Abfalls in sich berge. Eine spanische Synode beschloß Anfang des 4. Jahrhunderts, daß diejenigen, die an drei Sonntagen hintereinander den Gottesdienst nicht besuchten, auf kurze Zeit ausgeschlossen werden sollten.

Die Situation begann sich zu wandeln, als im 4. Jahrhundert die Kirche in die Rolle der Reichskirche hineinwuchs, die mit ihrem Gottesdienst zugleich den öffentlichen Kult für Kaiser und Reich wahrnahm: Soldaten wurden nun ausdrücklich verpflichtet, an den Sonntagsgottesdiensten teilzunehmen. Erst im Mittelalter begründete man diese Weisung mit dem 3. Gebot: „Du sollst den Feiertag heiligen." Durch staatliche Sanktionen wurde diese Pflicht gelegentlich sehr nachdrücklich eingeschärft: So sollten nach einer ungarischen Kirchenordnung aus dem Jahre 1016 alle dem Gottesdienst Fernbleibenden geprügelt und kahlgeschoren werden. Von einem Kirchengebot, das zum Besuch des Gottesdienstes verpflichtete, kann freilich erst seit dem 15./16. Jahrhundert gesprochen werden.

Bedeutung

Wöchentlich Ostern feiern: Durchgang durch den Tod ins Leben

Der wesentliche Inhalt christlicher Sonntagsfeier wird bestimmt durch ihren Bezug zur Auferstehung Jesu: Der *erste Tag der Woche* ist der Tag, an dem die Christen das Gedächtnis der Auferstehung begehen. Jeder Sonntag ist also ein Osterfest im kleinen, ein *wöchentliches Passafest (Wochenpassa).* Wenn die Christen am Sonntag zusammenkommen, verkünden sie im Wort und im gemeinsamen Mahl den Tod und die Auferstehung des Herrn, „bis er kommt" (1 Kor 11,26). Das verdeutlicht, daß die Auferstehung Jesu hier nicht als ein isoliertes Ereignis in den Blick kommt, sondern stets mit seinem Leiden und seinem Tod zusammen gesehen wird. In den uns gewohnten Begriffen des Kirchenjahrs ausgedrückt, heißt das: Nicht nur *Ostern* im engeren Sinn, sondern auch der *Karfreitag Jesu* geht in die christliche Sonntagsfeier ein. Hier wird gemeinsam der *Weg* begangen, den Jesus geführt wurde: durch Leiden und Tod in das vom Vater geschenkte und erneuerte Leben. Insbesondere in der sonntäglichen Feier des Herrenmahls ist beides gegenwärtig: das Opfer am Kreuz genauso wie das neue Leben, das aus diesem Opfer erwächst.

Gedächtnis des Leidens, des Todes und der Auferstehung Jesu heißt nun aber auch: Die feiernde Gemeinde begibt sich selber auf diesen Weg Jesu, läßt sich in ihn hineinnehmen. Paulus spricht vom Sterben und Auferstehen mit Christus, um diese enge Verbindung zu beschreiben (Röm 6,1–11), und er hat dabei die Taufe im Auge. In der christlichen Sonntagsfeier geht es – denkbar eng mit Tod und Auferstehung Jesu verwoben – zugleich um Tod und Auferweckung der Christen, um ihren Weg mit Christus zum Leben. In der frühen Christenheit waren es in besonderer Weise die Blutzeugen, die für ihren Glauben in den Tod gingen, an denen sich diese Gemeinschaft des Leidens und Lebens mit Christus exemplarisch auf eindrückliche Weise verwirklichte. Was hier einzelnen Gliedern der Gemeinde beispielhaft zuteil wurde, vollzog die Taufe sakramental-zeichenhaft an jedem, der sich der Christengemeinde anschloß: Das Mitsterben mit Christus bedeutete zugleich eine höchst reale, mitunter schmerzhafte Trennung von bisherigen Lebensgewohnheiten und Lebensbereichen. Und das in der Taufe beschlossene Geschenk neuen Lebens fand seine anfängliche Verwirklichung in der neuen Gemeinschaft, in die der Getaufte aufgenommen wurde. Damit erhielt auch der Bezug zur Taufe einen festen Platz in der Sonntagsfeier als dem wöchentlichen Osterfest der Christen: Der Sonntag war zugleich Tauftag, bis später andere Tauftermine festgelegt wurden.

Erstschöpfung und Neuschöpfung

Der oben zitierte Bericht des Märtyrers Justin verdeutlicht, daß die Christen der Frühzeit einen Zusammenhang zwischen dem Sonntag und der Schöpfung am Beginn der Zeiten sahen: Als *erster Tag* verweist der Sonntag sowohl auf die Schöpfung der Welt als auch auf die neue Schöpfung, die in der Auferstehung Jesu ihren Anfang nimmt. Der Durchgang Jesu durch den Tod in das Leben wird auf diese Weise in einen größeren kosmischen Rahmen hineingestellt. Er betrifft nicht nur den Herrn selbst und dessen Weg, auch nicht nur die Christen, die sich in diesen Weg hineinnehmen lassen, sondern verwandelt die Schöpfung im ganzen: Ostern ist zugleich der Beginn einer neuen Weltzeit, die *schon* wirksam und erfahrbar – wenn auch *noch* verborgen – in dieser vergehenden Welt gegenwärtig ist (vgl. 2 Kor 5,17).

Vollendung der Welt

Damit ist ein weiteres Thema benannt, das die christliche Sonntagsfeier bestimmt: Die Christen blicken an diesem Tag nicht nur auf das zurück, was einst zu Ostern in Jerusalem geschah. Sie verkündigen auch nicht nur in Wort und Mahl die Gegenwart des Gekreuzigten und Auferstandenen. Sie blicken ebenso nach vorn: Sie erwarten – wie die Juden in ihrer Sabbatfeier – die Vollendung der neuen Schöpfung und die Wiederkunft ihres Herrn. Dieser endzeitliche Bezug ist besonders da gegenwärtig, wo vom Sonntag als *Herrentag* und als *achtem Tag* die Rede ist. Beide Bezeichnungen verweisen auf die Vollendung am Ende der Zeiten, wenn Gott „alles in allem" sein wird (1 Kor 15,28).

Weitere Themen

Im Mittelalter wurde der Sonntag im Abendland darüber hinaus zum Tag der *Dreifaltigkeit,* an dem man das Geheimnis des dreieinigen Gottes auslegte und feierte. Damit deutete sich eine Entwicklung an, die gerade in der Gegenwart in ein neues Stadium einzutreten scheint: Die Sonntagsfeier wird bestimmten Themen zu- und untergeordnet, die der christlichen Lehre und Lebenspraxis entnommen sind. So kann man heute in manchen Gemeinden einem „Diakoniesonntag" oder einem „Missionssonntag" begegnen, aber auch Sonntagen, an denen etwa die Ehe, die Familie, die Erziehung, die Umwelt, der Frieden usw. besonders thematisiert werden, obwohl eine solche Praxis gewiß nicht dem ursprünglichen Sinn der christlichen Sonntagsfeier und ihrer heilsgeschichtlichen Orientierung entspricht.

Gottesdienstliche Feier

Eucharistiefeier am Sonntag

In der alten Kirche gab es – von Ausnahmen abgesehen – an Sonn- und Feiertagen jeweils nur einen eucharistischen Gottesdienst für die ganze Gemeinde. Die Kirchen und Klöster des Ostens haben bis heute im wesentlichen an dieser Praxis festgehalten. Im Abendland dagegen kam es seit dem frühen Mittelalter zu einer zunehmenden Häufung von Meßfeiern an Werktagen, Sonntagen und Festen. Freilich bewahrte sich die gemeindliche Pfarrmesse eine gewisse Sonderstellung. Heute begegnet in katholischen Gemeinden vielfach ein breit gefächertes Angebot von Sonn- und Werktagsmessen, das den unterschiedlichen Bedürfnissen und Freizeitgewohnheiten der Gemeindeglieder entgegenkommen will.

Andere Gottesdienstformen

Neben dem eucharistischen Gottesdienst am Sonntagvormittag war es der Gebetsgottesdienst am Abend, die *Vesper,* die seit dem 3./4. Jahrhundert die Sonntagsfeier liturgisch prägte. Im Mittelalter richtete man in den Städten vielfach eigene Predigtgottesdienste neben dem Meßgottesdienst ein. Außerdem bildeten sich Andachtsformen heraus, die an die Stelle der Tagzeitengottesdienste *(Vesper)* traten oder sich mit diesen verbanden. In der Gegenwart läßt sich im katholischen Bereich vielfach eine Einebnung dieser unterschiedlichen Feierformen zugunsten der Meßfeier beobachten.

Reformation: Messe, Mette, Vesper, Predigtgottesdienst

Die lutherische Reformation hielt im Grundsatz daran fest, daß jeder Sonntag durch die Feier der Messe (Gottesdienst mit Predigt und Abendmahl) ausgezeichnet sein solle. Freilich gelang es nicht, dies in der Praxis durchzusetzen; vielfach wurde auf die sonntägliche Abendmahlsfeier verzichtet bzw. das Abendmahl nur im Anschluß an den Hauptgottesdienst als eine gesonderte Feier gehalten. In einer Schrift aus dem Jahre 1526 sah Martin Luther einen Frühgottesdienst *(Mette)* am Sonntagmorgen gegen fünf oder sechs Uhr vor, dem um acht oder neun Uhr die *Messe,* der Gottesdienst mit Predigt und Abendmahl, folgen sollte. Die nachmittägliche *Vesper* sollte die Reihe der sonntäglichen Gottesdienste abschließen. Damit erhielt der Sonntag eine klare gottesdienstliche Struktur. Werktagsmessen seien abzuschaffen; in den Werktagsmetten und -vespern aber solle man über biblische Texte und den Katechismus predigen.

Im oberdeutschen und reformierten Raum ging man einen anderen Weg: Hier wurde der Sonntagsgottesdienst nicht nach dem Vorbild der Messe, sondern nach dem des mittelalterlichen Predigtgottesdienstes gestaltet. In diesem Gottesdienst feierte die Gemeinde etwa viermal im Jahr das Abendmahl.

Sonntagsproprium

Ordinarium und Proprium

Der christliche Sonntag wird also durch die gottesdienstliche Feier (in vielen Kirchen durch die Feier der Eucharistie bzw. des Abendmahls) geprägt. Man spricht von der Liturgie des Gottesdienstes und meint damit häufig seinen Aufbau und die geregelte Abfolge seiner einzelnen Elemente. In den Ostkirchen bezeichnet der Begriff *die heilige Liturgie* jedoch nicht nur die äußere Gestalt, sondern den eucharistischen Gottesdienst schlechthin (vergleichbar der im Abendland verbreiteten Bezeichnung *Messe* von lat. *missa,* was sprachlich vermutlich mit Entlassung bzw. Sendung zusammenhängt). Nun kann man innerhalb der Liturgie des Gottesdienstes zwischen Teilen unterscheiden, die jeden Sonn- und Feiertag in gleicher Weise wiederkehren, und solchen, die von Mal zu Mal wechseln bzw. in einem größeren Rhythmus – meist im Jahresrhythmus – wieder erscheinen. Die gleichbleibenden Teile des Gottesdienstes nennt man *Ordinarium* (= von lat. *ordo*; gemeint sind das Gerüst und die gleichbleibenden Texte), die wechselnden Teile *Proprium* (= das Eigene, Eigenständige, Besondere). Zwar kann man auch die gleichbleibenden Teile unterschiedlich gestalten (festlich oder schlicht) und so bestimmte Nuancierungen in den liturgischen Ablauf eintragen; der eigentliche Gehalt eines Tages bzw. Festes hängt jedoch von den Texten des Propriums ab.

Daneben gibt es Kriterien, die stärker von der Funktion der jeweiligen liturgischen Stücke ausgehen und deren Stellenwert im liturgischen Ablauf unabhängig von ihrem Ordinariums- oder Propriumscharakter bestimmen.

Ein Überblick über die Liturgie des lutherischen Abendmahlsgottesdienstes und der römischen Messe ist der folgenden Tabelle zu entnehmen.

Tabelle 2: Liturgie des lutherischen Abendmahlsgottesdienstes und der römischen Messe

Agende für evang.-luth. Kirchen und Gemeinden, Bd. I	Meßbuch für die Bistümer des deutschen Sprachgebiets
Orgelvorspiel	ERÖFFNUNG
Rüstgebet der Gemeinde – Sündenbekenntnis	Einzug – Gesang zur Eröffnung
Introitus (Eingang) (Introituspsalm des Chores, Eingangslied der Gemeinde)	Verehrung des Altars Begrüßung der Gemeinde Allgemeines Schuldbekenntnis
Kyrie eleison	Kyrie
Gloria in excelsis	Gloria
Kollektengebet	Tagesgebet
Epistel	WORTGOTTESDIENST
Halleluja	Erste Lesung und erster Zwischengesang
Graduallied	Zweite Lesung und Ruf vor dem Evangelium
Evangelium	Evangelium
Credo (Glaubensbekenntnis)	Homilie (Predigt)
Predigt	Credo (Glaubensbekenntnis)
Abkündigungen	
Dankopfer Einsammlung des Dankopfers, Dankopfergebet	

<table>
<tr><td colspan="2">Agende für evang.-luth. Kirchen und Gemeinden, Bd. I</td><td>Meßbuch für die Bistümer des deutschen Sprachgebiets</td></tr>
<tr><td colspan="2">Allgemeines Kirchengebet (Fürbittengebet)</td><td>Fürbitten (Allgemeines Gebet)</td></tr>
<tr><td colspan="2"></td><td>EUCHARISTIEFEIER</td></tr>
<tr><td colspan="2"></td><td>Gabenbereitung (Gesang zur Gabenbereitung, Herbeibringen der Gaben, Zurüstung des Altars, Begleitgebete zur Gabenbereitung, Händewaschung, Einladung zum Gabengebet, Gabengebet)</td></tr>
<tr><td colspan="2">Präfation (Großes Dankgebet)</td><td rowspan="2">Das eucharistische Hochgebet (Einleitung, Präfation, Sanctus, Postsanctus, Gabenepiklese, Einsetzungsworte, Anamnese mit Darbringung, Kommunionepiklese, Fürbitten, Schlußdoxologie)</td></tr>
<tr><td>A
Einleitung
Präfationsgebet
Sanctus
Vaterunser
Einsetzungsworte</td><td>B
Einleitung
Präfationsgebet
Sanctus
Postsanctus (mit Epiklese)
Einsetzungsworte
Anamnese – Bitte – Schlußdoxologie
Vaterunser
Friedensgruß</td></tr>
<tr><td colspan="2">Agnus Dei
Austeilung (Kommunion)
Schlußkollekte (Postcommunio)</td><td>Kommunion (Einladung zum Vaterunser, Vaterunser, Embolismus, Doxologie, Friedensgebet, Friedensgruß, Brechung des Brotes, Agnus Dei, Stilles Gebet, Einladung zur Kommunion, Kommunionspendung, Gesang zur Kommunion, Reinigung der Gefäße, Besinnung und Dankhymnus, Schlußgebet)</td></tr>
<tr><td colspan="2">Entlassung</td><td>ENTLASSUNG</td></tr>
<tr><td colspan="2">Segen</td><td>Verlautbarungen
Segen und Entlassung</td></tr>
</table>

Worterklärungen zur Tabelle 2

1990 erschien ein von der *Evangelischen Kirche der Union* und der *Vereinigten Evangelisch-Lutherischen Kirche* gemeinsam in Auftrag gegebener Vorentwurf einer *Erneuerten Agende.* Er gliedert – ähnlich wie das Meßbuch – den Verlauf des Gottesdienstes in vier große Blöcke: *Eröffnung und Anrufung, Verkündigung und Bekenntnis, Abendmahl* und *Sendung.* Wie in der neuen Meßordnung wird hier der Gottesdienst künftig mit dem *Gesang zum Eingang* und dem *Gruß* eröffnet. Das *Glaubensbekenntnis* kann der *Predigt* folgen. Eine entfaltete *Gabenbereitung* ist fakultativ vorgesehen. *Form B* des *Großen Dankgebets* in der Lutherischen Agende ist jetzt der Regelfall. Für das entfaltete *Eucharistische Hochgebet* werden zahlreiche Texte zur Auswahl angeboten.

Agende Buch mit den gottesdienstlichen Ordnungen und Texten

Introitus Eingang, Einzug; auch Bezeichnung für den Psalm, der zum Eingang des Gottesdienstes gesungen wird

Kyrie eleison Herr, erbarme dich unser

Gloria in excelsis Ehre sei Gott in der Höhe; Anfangszeile eines Hymnus, der zu den feststehenden (Ordinariums-)Stücken des Gottesdienstes gehört

Kollektengebet „Sammelgebet", das vorausgehende Gebetsanliegen und Gebete „bündelt"

Graduallied eigentlich „Stufenlied" (Gesang auf den Stufen des Ambo, des Leseplatzes), heute Hauptlied zwischen den Lesungen im evangelischen Gottesdienst; auch *Wochenlied* oder *Lied des Tages*

Präfation erster Teil des eucharistischen Hochgebets bis zum Sanctus; Lobpreis „vor Gott und der Gemeinde" (A. Adam/R. Berger 415)

Sanctus Heilig, auch Dreimalheilig genannt; Gesang bzw. Ruf, der das eucharistische Hochgebet nach der Präfation unterbricht

Postsanctus Teil des eucharistischen Hochgebets nach dem Sanctus

Epiklese Bitte um den Heiligen Geist; festes Element im eucharistischen Hochgebet

Anamnese Gedächtnis Christi, seines Leidens, Sterbens, seiner Auferstehung und Himmelfahrt; festes Element im eucharistischen Hochgebet

Doxologie Lobpreis

Embolismus Einschub; Bitte, die in das Vaterunser vor der Doxologie eingeschoben wird

Agnus Dei Lamm Gottes; Ordinariumsgesang zu Beginn der Kommunion; ursprünglich während des Brotbrechens gesungen

Kommunion Austeilung der Eucharistie bzw. des Abendmahls an die Gemeinde; eucharistisches Mahl

Zum gottesdienstlichen Proprium gehören die Schriftlesungen. Wurden anfänglich – so darf man vermuten – drei oder gar vier Lesungen in einem Gottesdienst vorgetragen, so verkürzte man ihre Zahl später in der Regel auf zwei: eine Lesung aus jenen Büchern bzw. Briefen des Neuen Testaments, die nicht zu den Evangelien gehören (ganz selten auch eine Lesung aus dem Alten Testament), und eine aus den vier Evangelien. Neuerdings sieht die katholische Leseordnung wieder drei Lesungen (Altes Testament, Neues Testament, Evangelium) vor. Im deutschen Meßbuch, dem Buch mit den gottesdienstlichen Ordnungen und Gebetstexten, heißt es freilich dazu: „An Sonn- und Festtagen sind als Norm vor dem Evangelium zwei Lesungen vorgesehen. Wo aus pastoralen Gründen nicht beide vorgetragen werden können, ist es gestattet, eine von ihnen auszuwählen." Auch das 1978 erschienene neue Lutherische Lektionar, das Buch mit den gottesdienstlichen Lesungen, bietet zusätzlich zu Epistel (neutestamentlicher Lesung) und Evangelium eine Lesung aus dem Alten Testament, die anstelle einer neutestamentlichen Lesung „dann gelesen werden kann, wenn über einen neutestamentlichen Text gepredigt wird und sich Überschneidungen des Predigttextes mit Evangelium oder Epistel ergäben". In der Regel liest man in evangelischen Gottesdiensten Epistel, Evangelium und Predigttext. In der Erneuerten Agende heißt es: „Zur entfalteten Form gehören drei Lesungen (Altes Testament – Epistel – Evangelium). Der Predigttext tritt dann an die Stelle einer dieser Lesungen." Für die Predigttexte gibt es in den evangelischen Landeskirchen eine eigene Ordnung, die sechs Jahresreihen umfaßt; Jahresreihe I wird von den Evangelien, Jahresreihe II von den Episteln gebildet. Den beiden Schriftlesungen werden für jeden Sonn- und Festtag vier weitere neu- bzw. alttestamentliche Texte zugeordnet. Im weiteren Sinne gehören auch diese zusätzlichen Predigttexte zum *Proprium.*

Zu den Texten des *Propriums* gehören weiter einige Gebete, die dem Leiter des Gottesdienstes vorbehalten sind (deshalb auch *Vorstehergebete, Präsidialgebete* genannt): das Gebet zur Eröffnung (*Gebet des Tages, Kollektengebet* = Sammelgebet, das das Gebetsanliegen bündelt), das Gebet zur Gabenbereitung, zum Herbeibringen und Bereiten von Brot und Wein *(Gabengebet, Dankopfergebet)* und das Gebet nach der Kommunion *(Schlußgebet, Dankgebet, Schlußkollekte)*. In evangelischen Gottesdienstordnungen trägt meist nur das *Kollektengebet* Propriumscharakter. Eine Sonderstellung nimmt der erste Teil des Eucharistiegebetes ein – herkömmlicherweise *Präfation* genannt –, von dem es zwar für die Feste und Festzeiten sowie für einzelne Tage, jedoch nicht für jeden Sonntag einen eigenen Text gibt. In gewisser Weise kann man auch das Fürbittengebet zu den wechselnden Texten rechnen, obwohl es nicht dem Leiter des Gottesdienstes vorbehalten ist und in seiner Formulierung im allgemeinen nicht einem jährlichen Turnus folgt, sondern frei gewählt und gestaltet werden kann. Fürbittenbücher versuchen freilich, eine stärkere Bindung an das Kirchenjahr zu erreichen. Ebenso bietet das neue Meßbuch im Anhang Beispiele für Fürbittengebete zu den einzelnen Zeiten des Kirchenjahres.

Gesänge

Zu den Texten des *Propriums* zählen schließlich Gesänge, die in die Zuständigkeit des Chors, der Schola oder des Kantors fallen, z.B. die Psalmengesänge zum Einzug *(Introitus, Gesang zur Eröffnung, Eingangspsalm)*, zur Gabendarbringung und -bereitung *(Offertorium, Gesang zur Gabenbereitung)* und zur Kommunion *(Communio, Gesang zur Kommunion)*, aber auch die Gesänge zu den Lesungen *(Zwischengesänge: Antwortpsalm* nach der ersten Lesung; *Halleluja* mit wechselndem Vers als *Ruf vor dem Evangelium)*. Das neue deutsche Meßbuch enthält für jeden Sonn- und Festtag einen eigenen *Eröffnungs-* und *Kommunionvers*. Die *Gesänge zu den Lesungen* werden in der neuen Leseordnung *(Ordo lectionum missae)* aufgeführt. In einem weiteren Sinn gehören auch die Gemeindelieder, die diese Gesänge vollgültig ersetzen bzw. ergänzen können, zum *Pro-*

prium. In evangelischen und katholischen Gesangbüchern *(Evangelisches Gesangbuch* = EG; *Gotteslob* = GL) finden sich Abschnitte mit Liedern zu den einzelnen Kirchenjahreszeiten. Im evangelischen Bereich ist meist das Lied zwischen den beiden Lesungen *(Gradual-, Wochen-, Hauptlied, Lied des Tages)* fester Bestandteil des *Propriums,* dazu der *Eingangspsalm (Introitus)* und das *Halleluja* mit *Hallelujavers* nach der Epistellesung.

Es muß erwähnt werden, daß auch zwischen bestimmten Teilen des *Ordinariums* und dem Gottesdienst an Sonn- und Festtagen eine besondere Beziehung besteht. So wird der Hymnus *Ehre sei Gott in der Höhe (Gloria in excelsis)* nur an diesen Tagen, nicht aber während der Woche und in den Fastenzeiten gesungen.

Farben

In gewisser Weise wird das *Proprium* des jeweiligen Tages bzw. Festes durch die wechselnden liturgischen Farben verdeutlicht: „*Weiß* für Oster- und Weihnachtszeit, Feste des Herrn, Marias, der Engel und jener Heiligen, die nicht Märtyrer sind. *Rot* für Palmsonntag, Karfreitag und Kreuzerhöhung, Pfingsten, Apostel- und Märtyrerfeste, *Grün* für die allgemeine Kirchenjahreszeit. *Violett* für Advents- und Fastenzeit, möglich auch bei der Liturgie für Verstorbene, für die aber auch weiterhin *Schwarz* verwendet werden kann. *Rosa* an Gaudete und Laetare" (A. Adam/R. Berger, S. 140). Während im katholischen Bereich vor allem die liturgische Kleidung des Priesters und seiner Assistenz durch diesen Farbenkanon bestimmt wird – freilich können heute bei festlichen Anlässen wertvolle Paramente auch unabhängig von der Tagesfarbe zur Verwendung kommen –, beschränkt sich im Protestantismus die Darstellung der liturgischen Farben im wesentlichen auf die Altar- und Kanzelbekleidung; liturgische Gewänder in den Kirchenjahresfarben sind in den deutschsprachigen evangelischen Kirchen – im Gegensatz zu außerdeutschen – nur vereinzelt in Gebrauch. Der Farbenkanon der Lutherischen Agende von 1955 sieht folgendermaßen aus: Adventszeit Violett, Weihnachten und Weihnachtszeit Weiß, Epiphanias Weiß, Epiphaniaszeit Grün, Letzter Sonntag nach Epiphanias wieder Weiß, Vorfastenzeit (jetzt: *Vor der Passionszeit)* Grün, Fastenzeit (jetzt: *Passionszeit)* Violett, Gründonnerstag Weiß, Karfreitag und Karsamstag Schwarz (nach der Erneuerten Agende auch Violett), Ostern und Osterzeit Weiß, Pfingsten Rot, Trinitatis Weiß, Sonntage nach Trinitatis Grün, Märtyrer-, Apostel- und Kirchenfeste (z.B. Reformationstag) Rot, andere Feste und Gedenktage (Herrenfeste und Marientage) Weiß.

Entstanden ist dieser Farbenkanon erst im Mittelalter des Abendlandes. In der alten Kirche war es üblich, an den hohen Festtagen besonders wertvolle (und das hieß besonders kostbar gefärbte) Gewänder zu tragen.

Leseordnungen

Lesereihen

Die Lesereihen für Epistel und Evangelium haben sich weitgehend unabhängig voneinander entwickelt. Vielfach war dabei das Prinzip der *Bahnlesung* maßgebend: Ein bestimmtes biblisches Buch (oder auch ein größerer Zusammenhang, z.B. die Paulusbriefe) wurde fortlaufend – freilich mit Auslassungen – gelesen. Ein thematischer Zusammenhang von Epistel und Evangelium konnte so nur zufällig zustande kommen. Für liturgisch hochwertige Zeiten (z.B. die Osterzeit) wählte man dabei biblische Bücher, die in besonderem Ansehen standen. Maßgebend für solche Wertschätzung war vor allem die Autorschaft eines Apostels, der mit Jesus zusammen gelebt hatte und Zeuge seiner Auferstehung geworden war. So erklärt es sich, daß in der Osterzeit Lesungen aus dem Johannesevangelium und dem 1. Petrusbrief (bzw. aus dem Jakobusbrief) vorgetragen wurden. Schon früh wurde es freilich üblich, an Festtagen und während besonderer Festzeiten die Bahnlesung zu unterbrechen und Schriftlesungen auszuwählen, die in einer gewissen

Beziehung zum jeweiligen Festgeheimnis standen. An den anderen Sonntagen hatte man ursprünglich gar nicht für jeden Tag ein Formular mit eigenem Proprium, was sich anhand alter Sakramentare (Sammlungen von Gebetstexten für den Gebrauch des Vorstehers beim Gottesdienst) belegen läßt. Vermutlich hat man aus ihnen das eine oder das andere ausgewählt oder die Texte einfach der Reihe nach gebraucht. Dabei kam es natürlich zu einer höchst zufälligen, wechselnden Zuordnung von Text und Sonntag.

Das Prinzip der Bahnlesung wurde in der beschriebenen Weise auch auf die Gesänge zur Eröffnung, zur Gabenbereitung und zur Kommunion angewandt, die man dem Buch der Psalmen entnahm. Auch die Zwischengesänge dürften ursprünglich so ausgewählt worden sein.

Evangelische Leseordnung: Evangelium als rector des Sonntags

In einer Reform der Leseordnung und der Ordnung der Predigttexte, wie sie im deutschsprachigen evangelischen Raum Ende der siebziger Jahre zum Abschluß kam (Lektionar für evangelisch-lutherische Kirchen und Gemeinden. Neue Ausgabe, 1978; Perikopenbuch zur Ordnung der Predigttexte, 1978; jetzt auch: Erneuerte Agende, 1990), hat man versucht, für die einzelnen Sonntagsproprien stärkere inhaltliche Zusammenhänge zu schaffen. Zumindest die Schriftlesungen sollten inhaltlich in gewisser Weise aufeinander abgestimmt sein (Prinzip der *Konsonanz,* des Zusammenklangs). Man ging dabei von der überlieferten Reihe der Evangelien aus, die man nur wenig veränderte, und ordnete jedem Evangelium als dem *rector,* dem bestimmenden Element des jeweiligen Sonn- und Festtages, eine alttestamentliche und eine Epistellesung zu. Die übrigen Reihen der Predigttexte wurden gleichfalls nach diesem Prinzip zusammengestellt. Das neue Lektionar enthält darüber hinaus für die Sonn- und Festtage jeweils ein *Biblisches Votum zum Eingang* (in gewisser Weise dem *Eröffnungsvers* des Meßbuchs vergleichbar), das *Halleluja mit Vers* und Angaben zum *Lied der Woche,* die Erneuerte Agende zusätzlich den *Eingangspsalm* und das *Gebet des Tages.* Dadurch wurde in der Tat so etwas wie eine thematische Prägung der Sonntagspropriien in der ungeprägten Zeit des Kirchenjahres erreicht. Diese Neuerung folgte dem bereits seit längerer Zeit verbreiteten Brauch, jedem Sonntag einen *Wochenspruch* (im Lektionar jetzt: *Biblisches Votum zum Eingang)* und ein *Wochenlied (Graduallied)* zuzuordnen; beide waren in der Regel vom Inhalt des Evangeliums her bestimmt und formulierten eine Art *Thema* des betreffenden Sonntags.

Neue katholische Leseordnung: drei Jahreszyklen zu je drei Lesungen

Einen anderen Weg ging man im Zuge der nachkonziliaren Liturgiereform im katholischen Bereich: Hier wurde eine neue Leseordnung geschaffen, die drei Jahreszyklen (Lesejahr A, B und C) zu je drei Lesungen (aus dem Alten Testament, aus den Episteln und aus den Evangelien) vorsieht. Auf einen inhaltlichen Zusammenhang der Lesungen hat man vor allem für die Feste und die geprägten Zeiten des Kirchenjahres geachtet. An den Sonntagen außerhalb der beiden großen Festkreise (Sonntage im Jahreskreis) lassen sich nur vereinzelt solche Zusammenhänge beobachten: so an den ersten beiden Sonntagen im Jahreskreis, die noch im Zusammenhang mit dem Epiphaniasfest stehen, und an den letzten Sonntagen, die endzeitliche Gedanken thematisieren. Wie in der neuen evangelischen Ordnung ist auch in der katholischen Leseordnung *(Ordo lectionum missae,* 1969, revidierte und erweiterte Neuauflage 1981; seit 1982 erscheint eine Neuausgabe des deutschen *Meßlektionars)* das Evangelium bestimmend: Die alttestamentliche Lesung für ungeprägte Zeiten ist meist so ausgewählt, daß sich ein thematischer Bezug zum Evangelium ergibt; anders die nicht-evangelischen Lesungen aus dem Neuen Testament, die dem Prinzip der Bahnlesung folgen. Dieses Prinzip bestimmt – von den erwähnten Ausnahmen abgesehen – im wesentlichen auch die Auswahl der Evangelienlesungen (Lesejahr A: Matthäus; Lesejahr B:

Markus; Lesejahr C: Lukas; das Johannesevangelium ist dem österlichen Festkreis vorbehalten; in der Osterzeit wird zudem als erste Lesung anstelle eines alttestamentlichen Textes ein Abschnitt aus der Apostelgeschichte gelesen).

Zählung und Benennung der Sonntage

Spielräume im Kirchenjahr

Da der Ostertermin wechselt (frühestens am 22. März, wenn am 21. März Vollmond ist, spätestens am 25. April), ergibt sich eine unterschiedliche Zahl von Sonntagen zwischen den Festkreisen:

	Ostern am 22. 3.	Ostern am 25. 4.
Zwischen Epiphanie und Ostern	10	15
Von Epiphanie bis zum Beginn der Fastenzeit	4	9
Von Pfingsten bis zum Beginn des neuen Kirchenjahres	28	23

Die Notwendigkeit, die Sonntage in den beiden genannten „Zwischenzeiten" zu zählen und zu benennen, hat zu verschiedenen Lösungen geführt.

Ältere katholische und evangelische Zählung

Das alte römische Meßbuch bezeichnete die Sonntage zwischen Epiphanie und dem Beginn des österlichen Festkreises als *Sonntage nach Erscheinung (Sonntage nach Epiphanie).* Da der österliche Festkreis hier bereits neun Wochen vor dem Osterfest mit der sog. Vorfastenzeit *(Septuagesima)* begann, waren im Höchstfall sechs *Sonntage nach Erscheinung* denkbar. Bei einem früheren Ostertermin verminderte sich die Zahl dieser Sonntage bis auf zwei bzw. einen.

Die evangelische Bezeichnung lautet bis heute *Sonntage nach Epiphanias* mit dem bedeutsamen Unterschied, daß der *Letzte Sonntag nach Epiphanias* stets als *Tag der Verklärung Christi* begangen wird. Dies zeigt, daß die Zeit zwischen dem Epiphaniasfest und dem Beginn des Osterfestkreises (mit dem Sonntag *Septuagesimae* neun Wochen vor Ostern) als geprägt empfunden und gestaltet wird.

Die Sonntage zwischen dem Osterfestkreis und dem Beginn des neuen Kirchenjahres zählte und benannte das alte römische Meßbuch als *Sonntage nach Pfingsten.* Dabei wurden zwischen dem *23. Sonntag nach Pfingsten* und dem *24. Sonntag nach Pfingsten (Letzter Sonntag nach Pfingsten,* der immer als solcher begangen wurde) die ausgefallenen *Sonntage nach Erscheinung* eingeschaltet, und zwar – je nach Bedarf – der *3. bis 6. Sonntag nach Erscheinung.* Dieses Verfahren zeigt, daß die genannten Sonntage als ungeprägt verstanden und entsprechend behandelt wurden.

In der evangelischen Kirche heißen diese Sonntage im allgemeinen *Sonntage nach Trinitatis* (Dreifaltigkeit). Vom Michaelisfest (29. September) an war nach der älteren Ordnung auch eine Zählung *nach Michaelis* möglich. Dabei entsprach der *1. Sonntag nach Michaelis* dem *19. Sonntag nach Trinitatis.*

Das Ende des Kirchenjahres trägt im evangelischen Bereich ein eigenes Gesicht: Der *Drittletzte, Vorletzte* und *Letzte Sonntag des Kirchenjahres (Ewigkeitssonntag)* haben jeweils ein eigenes, feststehendes Proprium und werden immer begangen. Davor kann es – im Höchstfall – *24 Sonntage nach Trinitatis* geben. Liegt Ostern jedoch spät, zum Beispiel am 25. April, verkürzt sich ihre Zahl entsprechend; der 20. bis 24. Sonntag nach Trinitatis müssen dann entfallen. Es ist vorgesehen, daß dann der *Drittletzte Sonntag* auch mit dem Proprium des *24. Sonntags nach Trinitatis* begangen werden kann; die Texte des *23.* können mit denen des *20. Sonntags nach Trinitatis* ausgetauscht werden. Bei der Zählung *nach Michaelis* fallen die entsprechenden überzähligen Sonntage bereits vor dem Michaelisfest fort.

Neuordnung in der katholischen Kirche: Sonntage im Jahreskreis

Im Zuge der liturgischen Neuordnung in der katholischen Kirche nach dem II. Vatikanischen Konzil hat man auch das Kirchenjahr neu geordnet. Die bisherige Zählung *nach Epiphanie* und *nach Pfingsten* wurde aufgegeben. Die ungeprägten „Zwischenzeiten" zwischen dem Weihnachts- und Osterfestkreis werden jetzt als *Allgemeine Kirchenjahreszeit* bzw. *Zeit im Jahreskreis* (insgesamt 33 oder 34 Wochen) zusammengefaßt. Die Sonntage dieser Zeit werden als *Sonntage im Jahreskreis* durchgezählt. Von den insgesamt 34 Sonntagen tragen die beiden letzten ähnlich wie in der evangelischen Ordnung endzeitliches Gepräge, und der letzte wird als *Christkönigssonntag* begangen. Der *1. Sonntag im Jahreskreis,* der Sonntag unmittelbar nach dem *Fest der Erscheinung des Herrn,* wird als Tag der *Taufe des Herrn* gefeiert. Faktisch gehört er mit seiner besonderen Prägung noch dem weihnachtlichen Festkreis an. Auf die bisher übliche *Vorfastenzeit* hat man verzichtet; der Osterfestkreis beginnt jetzt erst mit dem *Aschermittwoch,* der die *Fastenzeit* eröffnet. Die bisherigen Sonntage in der *Vorfastenzeit* werden in den Jahreskreis einbezogen. Kompliziert ist die Regelung in Zusammenhang mit dem Pfingstfest: Theoretisch zählt der Pfingstsonntag als einer der 33 bzw. 34 Sonntage im Jahreskreis, das heißt, an das Pfingstfest schließt sich unmittelbar jene Woche an, die der am Dienstag vor Aschermittwoch abgebrochenen Woche folgt. Dabei treten die Proprien des Pfingstfestes und des Dreifaltigkeitssonntags (Trinitatis) an die Stelle der jeweiligen Sonntagsproprien. Umfaßt der Jahreskreis insgesamt nur 33 statt 34 Wochen, so wird die erste Woche ausgelassen, die nach Pfingsten folgen würde. Das stellt sicher, daß der *33. und 34. Sonntag im Jahreskreis* immer begangen werden können.

Die beigefügte Tabelle soll helfen, diese komplizierten Zusammenhänge zu verdeutlichen. Dabei wurde als denkbarer Ostertermin der 26. März (z.B. 1989) ausgewählt. Verglichen werden die alte römische, die neue römische und die evangelische Zählung (*nach Trinitatis;* nicht berücksichtigt wurde die Zählung *nach Michaelis*).

Weitere Gliederungsmöglichkeiten

Es hat nicht an Versuchen gefehlt, die große Zahl der Sonntage nach Pfingsten bzw. nach Trinitatis noch nach anderen Gesichtspunkten zu gliedern und damit der sog. festlosen Zeit eine deutlichere Struktur zu geben. Als Gliederungsmomente wurden dabei vielfach Heiligentage oder andere Festtage gewählt, die in diese Zeit fallen, so z. B. der 29. Juni, der Tag der Apostel Petrus und Paulus; der Laurentiustag am 10. August; der Tag des Erzengels Michael am 29. September. In neueren evangelischen Ordnungen begegnet gelegentlich eine Zählung der Sonntage nach Pfingsten, nach Johannis (24. Juni) und nach Michaelis.

Acht-Wochen-Zyklus in der Ostkirche

Im byzantinischen Ritus (ihm gehört auch die russisch-orthodoxe Kirche zu) wird die Zeit zwischen Pfingsten und der Vorfastenzeit – eine besondere Advents- und Weihnachtszeit gibt es hier nicht – durch einen Acht-Wochen-Zyklus strukturiert: Alle acht Wochen wiederholen sich die besonderen Gesangstexte für den Sonntag und die Wochentage. Dieser Zyklus bildet die österliche Freudenzeit *(Pentekoste)* nach und gibt so dem ganzen Jahr auch außerhalb des eigentlichen Osterfestkreises ein österliches Gepräge. Dabei werden zugleich die acht Kirchentöne den acht Wochen eines Zyklus zugeordnet: Die Gesänge der ersten Woche werden im ersten Ton, die der zweiten Woche im zweiten Ton usw. vorgetragen.

Ostern am 26. März (kein Schaltjahr; z. B. 1989). Gesamtzahl der Sonntage im Kirchenjahr: 53

Datum	Alte römisch-katholische Zählung	Neue römisch-katholische Zählung	Evangelische Zählung
6. 1.	Fest der Erscheinung des Herrn	Erscheinung des Herrn	Fest der Erscheinung des Herrn: Epiphanias
8. 1.	1. Sonntag nach Erscheinung (Sonntag in der Oktav von Erscheinung; Fest der Heiligen Familie)	1. Sonntag im Jahreskreis (Sonntag nach dem 6. 1.; Taufe des Herrn)	1. Sonntag nach Epiphanias
15. 1.	2. Sonntag nach Erscheinung	2. Sonntag im Jahreskreis	Letzter (6.) Sonntag nach Epiphanias (Verklärung Jesu)
22. 1.	Septuagesima (Beginn der Vorfastenzeit)	3. Sonntag im Jahreskreis	3. Sonntag vor der Passionszeit: Septuagesimae
29. 1.	Sexagesima	4. Sonntag im Jahreskreis	2. Sonntag vor der Passionszeit: Sexagesimae
5. 2.	Quinquagesima	5. Sonntag im Jahreskreis	Sonntag vor der Passionszeit: Estomihi
8. 2.	Aschermittwoch	Aschermittwoch	Aschermittwoch
	Sonn- und Festtage der Fastenzeit (Passionszeit) und der Osterzeit		
14. 5.	Pfingstsonntag	Pfingsten (6. Sonntag im Jahreskreis)	Tag der Ausgießung des Heiligen Geistes: Pfingstsonntag

Datum	Alte römisch-katholische Zählung	Neue römisch-katholische Zählung	Evangelische Zählung
21. 5.	Fest der allerheiligsten Dreifaltigkeit (1. Sonntag nach Pfingsten)	Dreifaltigkeitssonntag (Sonntag nach Pfingsten; 7. Sonntag im Jahreskreis)	Tag der heiligen Dreifaltigkeit: Trinitatis
	2. bis 22. Sonntag nach Pfingsten	8. bis 28. Sonntag im Jahreskreis	1. bis 21. Sonntag nach Trinitatis
22. 10.	23. Sonntag nach Pfingsten	29. Sonntag im Jahreskreis	22. Sonntag nach Trinitatis
29. 10.	3. (nachgeholter) Sonntag nach Erscheinung (Christkönigsfest)	30. Sonntag im Jahreskreis	23. Sonntag nach Trinitatis
5. 11.	4. (nachgeholter) Sonntag nach Erscheinung	31. Sonntag im Jahreskreis	24. Sonntag nach Trinitatis
12. 11.	5. (nachgeholter) Sonntag nach Erscheinung	32. Sonntag im Jahreskreis	Drittletzter Sonntag des Kirchenjahres
19. 11.	6. (nachgeholter) Sonntag nach Erscheinung	33. Sonntag im Jahreskreis	Vorletzter Sonntag des Kirchenjahres
26. 11.	24. (letzter) Sonntag nach Pfingsten	34. (letzter) Sonntag im Jahreskreis; Christkönigssonntag	Letzter Sonntag des Kirchenjahres: Ewigkeitssonntag
3. 12.	1. Adventssonntag	1. Adventssonntag	1. Sonntag im Advent

Zweiter Teil

Der Osterfestkreis

Kapitel 5

Das Osterfest

Das Osterfest ist das älteste uns bekannte christliche Jahresfest. Von ihm sind wesentliche Impulse für die Gestaltung des Festjahres im ganzen ausgegangen. Darum setzt eine Darstellung der christlichen Jahresfeste und Festzeiten sinnvollerweise bei ihm ein.

Biblischer Hintergrund

Der Verfasser der Apostelgeschichte setzt voraus, daß die ersten Christen sich an den täglichen Gebets- und Opfergottesdiensten im Tempel beteiligen (vgl. Apg 2,46; 3,1). Das macht wahrscheinlich, daß die ersten Gemeinden auf palästinensischem Boden sich auch sonst an die jüdische Gottesdienst- und Festpraxis hielten und das Passafest nach überliefertem Brauch feierten. Ein biblisches Zeugnis hierfür gibt es freilich nicht. Manche Exegeten glauben, in Apg 12,1–17 (Verhaftung und Befreiung des Petrus am *Fest der Ungesäuerten Brote*) Hinweise auf eine frühchristliche Passafeier entdecken zu können. 1 Kor 5,7 schreibt Paulus an die Gemeinde in Korinth: „Darum fegt den alten Sauerteig aus, damit ihr ein neuer Teig seid, wie ihr ja wirklich ungesäuert seid. Denn unser Passalamm ist schon geopfert, das ist Christus. Darum laßt uns das Fest feiern, nicht im alten Sauerteig, auch nicht im Sauerteig der Bosheit und Schlechtigkeit, sondern im ungesäuerten Teig der Lauterkeit und Wahrheit." Es ist denkbar, daß Paulus hier auf eine christliche Passafeier Bezug nimmt, die inhaltlich durch die Aussage „Christus ist unser Passalamm" vom jüdischen Passa unterschieden ist.

Vielleicht sind auch die Berichte über die Einsetzung des Abendmahls durch Jesus in der Nacht vor seinem Tod literarischer Niederschlag einer frühchristlichen Passafeier: Matthäus, Markus und Lukas gehen davon aus, daß Jesus das Abendmahl im Rahmen eines Passamahles gefeiert und gestiftet hat. Anders der Evangelist Johannes: Er berichtet, daß Jesus starb, als man im Tempel die Passalämmer schlachtete und die letzten Vorbereitungen für das Passamahl traf. Die Aussage „Christus ist unser Passalamm", wie sie sich sinngemäß bei Paulus findet, wird durch diese chronologische Einordnung des Todes Jesu nachdrücklich unterstrichen. All das macht wahrscheinlich, daß sich schon früh – noch in neutestamentlicher Zeit – eine jährliche christliche Passafeier ausbildete, die offenkundig in Beziehung zum Tode Jesu stand. Sein Kreuzesopfer wurde als Erfüllung jenes Vorgangs im Alten Testament gedeutet, den das jüdische Passafest auf seine Weise vergegenwärtigte: Mit dem Blut eines Lammes wurden dort die Türpfosten bestrichen, damit Gott die betreffenden Häuser mit seiner Strafe verschone (Ex 12,1–28). Für die Christen war es nun Christus selbst, der – als Lamm geopfert – durch sein Blut solche Verschonung bewirkte.

Geschichtliches

Streit um den Ostertermin

Eindeutige Zeugnisse für eine christliche Feier des Passafestes finden sich erst im 2. Jahrhundert. Zwischen den kleinasiatischen Gemeinden und ihren Bischöfen auf der einen und der römischen Gemeinde auf der anderen Seite entbrannte ein Streit um den rechten Ostertermin. Während die Kleinasiaten unter Berufung auf eine apostolische Überlieferung für das christliche Passafest am 14. Nisan eintraten, wurde es in Rom unter den Bischöfen Anicet († 166) und Victor I. († um 200) – ebenfalls unter Berufung auf alte Traditionen – am darauffolgenden Sonntag gefeiert. Der Unterschied ist deutlich: Die kleinasiatischen *Quartodezimaner*, wie man sie auch genannt hat (von dem lateinischen Wort für vierzehn), lehnten sich mit ihrer Praxis eng an den jüdischen Brauch an und übernahmen den dort üblichen Termin. Dementsprechend legten sie in ihrer Passafeier – stärker als die anderen Kirchen – den Akzent auf den Tod Christi am Kreuz. Rom und die übrigen Kirchen verließen dagegen die jüdische Praxis, wenn sie ihr Jahrespassa ausdrücklich mit dem Herrentag (Wochenpassa) verbanden und das Passafest in die Kette der Sonntage einordneten. Der Akzent lag bei ihnen stärker auf der Auferstehung Jesu. Das Konzil von Nizäa 325 entschied den Streit endgültig: Ostern wird seitdem immer am Sonntag *nach* dem ersten Vollmond im Frühling gefeiert.

Unterschiedliche Traditionen

Gelegentlich hat man daraus folgern wollen, es habe in der frühen Christenheit überhaupt zwei Arten des Passafestes nebeneinander gegeben. Im Mittelpunkt der einen Feier habe die Passion Jesu und die Erwartung seiner Wiederkunft gestanden, im Zentrum der anderen das Gedächtnis der Auferstehung. Die These läßt sich so nicht belegen. Dennoch muß man – gerade angesichts des Streits um den Ostertermin – mit unterschiedlichen Überlieferungen rechnen. Es ist von Bedeutung, daß sich in diesem Streit schließlich diejenige Praxis behauptete, die sich stärker von der jüdischen Festpraxis absetzte.

Akzentsetzungen

Dabei wurden die Akzente in den einzelnen Regionen der frühen Christenheit unterschiedlich gesetzt, so daß es auch zu differenzierten Interpretationen von *Passa* bzw. *Pascha* kam: Die einen stellten einen Zusammenhang von *Pascha* und *passio* (lateinisch: Leiden) her und betonten in ihrer Osterfeier entsprechend das Gedächtnis des Leidens und Sterbens Jesu. Andere übersetzten *Passa* mit *Vorübergang*, wie dies ja schon im Alten Testament selber geschieht. Sie feierten zu Ostern den „rettenden Vorübergang“ des Herrn, stellten also ebenfalls seinen Opfertod in den Mittelpunkt. Im Rückgriff auf die Geschichte vom Auszug des Volkes Israel aus Ägypten wurde Passa von anderen wieder als *Übergang, Durchgang* (lat. *transitus*) gedeutet: So wie Israel die Fluten des Meeres durchquerte, hat sich Christus in diese Welt hineingegeben und ist durch den Tod in das Leben gedrungen. Christen folgen ihm auf diesem Weg; sie feiern zu Ostern ihren eigenen Übergang in das neue, bleibende Leben.

Gottesdienst in der Osternacht

Aus Zeugnissen des 2. und 3. Jahrhunderts erfahren wir einiges darüber, wie das christliche Passafest in dieser Zeit gefeiert wurde: So wie im Mittelpunkt des jüdischen Passafestes das abendliche Passamahl stand (das freilich um Mitternacht beendet sein mußte), bildete ein nächtlicher Gottesdienst das Zentrum der christlichen Feier. Er dauerte bis zum frühen Morgen, wurde dann mit der Feier des Herrenmahls abgeschlossen und bestand aus zwei Teilen. Er begann mit einer langen gemeinsamen Nachtwache, die ganz von der Trauer über Leiden und Tod des Herrn bestimmt war, mit Lesungen aus dem Alten Testament (den 5 Büchern Mose, den Propheten und Psalmen) und den Evangelien sowie mit Fürbitten für die Juden und alle anderen Menschen. Eine besondere Bedeutung kam dabei der Lesung aus Ex 12 und 14 (Geschichte vom Auszug des Volkes Israel aus Ägypten; Einsetzung des Passafestes) zu, die auf das Schicksal Jesu und den Weg des neuen Gottesvolkes bezogen wurde. Vorstellbar ist auch, daß die Leidensgeschichte Jesu verlesen wurde. Beim Übergang zum zweiten Teil des Gottesdienstes schlug die Stimmung in Freude und Jubel über die Auferstehung Jesu um. Man feierte das Herrenmahl, die Eucharistie, und schloß ein Brudermahl, die Agape, an. Eine Predigt legte das gottesdienstliche Geschehen aus. In ihr lebte eine Gepflogenheit fort, die auch zum jüdischen Passamahl gehörte: Der Hausvater war verpflichtet, die Geschichte vom Auszug aus Ägypten zu erzählen und die Bräuche zu erklären, die im Verlauf des Mahls an diese Geschichte erinnerten.

Passafasten

Bedeutsamer Bestandteil der frühchristlichen Passafeier war das Fasten. Es dauerte – unterschiedlich in den einzelnen Kirchen – einen bis sechs Tage und fand erst mit der Mahlfeier am Ende des nächtlichen Gottesdienstes seinen Abschluß. Es stand im Zeichen der Trauer über das Leiden und den Tod Jesu und trug zugleich den Charakter eines Sühnefastens. Vielfach begann man mit einem „Halbfasten" am Montag, um dann am Freitag und Samstag zu einem Vollfasten überzugehen. Dieses Passafasten bildete den Ansatzpunkt für die spätere vorösterliche Bußzeit.

Zeit der Fünfzig Tage

Ebenfalls relativ früh finden sich Hinweise auf eine fünfzigtägige Freudenzeit, die sich an das christliche Passa anschloß – möglicherweise als Äquivalent des jüdischen Wochenfestes. Es ist denkbar, daß bestimmte Motive der jüdischen Festfeier – Aufstieg des Mose zum Sinai, Empfang der Gabe des Gesetzes – bei der Ausbildung des christlichen Pfingstfestes eine Rolle gespielt haben (Aufstieg Jesu zum Himmel, Gabe des Geistes).

Namen

Pasqua (italienisch), *Pascua* (spanisch, portugiesisch), *Pâques* (französisch), *Pasen* (niederländisch), *Paaske* (dänisch), *Paskit* (norwegisch): All diese Bezeichnungen leiten sich vom jüdischen *Passa* her. *Pesach* wurde im griechischen Alten Testament, der Septuaginta, mit *pascha* (sprich: *pas-cha*) wiedergegeben; in dieser Fassung ging der Name in die Sprache der römischen Liturgie, das Latein, ein (*tempus paschale* = österliche Zeit; *Dominica Paschae* = Ostersonntag). Im evangelischen Bereich wird eine Schreibweise bevorzugt, die sich stärker an das hebräische Wort anlehnt (Passa, früher auch *Passah*).

Die Herkunft der Bezeichnung *Ostern* (englisch *Easter*) ist umstritten. Ob sie wirklich von einer englischen Frühlingsgöttin *Ostara* abzuleiten ist, wie Beda Venerabilis († 735) meinte, ist fraglich. Manche vermuten einen Übersetzungsfehler: Den lateinischen Namen der Osterwoche (*hebdomada in albis* = *Weiße Woche*) habe man fälschlicherweise mit der Morgenröte (spätlat. *alba;* Pluralform *albae, albis*) in Verbindung gebracht, die auf althochdeutsch *eostarun* heißt.

Bedeutung

Nach der Überzeugung der frühen Christenheit besteht ein tiefer Zusammenhang zwischen den Ereignissen, derer das Volk Israel in seiner Passafeier gedenkt, und dem Leiden, dem Tod und der Auferstehung Jesu, wie sie die christliche Gemeinde zu Ostern feiert: In der Schlachtung des Passalammes und im Auszug aus Ägypten, in der tödlichen Bedrohung, in die das Volk gerät, und in seiner Errettung aus den Fluten des Meeres ist die Geschichte Jesu Christi vorgebildet. An dieser Geschichte wiederum gewinnen die Christen teil, wenn sie sich in der Taufe in das Sterben und Auferstehen Jesu einfügen lassen, wenn sie in Wort und Mahl das Gedächtnis seines Durchgangs durch den Tod ins Leben begehen. So sehen sie im alttestamentlichen Passa nicht nur ein Vorbild für die Geschichte Christi, sondern auch ihres eigenen, untrennbar damit verbundenen Geschicks. Als Volk des Neuen Bundes sehen sie sich selber auf dem Weg, der in der Nachfolge Christi durch Bedrohung, Leiden und Tod hindurch zur Freiheit und ins Leben führt.

Einheit von Leiden, Tod und Auferstehung

Wichtig ist, daß in der frühchristlichen Osterfeier – unbeschadet aller unterschiedlichen Akzentsetzungen – Leiden, Tod und Erhöhung Jesu doch als Einheit erfahren und gefeiert wurden. Ostern war nicht einfach – so wie es einem späteren, historisierenden Verständnis entsprach – das Fest der Auferstehung Jesu, sondern hatte das Geheimnis der Erlösung insgesamt zum Thema. Die Passion Jesu, sein Opfertod am Kreuz waren noch nicht einem – historisch wie gottesdienstlich isolierten – „Karfreitag“ zugeordnet, sondern bildeten zusammen mit dem Gedächtnis seiner Auferstehung den unteilbaren Inhalt der Osterfeier selbst.

Hoffnung auf die Wiederkunft des Herrn

Hinzu trat ein weiterer Gedanke, der erneut die engen Beziehungen zwischen jüdischer und christlicher Passafeier verdeutlicht: So wie die Juden in der Passanacht das Kommen des Messias erwarteten, so hofften die Christen in der Osternacht auf die Wiederkunft ihres Herrn. Auf solche Weise erhielt die christliche Osterfeier einen endzeitlichen Zug.

Entfaltung der Osterfeier

Die heiligen drei Tage

Vom 4. Jahrhundert an wird die Tendenz spürbar, in der österlichen Festfeier die Christusgeschichte sozusagen historisch nachzuvollziehen. Auf einer ersten Stufe der Entwicklung kam es zur Ausgliederung der *heiligen drei Tage (Triduum sacrum):* Der Freitag wurde als der Tag begangen, an dem Jesus gelitten hat und gestorben ist; der Samstag galt als Tag der Grabesruhe Jesu; der Sonntag als Tag seiner Auferstehung. Da der Vorabend bereits zum folgenden Tag gezählt wurde, begannen *die heiligen drei Tage* faktisch mit dem Donnerstagabend. Der Osternachtgottesdienst eröffnete so den dritten Tag des *Triduum sacrum.*

Die Heilige Woche

Bald wurde die ganze Woche vor Ostern als *Heilige Woche (Große Woche, Leidenswoche, Karwoche* – von althochdeutsch *kara* = Trauer, Klage) begangen, bei deren gottesdienstlicher Ausgestaltung das Vorbild der Jerusalemer Gemeinde eine wichtige Rolle spielte: Dort war es üblich geworden, an den Tagen, zu den Zeiten und an den Orten, an denen die Ereignisse der Christusgeschichte der Überlieferung nach stattgefunden hatten, Gedenkfeiern zu begehen. Nach dem Bericht der Pilgerin Egeria (Ätheria) gab es hier am Sonntag vor Ostern eine Prozession zur Erinnerung an den Einzug Jesu in Jerusalem, ferner in der Nacht vom Donnerstag zum Freitag eine Prozession nach Getsemani zum Gedenken an die Gefangennahme Jesu sowie am Freitag auf Golgota eine Feier zur Kreuzverehrung.

Österliche Freudenzeit

In einem nächsten Schritt wurde die österliche Freudenzeit ausgestaltet – wiederum mit deutlich erkennbaren historisierenden Tendenzen. Besondere Bedeutung gewann die Woche nach Ostern *(Osteroktav, Weiße Woche)* durch Gottesdienste und Predigten (Katechesen) für die Neugetauften. In Jerusalem kam man während dieser Woche täglich in der Himmelfahrtskirche zusammen, um die Erhöhung Christi zu feiern. Später wurde allgemein der 40. Tag nach Ostern – der Donnerstag vor dem 6. Sonntag nach Ostern – als Tag der Himmelfahrt Christi begangen. Am 50. Tag wurde die siebenwöchige österliche Freudenzeit festlich abgeschlossen. Seit dem Ende des 4. Jahrhunderts stand hierbei das Ereignis der Ausgießung des Heiligen Geistes – als Erfüllung und Besiegelung der österlichen Ereignisse – thematisch im Mittelpunkt: Es entwickelte sich *Pfingsten* als eigenständiges Fest mit einer eigenen Festwoche.

Vorbereitungszeit auf Ostern

Aus dem Brauch, einige Tage vor Ostern zu fasten, entwickelte sich – wiederum im 4. Jahrhundert – eine vierzigtägige Vorbereitungszeit, während der sich die Taufbewerber auf ihre Taufe in der Osternacht zurüsteten.

Österliches Brauchtum

Segnung von Speisen

Aus dem 3. Jahrhundert ist der Brauch bezeugt, in der Eucharistiefeier, an der erstmals die Neugetauften teilnahmen, einen Becher mit Milch und Honig zu segnen, der beim Mahl zwischen Brot und Wein gereicht wurde. Beispiele zeigen, daß diese Sitte auch im Osternachtgottesdienst geübt wurde und dort noch lange fortlebte. Freilich wurde die Segnung später nicht mehr im Zusammenhang mit der Eucharistie, sondern zum Abschluß des Gottesdienstes vorgenommen.

Berichtet wird ferner von einer Segnung von Käse in der Osternacht. Vermutlich hing dies mit dem Ende der Fastenzeit zusammen: Bestimmte Speisen durften erst jetzt wieder genossen werden. Dasselbe gilt für die Segnung der Osterlämmer.

Gesegnet wurden auch Eier, Butter, Brot und Fleisch, an manchen Orten ebenso Schinken, Rettich und Salz, Osterkuchen und gebackene Osterlämmer. Das neue römisch-katholische *Benediktionale* (Buch der Segnungen) sieht zu Ostern gleichfalls eine Speisensegnung (für Eier, Brot und Fleisch) vor.

Es war üblich, kleine, aus Wachs gegossene Lämmer zu weihen und am darauffolgenden Sonntag an die Gläubigen zu verteilen. Gelegentlich wurden an sie auch die Wachsteile einer zerstückelten Osterkerze ausgegeben.

Ostermahl

Zu Ostern fanden vielfach festliche *Agapen* (nichteucharistische Liebesmahle) statt. Hier und da verzehrte man dabei – in Nachahmung des Passamahls und des letzten Mahls Jesu – ein Osterlamm. Der Brauch, zu Ostern Speisen zu segnen und an die Gläubigen zu verteilen, weist vielleicht auf das Liebesmahl zurück, das ursprünglich der Eucharistiefeier am Ostermorgen folgte. Wo heute die Osternachtfeier wieder am frühen Morgen des Ostersonntags begangen wird, lebt im gemeinsamen „Osterfrühstück“ dieser alte Brauch auf.

Auferstehungsfeiern und Osterspiele

Auferstehungsfeiern und Osterspiele sind im Zusammenhang mit der österlichen Mette, dem Tagzeitengottesdienst am frühen Morgen des Ostersonntags (später zurückverlegt auf Mitternacht und dann auf den Karsamstagabend) entstanden: Am Karfreitag wurde ein symbolisches Grab (Heiliges Grab) errichtet und in ihm das Kreuz oder der vom Kruzifix abgelöste Leib des Herrn beigesetzt. Mancherorts wurden auch die Hostien, die von der Karfreitagskommunion übriggeblieben waren, hier aufbewahrt. Vor der Ostermette hob man das Kreuz zum Zeichen der Auferstehung feierlich aus dem Grab. Eine Prozession und die Verehrung des Kreuzes schlossen sich an. Dabei wurde mit dem Kreuz an die verschlossene Kirchentür geklopft, bis diese sich öffnete (wie es auch in den Ostkirchen Brauch ist). Dazu sang man mit verteilten Rollen Psalm 24: „Machet die Tore weit ..."

Wo konsekrierte (in der Eucharistiefeier geweihte) Hostien am Karfreitag im Heiligen Grab niedergelegt worden waren, konnte die Auferstehung auch durch die Erhebung des Sakraments (anstelle der Erhebung des Kreuzes) symbolisch dargestellt werden. Dies wurde von den Gläubigen vielfach als eigentlicher Höhepunkt der gesamten Osterfeier erlebt. Damit verknüpft, entwickelte sich die Sitte, während der ganzen Zeit der Grabesruhe – vierzig Stunden lang – die Monstranz mit dem Sakrament über dem Heiligen Grab auszusetzen. Als die Ostervigil auf den Karsamstag vorverlegt wurde, ließ sich damit – um diese Zeitspanne einzuhalten – bereits am Gründonnerstag beginnen.

Der Besuch der Frauen am leeren Grab, von dem die Evangelien berichten, lieferte den Ansatzpunkt der eigentlichen Oster- und Passionsspiele, in denen das Geschehen dramatisch dargestellt und nachvollzogen wurde, beispielsweise mit einem gesungenen Dialog zwischen den Frauen und den Engeln im Grab. Zunächst folgte dieses einfache Spiel der Ostermette. Aber bald wurde die Zahl der Rollen und der Szenen vermehrt, neue spielerische und dramatische Elemente kamen hinzu, bis schließlich ein selbständiges Spiel entstand, das aus der Liturgie auswanderte und als – oft mehrtägiges – Passions- und Osterspiel heute noch lebt.

Zu den Osterspielen muß man auch die Tanz- und Ballspiele des Klerus rechnen, von denen verschiedentlich berichtet wird. Ebenso erwähnt sei das *Osterlachen:* Prediger versuchten, die Gemeinde zu Ostern durch witzige Bemerkungen zum Lachen zu bringen.

Prozessionen, Umritte, Wasserbräuche

An vielen Orten gehören Prozessionen, rituelle Wettläufe und Umritte zum festen Bestand des österlichen Brauchtums. Bekannt ist das Osterreiten der Lausitzer Sorben in der Umgebung von Bautzen. Österliche Wasserbräuche – wie das Wasserholen in der Osternacht oder am frühen Morgen, das Wasserhüpfen oder das gegenseitige Besprengen mit Wasser – sind ebenfalls verbreitet. Sie hängen einerseits mit heidnischen Frühjahrs- und Fruchtbarkeitsriten zusammen, weisen andererseits aber auch Beziehungen zur christlichen Liturgie (Taufwasserweihe und Taufe in der Osternacht) auf.

In der Gegenwart bemüht man sich darum, diesen Bräuchen wieder einen deutlicheren Bezug zum österlichen Gottesdienst zu verleihen: Die Gläubigen sollen, so regt man an, zum Ostergottesdienst ein Gefäß, einen Krug oder eine Flasche mitbringen, worin sie das in der Osternacht geweihte Wasser mit nach Hause nehmen können, um das häusliche Weihwasserbecken damit zu füllen. Vor dem österlichen Festmahl soll dann der Vater damit die Wohnung, seine Familie und die Speisen segnen (H. Aufderbeck, S. 371, 374f).

Osterei und Osterhase

Das Ei ist in vielen Kulturen von symbolischer Bedeutung: Es gilt als Zeichen des Lebens und der Fruchtbarkeit. Nach Vorstellung der Phönizier ist die Welt einst aus einem Ei hervorgegangen. Im Christentum wurde das Ei Sinnbild des neuen, gottgeschenkten Lebens, das in Jesus Christus seinen Anfang nimmt. Seine Verbreitung als Ostersymbol wurde dadurch gefördert, daß es vielfach zur Berechnung und Bezahlung von Pacht und Zins diente; mit Eiern bezahlte vor allem der „kleine Mann" seine Pachtschulden. Einer der beiden Zahltermine im Jahr war (neben Martini am 11. November) das Osterfest. Auch Küster und Ministranten erhielten den ihnen zustehenden Zins in Eiern ausgezahlt. Besonders in den slawischen Ländern versieht man Eier mit farblichem Schmuck und mit christlichen Motiven. Eier aus Edelsteinen, Marmor, Wachs und Holz wurden als kostbare Festgaben überreicht.

Auch der Hase galt in der Antike als Sinnbild der Fruchtbarkeit; den Christen stand er eher für Zügellosigkeit und Unzucht. Wie er zum Ostersymbol werden konnte, ist unklar. Manche verweisen auf die früher verbreitete Vorstellung, daß der Hase – darin ein Sinnbild der Wachsamkeit – nie schlafe. Andere sehen den Ursprung des Osterhasen in dem Brauch, in Gestalt eines Hasen gebackene Brote, in die man ein Ei eingefügt hatte, auf österliche Reisen und Wallfahrten mitzunehmen.

Musikalische Ausgestaltung

Auf musikalischem Gebiet entwickelte sich aus dem Brauch, in der Karwoche bzw. am Karfreitag die Passionsgeschichte nach den vier Evangelien in dramatisierter Form durch mehrere Sprecher lesen bzw. singen zu lassen, im 16. Jahrhundert die Motettenpassion, bei der der gesamte Passionstext durchkomponiert wurde. Die deutschsprachige Choralpassion erreichte ihren Höhepunkt in den Passionen Johann Sebastian Bachs, die allerdings durch ihren Umfang und ihr Eigengewicht den gottesdienstlichen Rahmen sprengen.

Tabelle 4: Übersicht über den Osterfestkreis

Lutherisches Lektionar (1978)	Deutsches Meßlektionar (1982ff); Ordo lectionum (1981)
Vor der Passionszeit	Sonntage im Jahreskreis
3. Sonntag vor der Passionszeit: Septuagesimae (Mt 20,1–16a)	
2. Sonntag vor der Passionszeit: Sexagesimae (Lk 8,4–8[9–15])	
Sonntag vor der Passionszeit: Estomihi (Mk 8,31–38)	
Passionszeit	Die Fastenzeit (Österliche Bußzeit)
Aschermittwoch (Mt 6,16–21)	Aschermittwoch (Mt 6,1–6.16–18)
1. Sonntag der Passionszeit: Invokavit (Mt 4,1–11)	Erster Fastensonntag (Mt 4,1–11; Mk 1,12–15; Lk 4,1–13)
2. Sonntag der Passionszeit: Reminiszere (Mk 12,1–12)	Zweiter Fastensonntag (Mt 17,1–9; Mk 9,2–10; Lk 9,28b–36)
3. Sonntag der Passionszeit: Okuli (Lk 9,57–62)	Dritter Fastensonntag (Joh 4,5–42; Joh 2,13–25; Lk 13,1–9)
4. Sonntag der Passionszeit: Lätare (Joh 12,20–26)	Vierter Fastensonntag (Joh 9,1–41; Joh 3,14–21; Lk 15,1–3.11–32)
5. Sonntag der Passionszeit: Judika (Mk 10,35–45)	Fünfter Fastensonntag (Joh 11,1–45; Joh 12,20–33; Joh 8,1–11)
	Heilige Woche (Karwoche)
6. Sonntag vor der Passionszeit: Palmsonntag (Joh 12,12–19)	Palmsonntag (zur Prozession: Mt 21,1–11; Mk 11,1–10 oder Joh 12,12–16; Lk 19,28–40. Zur Messe: Mt 26,14–27,66; Mk 14,1–15,47; Lk 22,14–23,56)
	Die drei österlichen Tage vom Leiden, vom Tod und von der Auferstehung des Herrn
Gründonnerstag (Joh 13,1–15[34–35])	Gründonnerstag (Hoher Donnerstag; Messe vom Letzten Abendmahl: Joh 13,1–15)
Karfreitag (Joh 19,16–30) (zur Vesper: Joh 19,31–42)	Karfreitag (Feier vom Leiden und Sterben Christi: Joh 18,1–19,42)

Lutherisches Lektionar (1978)	Deutsches Meßlektionar (1982ff); Ordo lectionum (1981)
Karsamstag/Karsonnabend (Mt 27,[57–61]62–66)	Karsamstag
Das Heilige Osterfest und die österliche Freudenzeit	Die Osterzeit
	Hochfest der Auferstehung des Herrn Ostersonntag:
Osternacht (Mt 28,1–10)	Die Feier der Osternacht (Mt 28,1–10; Mk 16,1–7; Lk 24,1–12)
Tag der Auferstehung des Herrn: Ostersonntag (Mk 16,1–8)	Ostersonntag: Am Tage (Joh 20,1–9 oder Joh 20,1–18 oder das jeweilige Evangelium der Osternacht oder bei einer Abendmesse Lk 24,1–12)
Ostermontag (Lk 24,13–35)	Ostermontag (Lk 24,13–35)
1. Sonntag nach Ostern: Quasimodogeniti (Joh 20,19–29)	Zweiter Sonntag der Osterzeit (Weißer Sonntag: Joh 20,19–31)
2. Sonntag nach Ostern: Misericordias Domini (Joh 10,11–16[27–30])	Dritter Sonntag der Osterzeit (Lk 24,13–35; Lk 24,35–48; Joh 21,1–19)
3. Sonntag nach Ostern: Jubilate (Joh 15,1–8)	Vierter Sonntag der Osterzeit (Joh 10,1–10; Joh 10,11–18; Joh 10,27–30)
4. Sonntag nach Ostern: Kantate (Mt 11,25–30)	Fünfter Sonntag der Osterzeit (Joh 14,1–12; Joh 15,1–8; Joh 13,31–33a.34–35)
5. Sonntag nach Ostern: Rogate (Joh 16,23b–28[29–32]33)	Sechster Sonntag der Osterzeit (Joh 14,15–21; Joh 15,9–17; Joh 14,23–29)
Christi Himmelfahrt (Lk 24,[44–49]50–53)	Christi Himmelfahrt (Mt 28,16–20; Mk 16,15–20; Lk 24,46–53)
6. Sonntag nach Ostern: Exaudi (Joh 15,26–16,4)	Siebter Sonntag der Osterzeit (Joh 17,1–11a; Joh 17,11b–19; Joh 17,20–26)

Lutherisches Lektionar (1978)	Deutsches Meßlektionar (1982 ff); Ordo lectionum (1981)
Das Heilige Pfingstfest Tag der Ausgießung des Heiligen Geistes:	Pfingsten Am Vorabend (Joh 7,37–39)
Pfingstsonntag (Joh 14,23–27)	Am Tage (Pfingstsonntag; Joh 20,19–23 oder wahlweise Joh 15,26; 16,12–15[B] oder Joh 14,15–16.23 b–26[C])
Pfingstmontag (Mt 16,13–19)	Pfingstmontag (Joh 15,26–16,3.12–15[A], Lk 10,21–24[B], Joh 7,37–39[C])
Tag der Heiligen Dreifaltigkeit: Trinitatis (Joh 3,1–8[9–15])	Sonntag nach Pfingsten: Dreifaltigkeitssonntag (Joh 3,16–18; Mt 28,16–20; Joh 16,12–15)

Kapitel 6

Die Vorbereitungszeit auf Ostern

Namen

Seit dem 4. Jahrhundert ist auf vielfältige Weise eine vierzigtägige Vorbereitungszeit vor dem Osterfest bezeugt. Von dem lateinischen Wort *Quadragesima* = Zeit der *Vierzig Tage*, griechisch *tessarakoste*, leiten sich in den heutigen romanischen Sprachen *quaresima*, *carême* usw. her. In einigen germanischen Sprachen hat sich die Bezeichnung *Fastenzeit* (niederländisch *vastentijd*) durchgesetzt. Damit wurde ein bestimmtes Element dieser Zeit besonders herausgestellt. Das englische *lent* stellt einen Bezug zur Jahreszeit her (zum *lengthen*, dem Längerwerden der Tage; vgl. das deutsche *Lenz*). Im evangelischen Bereich hat sich weitgehend der Ausdruck *Passionszeit* durchgesetzt; auch hier wird *ein* Element (ursprünglich beschränkt auf die Karwoche bzw. die beiden letzten Wochen vor Ostern) besonders betont. Das neue deutsche Meßbuch behält den Namen *Fastenzeit* bei, stellt ihm aber die Bezeichnung *Österliche Bußzeit* zur Seite.

Biblischer Hintergrund

Den biblischen Hintergrund für die besondere Zählung und Ausgestaltung der *Vierzig Tage* vor Ostern liefern all jene Texte, in denen dem Zeitraum von 40 Tagen (oder 40 Jahren) besondere Bedeutung zukommt: 40 Tage und Nächte dauerte die Sintflut (Gen 7,4 ff), hielt sich Mose auf dem Berg Sinai auf (Ex 24,18; 34,28), war der Prophet Elija zum Horeb unterwegs (1

Kön 19,8); 40 Jahre wanderte das Volk Israel durch die Wüste, bis es ans Ziel gelangte (Jos 5,6); in 40 Tagen sollte Ninive untergehen (Jona 3,4); 40 Tage und Nächte hielt sich Jesus in der Wüste auf (Mk 1,13; Mt 4,2; Lk 4,1f). Es sind allemal Zeiten des Übergangs, der Vorbereitung, der Buße, der Läuterung, von denen hier berichtet wird. Der Zahl 40 eignet in diesem Zusammenhang eine symbolische Bedeutung, das heißt, sie enthält nicht in erster Linie eine chronologische Aussage, sondern verweist auf den inneren Gehalt der hier gemeinten Zeiträume. Die konkreten Zählungen können, wie noch zu zeigen sein wird, im einzelnen sehr voneinander abweichen.

Geschichtliches

Vom Passafasten zur Quadragesima

Aus dem 2. Jahrhundert ist ein zweitägiges Trauerfasten (Passafasten) vor dem Osterfest bezeugt. Es begann am Karfreitag und endete mit der Eucharistiefeier in der Osternacht. Im 3. Jahrhundert wurde es an manchen Orten auf die gesamte Karwoche ausgedehnt: An ein sog. *Halbfasten* von Montag bis Donnerstag schloß sich am Karfreitag und Karsamstag ein *Vollfasten* an. Allerdings wurde diese Praxis zunächst noch recht uneinheitlich geübt, nicht nur in den verschiedenen Gemeinden, sondern auch von den einzelnen Gemeindegliedern.

Im 4. Jahrhundert gab es in Rom eine dreiwöchige Fastenzeit vor dem Osterfest. Dies kann allerdings nur ein Übergangsstadium gewesen sein, denn im gleichen Zeitraum mehren sich die Zeugnisse für die Existenz einer – über einen Großteil der Christenheit verbreiteten – vierzigtägigen Vorbereitungszeit. Ende des 4./Anfang des 5. Jahrhunderts scheint sich dieser Brauch durchgesetzt zu haben, auch in Rom, wo die Fastenzeit mit dem 6. Sonntag vor Ostern begann. Sie endete am Gründonnerstag, an dem die Büßer öffentlich durch Handauflegung des Bischofs wieder in die Gemeinschaft der Kirche aufgenommen wurden.

Zeit der Taufvorbereitung

Mit dem Beginn der *Vierzig Tage* traten die Taufbewerber (*Katechumenen*, von griechisch *katechein* = unterrichten) in ein neues Stadium ihrer Taufvorbereitung ein. Man nannte sie jetzt *Photizomenen* (griechisch: *die erleuchtet werden;* in Rom *electi* = *Erwählte;* sonst *competentes* = *Bewerber*), das Stadium selbst *Photizomenat* bzw. *Kompetenzzeit.* Die *Photizomenen* nahmen – wie auch schon zuvor – am Wortgottesdienst, der *Katechumenenmesse,* teil und wurden vor der Eucharistiefeier mit Gebet und Handauflegung entlassen. Sie mußten sich Prüfungen ihres Lebenswandels und ihres Glaubens unterziehen (*Skrutinien,* von lateinisch *scrutinium* = Prüfung), die zunächst im Gottesdienst des 3., 4. und 5. Fastensonntags erfolgten und in Rom später auf sieben vermehrt sowie auf Werktage in der Fastenzeit verlegt wurden. Sie bestanden hier im wesentlichen aus *Exorzismen* (Beschwörungen; Teufels- und Dämonenaustreibungen mit dem Ziel, den Taufbewerber dem Reiche Satans zu entreißen und dem Reich Christi zuzuführen). Das erste *Skrutinium* war mit der Eintragung in die Liste der Taufbewerber verbunden. Beim dritten *Skrutinium* wurden dem Bewerber das Evangelium, das Glaubensbekenntnis und das Vaterunser übergeben. Das letzte *Skrutinium* fand am Karsamstagmorgen statt, an dem die feierliche Absage an den Satan *(abrenuntiatio),* der erste Teil des Taufgelübdes, seinen Platz hatte.

Es ist klar, daß diese intensive gottesdienstliche Gestaltung des *Photizomenats* auf die liturgische Feier der *Vierzig Tage* insgesamt Einfluß nehmen mußte: Die ganze Gemeinde begleitete die Taufbewerber auf ihrem Weg zur Taufe und bereitete sich mit ihnen zusammen darauf vor. Vermutlich wird man die Entstehung und Entwicklung der *Quadragesima* nicht allein auf die Taufpraxis der frühen Kirche und die Einrichtung des *Photizomenats* zurückführen können, doch wurde sie inhaltlich stark vom Gedanken der Taufvorbereitung mit bestimmt.

Beginn, Dauer, Abschluß der Vierzig Tage

Der in Rom zunächst übliche Beginn der *Vierzig Tage* sechs Wochen vor Ostern (42 Tage!) zeigt, daß Karfreitag und Karsamstag (anders als in Nordafrika und Mailand) noch außerhalb der Zählung blieben, obwohl an ihnen ja seit alters her gefastet wurde. Das bedeutet: Die *Vierzig Tage* verlängerten nicht einfach das Passafasten sozusagen „nach vorne". Sie bezeichneten vielmehr einen eigenständigen und eigengeprägten Zeitraum, der der Feier des österlichen *Triduum* vorangestellt wurde, ohne dieses zunächst in sich aufzunehmen. Zumindest für Rom gilt: Das unterscheidende Kennzeichen der *Vierzig Tage* war eigentlich nicht das Fasten, sondern die Vorbereitung der Büßer auf ihre Wiederaufnahme in die Gemeinde am Gründonnerstag. Die *Vierzig Tage* waren hier ihrem Ursinn nach *Bußzeit*, und in zweiter Linie – weil hiervon bestimmt und abgeleitet – auch *Fastenzeit*.

Nun wurde an den Sonntagen der *Quadragesima* (im Osten auch an den Samstagen) *nicht* gefastet. Als ihr Charakter als *Bußzeit* zurücktrat und sie vornehmlich als *Fastenzeit* verstanden wurde, ergab sich die Notwendigkeit einer neuen Zählung: Um auf die Zahl von 40 Tagen zu kommen, mußten zum einen Karfreitag und Karsamstag mit in die Zählung einbezogen, zum anderen mußten – um den Ausfall der sechs Sonntage wettzumachen – noch vier Tage *vor* dem ursprünglichen Beginn am 6. Sonntag vor Ostern hinzugenommen werden. Seitdem beginnen die *Vierzig Tage* am *Aschermittwoch,* dem Mittwoch vor dem 6. Sonntag vor Ostern. Läßt man die Sonntage aus und zählt Karfreitag und Karsamstag hinzu, kommt man genau auf die Zahl von 40 Tagen.

Entwicklungen im Osten

Im Osten, wo man nur von Montag bis Freitag fastete und die Samstage und Sonntage ausnahm, mußte man folgerichtig zu einer noch längeren Vorbereitungszeit auf Ostern gelangen. In der byzantinischen Liturgie beginnt heute die vorösterliche Zeit

– im weiteren Sinne – zehn Wochen vor Ostern mit dem *Sonntag des Zöllners und des Pharisäers*, gefolgt vom *Sonntag des Verlorenen Sohnes.* Mit dem *Sonntag der Fleischentsagung* beginnt dann acht Wochen vor Ostern die Fleischabstinenz. Am Montag nach dem darauffolgenden *Sonntag der Entsagung der Milchspeisen (Käsefastensonntag)* beginnen die *Großen Fasten* und mit ihnen das eigentliche – nicht nur qualitative (Verzicht auf bestimmte Speisen), sondern auch quantitative (Reduzierung der Mahlzeiten und der Nahrungsmenge) – Fasten. Der *Sonntag der Orthodoxie* sechs Wochen vor Ostern erinnert an den Sieg der Bilderfreunde über die Bilderfeinde im 9. Jahrhundert. Vier Wochen vor Ostern begeht man den *Sonntag der Kreuzverehrung.* Der Samstag zwei Wochen vor dem Karsamstag wird als *Samstag des Akathist* (das ist der festliche Gottesmutterhymnus der byzantinischen Liturgie) gefeiert. Der Samstag vor Palmsonntag ist der *Lazarussamstag* zum Gedenken an den von Jesus auferweckten Lazarus (Joh 11,1–44). Die Karwoche selbst wird nicht mehr zu den *Vierzig Tagen* gezählt; diese Zeitspanne endet also am Freitag vor dem *Lazarussamstag.*

Bedeutung

Tauferneuerung und Buße

Über den Sinn der *Vierzig Tage* heißt es in der Liturgiekonstitution des II. Vatikanischen Konzils: „Die vierzigtägige Fastenzeit hat die doppelte Aufgabe, vor allem einerseits durch Tauferinnerung oder Taufvorbereitung, andererseits durch Buße die Gläubigen, die in dieser Zeit mit größerem Eifer das Wort Gottes hören und dem Gebet obliegen sollen, auf die Feier des Pascha-Mysteriums vorzubereiten“ (Art. 109). Damit werden die beiden Elemente der *Taufe* und der *Buße* erneut in den Vordergrund gerückt; gegebenenfalls sollen sie „aus der älteren Tradition wieder hervorgeholt werden“. Zugleich wird der soziale Sinn der vorösterlichen Bußpraxis eingeschärft: „Die Buße der vierzigtägigen Fastenzeit sei nicht bloß eine innere und individuelle Übung, sondern auch eine äußere und soziale" (Art. 110).

Fastenpraxis

Bestandteil der Bußpraxis ist auch das Fasten. Quantitativ und qualitativ bestimmtes Fasten war sowohl aus religiösen als auch aus medizinischen Gründen eine in der Antike weit verbreitete Übung. Auch das Judentum verfügte über eine reich ausgestaltete Fastenpraxis. In selbstverständlicher Anlehnung an sie beschränkten sich die Christen in der Zeit der *Vierzig Tage* auf eine Mahlzeit am Tage, die – entsprechend antikem Brauch – am Abend eingenommen wurde. Hinzu kam ein qualitatives Fasten: Man verzichtete auf Fleisch und Wein, später außerdem auf Milch, Butter, Käse und Eier. Am Karfreitag und Karsamstag nahm man keinerlei Speisen mehr zu sich. Dieses Vollfasten hatte einen spirituellen Sinn: Es galt als Waffe im Kampf gegen Versuchungen, als ein Mittel, das Gebet zu intensivieren, als Vorbereitung auf den Empfang des göttlichen Geistes. Es hatte aber darüber hinaus einen sozialen Inhalt: Man fastete, um andere unterstützen und ernähren zu können. Die christliche Fastenpraxis war so zugleich Zeichen und Vollzug von Nächstenliebe.

Passion

Im evangelischen Bereich heißen die *Vierzig Tage Passionszeit* – Zeichen dafür, daß das Motiv der Passion Jesu die gesamte Vorbereitungszeit des Osterfestes bestimmt. Solche Prägung läßt sich ursprünglich in der römischen und fränkischen Liturgie nur für die Karwoche erkennen: Der Palmsonntag war zugleich *Passionssonntag*; er eröffnete das Gedächtnis der Passion Jesu im engeren Sinn. Im Mittelalter dehnte man die *Passionszeit* auf die beiden Wochen vor dem Osterfest aus. Als *Passionssonntag* wurde jetzt der 5. Fastensonntag, der Sonntag *Judika*, begangen (*Sonntag vom Leiden des Herrn*). An diese Regelung hält sich auch die Lutherische Agende von 1955. In der neuen evangelischen Leseordnung von 1978 hat man das Passionsmotiv deutlich verstärkt: Die gesamte Fastenzeit heißt nun offiziell *Passionszeit;* die früheren Sonntage der Vorfastenzeit nennt man *Sonntage vor der Passionszeit.* In der Neuordnung des katholischen Kirchenjahres hat man dagegen auf die Hervorhebung einer eigenen *Passionszeit* und die Bezeichnung *Passionssonntag* für den 5. Fastensonntag verzichtet.

Gottesdienstliche Feier

Die Sonntage vor den Fasten (Sonntage vor der Passionszeit)

Vermutlich unter dem Einfluß der ostkirchlichen Praxis wurde seit dem 6. Jahrhundert in Rom der *Fastenzeit* eine *Vorfastenzeit* vorangestellt, die mit dem Sonntag *Septuagesimae* (von lat. = siebzig; genauer gezählt, ist es der 63. Tag vor Ostern) begann. Auch gallische Einflüsse, die Katechumenatspraxis und eine verstärkte Bußgesinnung angesichts der unsicheren Weltlage (Einfälle von Fremdvölkern) mögen bei der Herausbildung dieser Zeit eine Rolle gespielt haben. Während man im Zuge der nachkonziliaren Kalenderreform in der katholischen Kirche die Vorfastenzeit abgeschafft hat (die betreffenden Sonntage werden jetzt als *Sonntage im Jahreskreis* mitgezählt), hält man in der jüngsten Reform der evangelischen Leseordnung der Sache nach an der Vorfastenzeit fest, wenngleich auf die entsprechende Bezeichnung verzichtet wird. Sie beginnt neun Wochen vor Ostern mit dem Sonntag *Septuagesimae* bzw. dem *Dritten Sonntag vor der Passionszeit,* an dem als Evangelium (wie in der alten römischen Ordnung) das Gleichnis von den Arbeitern im Weinberg (Mt 20,1–16a) verlesen wird. Besondere Bedeutung hat die Epistel, die den Glaubenskampf mit Bildern aus dem Bereich des antiken Sports (Wettlauf, Fechten) beschreibt (1 Kor 9,24–27).

Der Charakter des Sonntags *Sexagesimae* (von lat. = sechzig [Tage vor Ostern]) bzw. des *Zweiten Sonntags vor der Passionszeit* wird durch das Gleichnis vom vierfachen Ackerfeld (Lk

8,4–8 [9–15]) bestimmt. Der *Sonntag vor der Passionszeit* (früher *Quinquagesimae* von lat. = fünfzig [Tage vor Ostern]) steht im Zeichen der Leidensankündigungen Jesu; als Evangelium wird Mk 8,31–38 (alt: Lk 18,31–43) gelesen. Ein eigenes Gewicht besitzt die Epistel aus 1 Kor 13, das *Hohelied der Liebe.* Der Sonntag trägt auch die Bezeichnung *Estomihi* – nach dem Anfangswort der lateinischen Introitusantiphon: „Sei mir ein starker Fels und eine Burg“ (Ps 31).

Die liturgische Farbe dieser Zeit ist Grün. Vom Sonntag Septuagesimae an verstummt das *Halleluja,* das erst zu Ostern wieder gesungen wird. Nach der Lutherischen Agende von 1955 hatten die Sonntage in der Vorfastenzeit dies gemeinsam, „daß sie uns zu der Entscheidung auffordern, vor die uns das Wort des lebendigen Gottes und der Ruf des Herrn zur Nachfolge stellen“. Denkbar ist ein Zusammenhang der alten Lesungen an *Septuagesimae* mit dem Brauch, an diesem Tage diejenigen auszuwählen, die zu Ostern getauft werden sollten, und sie dem Bischof vorzustellen.

Im außerliturgischen Brauchtum ist die Vorfastenzeit durch den Höhepunkt des Karnevals (volkstümliche Deutung: *carne vale* = Fleisch, lebe wohl!, oder: *carnem levare* = das Fleisch weglegen; auch Fasching, Fastnacht) bestimmt. Mit dem Karnevalssonntag, dem Rosenmontag und dem Fastnachtsdienstag hat sich ein eigenes *Triduum,* eine Dreitagefeier, herausgebildet, bei der sich vermutlich alte heidnische Frühlings- und Fruchtbarkeitsbräuche (Winteraustreiben) mit dem Bedürfnis verbanden, vor dem Beginn der Fastenzeit noch einmal in Ausgelassenheit und Mummenschanz das Leben in vollen Zügen zu genießen.

Aschermittwoch

Mit dem Mittwoch vor dem *1. Fastensonntag* (evangelisch: dem *1. Sonntag der Passionszeit*) beginnt nach evangelischer und katholischer Zählung die eigentliche, vierzigtägige Vorbereitung auf das Osterfest. Der besondere Charakter und die liturgische Ausgestaltung dieses Tages hängen wiederum mit der altkirchlichen Bußpraxis zusammen: In Gallien wurden die öffentlichen Büßer zu Beginn der Fastenzeit – ursprünglich am Montag nach dem 1. Fastensonntag – in Nachbildung der Vertreibung von Adam und Eva aus dem Paradies aus der Kirche verwiesen. Sie mußten ein Bußgewand anlegen, das man ihnen überreichte, und wurden mit Asche – seit alters her Zeichen der Buße – bestreut. Als man den Beginn der Fastenzeit auf den Mittwoch vor dem 1. Fastensonntag verlegte, erhielt dieser Ritus dort seinen Platz.

Vermutlich aus Solidarität mit den Büßern beteiligten sich mehr und mehr auch die anderen Gläubigen an diesem Aschenritus. Als im 9./10. Jahrhundert die Einrichtung der öffentlichen Kirchenbuße verkümmerte und schließlich ganz verlorenging, blieb der Brauch, sich mit Asche bestreuen zu lassen, erhalten. Alle Gläubigen unterzogen sich jetzt diesem Ritus, den Frauen wurde ein Aschenkreuz auf die Stirn gezeichnet. Die dazu verwendete Asche wurde seit dem 12. Jahrhundert aus den Palmzweigen vom Palmsonntag des vorausgegangenen Jahres gewonnen und gesegnet.

Nach dem neuen Meßbuch hat der Gottesdienst am Aschermittwoch folgenden Verlauf: Wortgottesdienst mit Predigt – Segensgebet (Segnung der Asche bzw. derer, die damit gesegnet werden sollen) – Segnung der Asche mit Weihwasser – Auflegung der Asche mit einem biblischen Wort – dazu Gesang einer Antiphon, verbunden mit Ps 51 – Responsorium (Antwortgesang) – Fürbitten – Eucharistiefeier. Die beiden Lesungen sind Joel 2,12–18 (Zerreißt eure Herzen, nicht eure Kleider!) und 2 Kor 5,20–6,2 (Laßt euch mit Gott versöhnen! Jetzt ist die Zeit der Gnade). Das Evangelium Mt 6,1–6.16–18 warnt davor, Frömmigkeitsübungen wie das Fasten zu eigensüchtigen Zwekken zu mißbrauchen. Der Gesang des *Halleluja* (Zwischengesang zwischen der 2. Lesung und dem Evangelium) verstummt hier bis zur Osternacht; ein anderer *Ruf vor dem Evangelium* (früher *Tractus* genannt) tritt an seine Stelle. Zum Brauchtum der Fastenzeit gehörte früher mancherorts ein förmlicher Abschied vom Halleluja, der dem Begräbnisritus nachgebildet war.

Die Lutherische Agende kennt keinen Aschenritus am

Aschermittwoch, hält aber ein liturgisches Formular für diesen Tag bereit. Dazu heißt es im Lutherischen Lektionar von 1978: „Die hier angebotenen Lesungen gelten für den öffentlichen Bußgottesdienst oder für die Feier der Gemeindebeichte. Ein Hauptgottesdienst wird am Aschermittwoch alter Übung gemäß nicht gehalten." Lesungen sind Joel 2,12–18[19] oder 2 Petr 1,2–11 und Mt 6,16–21. Nach der Erneuerten Agende können die Texte des *Aschermittwoch* mit denen des Sonntags *Invokavit* getauscht werden. Es wird vorgeschlagen, am Aschermittwoch einen Bußgottesdienst oder die Feier der Gemeindebeichte zu halten.

Die Sonntage in der Fastenzeit (Passionszeit)

Nach dem lateinischen Anfangswort der Introitusantiphon (Kehrvers zum Eröffnungsgesang) trägt der *1. Sonntag der Passionszeit* (katholisch: *1. Fastensonntag*) im evangelischen Raum den Namen *Invokavit* („Er hat mich angerufen"). Inhaltlich wird er durch das Evangelium vom vierzigtägigen Wüstenaufenthalt Jesu (Versuchung Jesu; Mt 4,1–11) bestimmt. Auch die neue katholische Leseordnung stellt den 1. Fastensonntag unter dieses Thema (Lesejahr A: Mt 4,1–11; B: Mk 1,12–15; C: Lk 4,1–13). Der Bezug zur Zeit der *Vierzig Tage*, zur Taufvorbereitung und zur Bußpraxis ist dabei deutlich gegeben. Das *Gloria (Ehre sei Gott in der Höhe)* wird während der Fastenzeit auch an den Sonntagen nicht gesungen (Ausnahme: Abendmahlsmesse am Gründonnerstag).

Der *2. Sonntag der Passionszeit (2. Fastensonntag)* trägt den Namen *Reminiszere* („Gedenke, Herr"). Früher las man hier im evangelischen Raum die Geschichte vom kanaanäischen Weib (Mt 15,21–28); dieses Evangelium ist heute durch Mk 12,1–12 (Gleichnis von den bösen Weingärtnern) ersetzt. Nach der neuen katholischen Leseordnung ist der Sonntag thematisch durch die Verklärung Jesu (A: Mt 17,1–9; B: Mk 9,2–10; C: Lk 9,28b–36) bestimmt.

Okuli („Meine Augen") ist der Name des *3. Sonntags der*

Passionszeit (3. Fastensonntag). Das alte Evangelium (Lk 11,14–28; Dämonenaustreibung durch Jesus) stand in einem deutlichen Bezug zur Praxis der Taufvorbereitung und verwies auf die Exorzismen, die Bestandteil der Skrutinien waren. Es machte darauf aufmerksam, daß mit diesem Sonntag früher die Reihe der Skrutinien (am 3., 4. und 5. Fastensonntag) begann. Die neue evangelische Leseordnung sieht statt dessen Lk 9,57–62 (Ruf in die Nachfolge) vor. Die Thematik, die die neue katholische Ordnung vorgibt, ist deutlich auf Taufe (Lesejahr A), Buße (Lesejahr C) und Erlösungshandeln Jesu (Lesejahr B) bezogen; diese Zuordnung gilt auch an den beiden folgenden Sonntagen. Jetzt liest man Joh 4,5–42 (A: Wasser des Lebens), Joh 2,13–25 (B: Tempelreinigung) bzw. Lk 13,1–9 (C: Umkehr).

Der *4. Sonntag der Passionszeit (4. Fastensonntag), Lätare* („Freue dich"), ragt aus der Reihe der anderen Sonntage heraus. An diesem Tag pflegte der Papst eine goldene Rose zu weihen, die er an hervorragende Persönlichkeiten vergab. Der Brauch hat vermutlich seinen Ursprung in einem römischen Frühlingsfest, bei dem man sich mit Blüten schmückte und beschenkte. Die Sitte, an diesem Tag keine violetten, sondern rosafarbene Meßgewänder anzulegen (erstmals im 16. Jahrhundert bezeugt), hängt wahrscheinlich hiermit zusammen. Der Klang gedämpfter Freude, der diesen Fastensonntag auszeichnet, mag auch in einem Zusammenhang mit bestimmten Katechumenatsriten stehen, die an diesem Tag vollzogen wurden (etwa dem Ritus der „Öffnung der Ohren": Der Täufer berührt Ohren und Nase des Täuflings und spricht dabei: „Effata, das heißt öffne dich"; vgl. Mk 7,32ff). Als Evangelium sieht die evangelische Ordnung Joh 12,20–26 (Weizenkorn; Nachfolge) vor. Die katholische Ordnung betont wiederum Tauf- und Bußmotive (A: Joh 9,1–41 – Blindenheilung; B: Joh 3,14–21 – Gespräch mit Nikodemus; C: Lk 15,1–3.11–32 – Gleichnis vom Verlorenen Sohn).

Der *5. Sonntag der Passionszeit (5. Fastensonntag), Judika* („Richte mich"), war nach der alten Ordnung der *Passionssonntag,* mit dem die eigentliche Passionszeit begann. Die Lutherische Agende von 1955 macht hier noch einen deutlichen Einschnitt: Nicht nur das *Halleluja* und *Ehre sei Gott in der*

Höhe verstummen, auch das *Ehre sei dem Vater (Gloria patri)* zum Introitus wird nicht gesungen (nach der Erneuerten Agende verstummt es erst mit *Palmsonntag*). Gebete und Lesungen – dazu eine eigene Präfation – weisen deutlich auf das Opfer Jesu am Kreuz hin. Als Evangelium liest man nach dem Lektionar von 1978 Mk 10,35–45 (Rangstreit der Jünger; Dienstbereitschaft). Die neue katholische Ordnung enthält erkennbare österliche Bezüge (A: Joh 11,1–45 – Auferweckung des Lazarus; B: Joh 12,20–33 – Weizenkorn; C: Joh 8,1–11 – Ehebrecherin, Vergebung, neues Leben). Man verhüllt Altarkreuz und -bilder mit Tüchern (bis zur Kreuzverehrung am Karfreitag bzw. bis zum *Gloria* in der Osternacht). Der Brauch geht vermutlich zurück auf das Hunger- oder Fastentuch, mit dem man seit dem 11. Jahrhundert zu Beginn der Fastenzeit dem Volk den Blick auf den Altar versperrte. Später wurden diese Tücher - in ihrem Umfang verkleinert – mit Bildern der Passion Christi geschmückt. Möglicherweise war auch hier die Solidarität mit den vom Gottesdienst ausgeschlossenen Büßern der Grund für solche Verhüllung: Das „Fasten der Augen“, das man sich auferlegte, sollte ein Zeichen der Buße sein.

Werktage und Quatembertage in der Fastenzeit (Passionszeit)

Die Werktage in der Fastenzeit sind im alten wie im neuen Meßbuch durch eigene Formulare (Proprien) für die Meßfeier ausgezeichnet. Die Lesungen kehren hier – anders als die Sonntagslesungen mit ihrem Drei-Jahre-Turnus – im jährlichen Rhythmus wieder. In den Wochen nach dem 3. Fastensonntag stehen Tauferinnerung und Buße thematisch im Mittelpunkt. Die Evangelien für die Werktage nach dem 4. und 5. Fastensonntag sind nach dem Prinzip der Bahnlesung aus Joh 5–11 ausgewählt.

Der Brauch, die Werktage in der Fastenzeit solchermaßen hervorzuheben und gottesdienstlich zu gestalten, hat sich seit dem 4./5. Jahrhundert entwickelt. Zunächst wurden nur am Mittwoch und Freitag der Fastenwochen eigene Wortgottesdienste (keine Eucharistiefeiern!) gehalten. Später wurden auch der Montag, Dienstag und Samstag gottesdienstlich begangen. Seit dem 6. Jahrhundert feierte man auch an den Wochentagen die Eucharistie; die schon vorliegenden Formulare für Wortgottesdienste wurden entsprechend ergänzt. Im 8. Jahrhundert wurde schließlich auch der Donnerstag zum Gottesdiensttag.

In der 1. Fastenwoche begeht man am Mittwoch, Freitag und Samstag die März- bzw. Frühjahrs-Quatembertage, die in keiner ursprünglichen Beziehung zur Zeit der *Vierzig Tage* stehen, sondern mit dem Naturjahr und dem Beginn der vier Jahreszeiten in Zusammenhang zu bringen sind, vermutlich auf heidnisch-römische Ernte- und Aussaattage zurückgehen, deren Inhalte und Brauchtum verchristlicht wurden. Erste Zeugnisse für die Quatemberfeiern finden sich in Rom im 5. Jahrhundert. Von dort aus verbreiteten sie sich seit dem 8. Jahrhundert über das Abendland. Nach einem Beschluß deutschsprachiger Bischofskonferenzen von 1971 werden die Quatembertage in der 1. Fastenwoche, in der Woche vor Pfingsten, in der ersten Oktoberwoche und im Advent begangen. Durch die Begehung der Frühjahrs-Quatembertage in der 1. Fastenwoche bildet sich so etwas wie eine „kleine“ Fastenzeit inmitten der eigentlichen vorösterlichen Buß- und Fastenzeit heraus.

In evangelischen Gemeinden sind an den Werktagen der Fastenzeit – meist am Mittwoch und am Freitag – vielfach *Passionsandachten* üblich. Lieder, Gebete, Lesungen und Auslegung nehmen auf die Passion Jesu Bezug und verteilen die Stationen des Leidens Jesu über die gesamte Zeit der *Vierzig Tage*. Diese Andachten stehen in einer gewissen Nähe zu den Kreuzwegandachten im katholischen Bereich, wo die Leidensgeschichte auf vierzehn Stationen verteilt wird, die nacheinander bedacht (oder auch abgeschritten) werden. An den Wänden katholischer Kirchen verweisen Kreuzwegbilder auf die einzelnen Stationen, entsprechende Darstellungen finden sich auch im Freien.

Kapitel 7

Die Karwoche

Palmsonntag

Biblischer Hintergrund

Nach dem übereinstimmenden Bericht aller vier Evangelien (Mt 21,1–11; Mk 11,1–11; Lk 19,29–40; Joh 12,12–19) zieht Jesus vor seinem Leiden und Sterben feierlich in Jerusalem ein. Er benutzt als Reittier einen Esel. Mt 21,5 und Joh 12,15 sehen darin eine Verwirklichung von Sach 9,9: „Du, Tochter Zion, freue dich sehr, und du, Tochter Jerusalem, jauchze! Siehe, dein König kommt zu dir, ein Gerechter und ein Helfer, arm und reitet auf einem Esel, auf einem Füllen der Eselin." Jesus gibt sich als der König des Friedens und der Gerechtigkeit zu erkennen, den der Prophet Sacharja angekündigt hatte. Königlicher Anspruch und Verzicht auf herrscherliche Macht und Gewalt sind in dieser Geste vereint. Das Volk, das ihn begleitet, erkennt den Anspruch und jubelt Jesus als dem neuen David, dem messianischen König zu: „Hosianna dem Sohne Davids! Gelobt sei, der da kommt im Namen des Herrn! Hosianna in der Höhe!" (Mt 21,9). Dazu breiten sie ihre Kleider auf den Weg und streuen grüne Zweige vor ihm aus (Mt 21,7f). Nach Johannes geht die Volksmenge, die nach Jerusalem zum Passafest gekommen war, Jesus mit Palmzweigen entgegen (Joh 12,12f). Ob sie Jesu Verzicht auf Gewalt und Reichtum erkennt, lassen die Berichte offen. Johannes sagt ausdrücklich: „Das verstanden seine Jünger zuerst nicht" (Joh 12,16a).

Geschichtliches

Anders als in Jerusalem, wo eine Prozession an den Einzug Jesu erinnerte, stand im Abendland der Sonntag vor Ostern zunächst ganz im Zeichen der Vorbereitung auf Ostern und die österliche Taufe: Denjenigen, die zu Ostern getauft werden sollten, wurde das Glaubensbekenntnis übergeben. Auch erfolgte die Salbung der Taufbewerber mit Katechumenenöl. Darum las man im Gottesdienst das Evangelium von der Salbung Jesu in Betanien (Joh 12,1–11), an das die Einzugsgeschichte (Joh 12,12–16) angeschlossen wurde. So erhielt der Sonntag (zuerst um 600 in Spanien und Gallien) die Bezeichnung *Palmsonntag*, obwohl eine eigene Feier des Einzugs Jesu mit einer Palmprozession noch nicht stattfand. Zu einer dramatisch-liturgischen Nachahmung und Darstellung des Einzugsgeschehens kam es hier erst unter dem Einfluß östlicher Liturgien vom 8. Jahrhundert an. Wo Palm- und Ölbaumzweige nicht vorhanden waren, fanden andere grünende oder blühende Zweige Verwendung. Im Mittelalter wurde diese Praxis weiter ausgebaut. Christus wurde oft durch ein in der Prozession mitgeführtes Kreuz, ein Evangelienbuch auf einer Trage oder das eucharistische Brot (konsekrierte Hostien, die in einem Speisekelch mitgetragen wurden) dargestellt. Vielfach führte man auch eine Christusfigur auf einem hölzernen Esel (Palmesel) mit.

In Rom selbst war der Sonntag vor Ostern zunächst ganz vom Gedenken an die Passion Jesu bestimmt: Man eröffnete die Osterfeier mit der Verlesung der Leidensgeschichte nach Matthäus. Die besondere Feier des Einzugs mit der Palmprozession fand erst später Aufnahme.

Gottesdienstliche Feier

Die erneuerte katholische Ordnung der Osterfeier sieht vor, daß vor der Messe am Palmsonntag die *Feier des Einzugs Christi in Jerusalem* begangen wird. Hierfür gibt es drei Formen.

Nach der ersten, feierlichsten Form versammelt sich die Gemeinde in einer Nebenkirche oder an einem anderen geeigneten Ort außerhalb der Kirche, die das Ziel der Prozession ist. Zur Eröffnung wird Mt 21,9 gesungen. Dann begrüßt der Priester die Gemeinde und gibt eine kurze Einführung. Danach wird ein Segensgebet über die grünen Zweige gesprochen, die die Gläubigen in den Händen halten. Die Zweige werden mit Weihwasser besprengt. Das Evangelium vom Einzug Jesu in Jerusalem wird verlesen, und zwar in der Fassung, die das laufende Lesejahr vorsieht. Dann beginnt – eventuell nach einer kurzen Predigt – die Prozession zur Kirche, in der die Messe gefeiert werden soll. Während der Prozession werden gesungen Ps 24, Ps 47 und der Hymnus mit dem Kehrvers: „Ruhm und Preis und Ehre sei dir, Erlöser und König! Jubelnd rief einst das Volk sein Hosianna dir zu." Beim Einzug in die Kirche singt man einen Gesang mit dem Kehrvers: „Gepriesen sei, der kommt im Namen des Herrn!" oder einen anderen Gesang, der auf den Einzug Jesu in Jerusalem Bezug nimmt. Die Prozession wird mit dem Tagesgebet abgeschlossen, das zugleich den Wortgottesdienst der jetzt folgenden Meßfeier eröffnet. Die übrigen Teile der Eröffnung entfallen.

Die zweite Form des Einzugs ist für den Fall vorgesehen, daß keine Prozession außerhalb der Kirche stattfinden kann. Die Gemeinde versammelt sich mit Zweigen in den Händen vor dem Portal der Kirche oder in der Kirche selbst. Die Handlung wird in der oben beschriebenen Weise an einem Platz in der Kirche außerhalb des Altarraums gehalten, wo sie vom größeren Teil der Gemeinde verfolgt werden kann. Die Prozession erfolgt von diesem Platz aus durch die Kirche zum Altarraum.

Eine dritte Form ist für Messen bestimmt, denen kein feierlicher Einzug vorausgeht. Hier soll das Gedächtnis des Einzugs Jesu in Jerusalem mit dem gewöhnlichen Einzug zur Messe verbunden werden. Man singt währenddessen den Eröffnungsvers „Sechs Tage vor dem Osterfest kam der Herr in die Stadt Jerusalem ..." mit Ps 24,9f. Der Priester und seine Assistenz tragen rote Gewänder.

In der Meßfeier selbst wird – je nach Lesejahr – die Leidensgeschichte Jesu nach Matthäus, Markus oder Lukas gelesen.

Dazu werden jeweils auch Kurzfassungen angeboten. Während die vorhergehende Feier des Einzugs in Jerusalem Jesus als König und Sieger feiert und seine Erhöhung gleichsam vorwegnimmt, steht die Meßfeier stärker im Zeichen seines Weges durch Leiden und Tod. Damit kommt in die gottesdienstliche Feier des Palmsonntags ein Moment der Spannung hinein, wie es durchaus dem Wesen frühchristlicher Osterfeier entspricht: Leiden und Tod Jesu auf der einen Seite, Auferstehung und Erhöhung auf der anderen Seite werden nicht historisierend auseinandergenommen, sondern als Sinnganzes erfahren und gefeiert.

Im evangelischen Bereich bevorzugte man für den Sonntag, mit dem die Karwoche beginnt, die Bezeichnung *Palmarum* (= Sonntag der Palmen bzw. der Palmzweige). Das Lutherische Lektionar von 1978 nennt den *6. Sonntag der Passionszeit* jetzt *Palmsonntag*. Eine besondere Feier des Einzugs Jesu in Jerusalem kennt man nicht, jedoch erinnern an ihn die Antiphon zum Eingangspsalm (Mt 21,9b: „Hosianna dem Sohne Davids. Gelobet sei, der da kommt im Namen des Herrn. Hosianna in der Höhe") und das Evangelium Joh 12,12–19. In der alten Leseordnung war die Möglichkeit vorgesehen, statt der Einzugsperikope die Passionsgeschichte nach Matthäus (Mt 26 und 27) zu lesen.

In einer nichtoffiziellen evangelischen Agende mit bruderschaftlichem Hintergrund aus dem Jahre 1961 (Karl Bernhard Ritter: Die eucharistische Feier) findet sich ein Versuch, die Einzugsfeier auch für den evangelischen Bereich wiederzugewinnen. Sie hat hier folgenden Aufbau: Ps 24 mit Kehrvers Mt 21,9b – Gruß – Kollektengebet – Evangelium Mt 21,1–9 – Prozession mit Zweigen, dazu Lieder – Litanei, die zum Gottesdienst überleitet. Mit den mitgeführten Zweigen wird zum Abschluß der Prozession der Altar geschmückt.

Brauchtum

Der Volksglaube schrieb den am Palmsonntag gesegneten Zweigen eine magische Wirkung zu: Sie sollten Schäden vom

Haus und seinen Bewohnern abwenden können. „So aß man Knospen und Triebe geweihter Zweige, um Krankheiten vorzubeugen, steckte Palmzweige in Kreuzform auf die Äcker oder verbrannte sie, um damit Unwetter, Blitz und Hagel fernzuhalten, befestigte sie an den Kruzifixen im Haus, um seine Bewohner von jedem Ungemach zu schützen, und sah in ihnen wirksame Abwehrmittel gegen Ungeziefer beim Vieh, Schadfliegen beim Gemüse und gegen Füchse, die das Geflügel bedrohen" (A. Adam, S. 96f). Der Brauch, die Zweige hinter das Kruzifix zu stecken, ist auch heute noch verbreitet.

Montag, Dienstag und Mittwoch in der Karwoche

Gottesdienstliche Feier

Nach der alten katholischen Leseordnung war vorgesehen, am Montag der Karwoche das Evangelium von der Salbung Jesu in Betanien zu lesen (Joh 12,1–9). Am Dienstag folgte die Lesung der Passion nach Markus (Mk 12,32–15,46), am Mittwoch die Lesung der Passion nach Lukas (Lk 22,39–23,53). In der neuen Leseordnung hat man den Brauch der Passionslesungen am Dienstag und Mittwoch aufgegeben. Markus- und Lukaspassion kommen jetzt am Palmsonntag zusammen mit der Matthäuspassion im dreijährigen Rhythmus zur Verlesung. Am Montag liest man – wie bisher – die Perikope von der Salbung Jesu in Betanien (Joh 12,1–11), am Dienstag Joh 13,21–33.36–38 (Jesus und der Verräter; Ankündigung der Verleugnung des Petrus), am Mittwoch Mt 26,14–25 (Verrat des Judas; Abendmahl mit Ankündigung des Verrats, aber ohne Einsetzungsbericht). Bei all dem wird das Bestreben erkennbar, bestimmte Ereignisse der Leidensgeschichte bzw. aus ihrem Vorfeld den einzelnen Tagen der Karwoche zuzuordnen. Bedeutsam für die Gottesdienste dieser Tage sind die Lesungen aus Jesaja (Montag: Jes 42,1–7; Dienstag: Jes 49,1–6; Mittwoch: Jes 50,4–9a). Sie handeln vom Knecht Gottes, seiner Berufung und seinem Werk, und verbinden so die alttestamentliche Lesung des Palmsonntags (Jes 50,4–7) mit der Karfreitagslesung (Jes 52,13–53,12).

Auch die Lutherische Agende von 1955 sieht für jeden dieser Tage Gottesdienste mit einem eigenen Proprium vor. Sie schließt sich dabei im wesentlichen an die alte katholische Leseordnung an, bietet freilich wahlweise zur Markuspassion am Dienstag Joh 12,25–33 (Ankündigung von Tod und Erhöhung) und zur Lukaspassion am Mittwoch Joh 12,34–48 (Unglaube des Volkes).

Geschichtliches, Brauchtum

Vermutlich wurden an den ersten drei Tagen der Karwoche bis ins 5. Jahrhundert hinein keine Eucharistiefeiern, sondern Wortgottesdienste gehalten. Dabei standen die Passionslesungen im Mittelpunkt. Aber auch Lesungen aus Joh 12 und 13 sind bezeugt.

Teil der liturgischen Feier der Karwoche sind auch die sog. *Trauermetten.* Sie sind jetzt im Aufbau den sonstigen Stundengebeten angeglichen, waren aber früher durch einige Eigentümlichkeiten ausgezeichnet: besonders schlichte Struktur, gesungene Lesungen aus den Klageliedern des Propheten Jeremia, dreieckiger Lichtrechen mit 15 Kerzen, von denen bis auf eine alle im Laufe des Gottesdienstes verlöschten, Lärmen am Ende der Mette.

An manchen Orten ist es heute noch üblich, statt der Glocken an den Tagen der Karwoche mit hölzernen Lärminstrumenten (Klappern, Ratschen, Raspeln) zum Gottesdienst einzuladen. Vermutlich haben sich hier Bräuche aus früheren, „glockenlosen" Zeiten erhalten. Noch heute spielen Schlagbretter und andere „hölzerne Glocken" in der Ostkirche eine Rolle.

Gründonnerstag

Name

Die Bezeichnung leitet sich vermutlich vom mittelhochdeutschen gronan = weinen ab, wie es als *greinen* heute noch lebendig ist. Sie ist wohl darauf zurückzuführen, daß an diesem Tage die öffentlichen Büßer (= Weinende) wieder in die volle kirchliche Gemeinschaft aufgenommen wurden. Das neue deutsche Meßbuch wählt die Bezeichnung *Hoher Donnerstag;* die Lutherische Agende spricht – wie die Erneuerte Agende – vom *Tag der Einsetzung des heiligen Abendmahls.*

Biblischer Hintergrund

Nach Mt 26,17–30, Mk 14,12–26, Lk 22,7–23 (vgl. auch 1 Kor 11,23–26) feiert Jesus mit seinen Jüngern am Abend vor seinem Tod ein letztes festliches Mahl. Matthäus, Markus und Lukas schildern dieses Mahl als Passamahl und datieren es damit auf die Passanacht vom 14. zum 15. Nisan. Am 15. Nisan – nach den Evangelien der Rüsttag vor dem Sabbat, also ein Freitag – stirbt Jesus am Kreuz. Die Chronologie des Johannesevangeliums weicht hiervon ab: Zwar ist auch für ihn der Todestag Jesu der Rüsttag vor dem Sabbat. Aber Jesus stirbt hier zur Stunde, da man im Tempel die Passalämmer schlachtet – also bereits am Nachmittag des 14. Nisan. Nach Johannes kann demnach das letzte Mahl Jesu kein Passamahl sein. Er berichtet auch nichts über die Einsetzung des Abendmahls. Im Mittelpunkt seines Mahlberichts (Joh 13) stehen die Überlieferungen von der Fußwaschung (13,1–15) und der Benennung des Verräters (13,21–30). Es folgen die Abschiedsreden, für die Johannes offenbar die Mahlsituation voraussetzt (13,31–16,33), und das hohepriesterliche Gebet Jesu für die Seinen (17,1–26).

Außer dem letzten Mahl und der Fußwaschung sind weitere Motive, die dem Gründonnerstag bzw. der Nacht vom Gründonnerstag zum Karfreitag eignen: der Gang nach Getsemani und das nächtliche Gebet Jesu dort (Mt 26,36–46; Mk 14,32–42; Lk 22,39–46); seine nächtliche Gefangennahme (Mt 26,47–56, Mk 14,43–52, Lk 22,39–46, Joh 18,1–11); das Verhör vor dem Hohen Rat bzw. durch die Hohenpriester (Mt 26,57–68, Mk 14,53–65, Lk 22,63–71, Joh 18,12–27); die Verleugnung durch Petrus (Mt 26,69–75, Mk 14,66–72, Lk 22,54–62, Joh 18,15–18.25–27).

Geschichtliches

Nach dem Bericht der Egeria fanden in Jerusalem am Donnerstag vor Ostern zwei Eucharistiefeiern statt. In der Nacht zum Karfreitag führte eine Prozession nach Getsemani, wo das Evangelium von der Gefangennahme Jesu gelesen wurde, und von dort wieder zurück.

Nach dem Zeugnis des Kirchenvaters und Bischofs Augustin (354–430) feierte man in Nordafrika an diesem Tage sowohl morgens als auch abends die Eucharistie. In Rom fand die Aussöhnung und Wiederaufnahme der Büßer statt. Aus dem 7. Jahrhundert liegen Berichte über drei Eucharistiefeiern in den Titelkirchen (den alten römischen Stadtkirchen, die den Kardinalspriestern zugewiesen waren und in denen der Papst vor allem während der Fastenzeit Stationsgottesdienste hielt) vor: eine zur Aussöhnung der Büßer, eine zur Ölweihe und eine zum Gedächtnis der Einsetzung des Abendmahls. Der Papst hingegen feierte an diesem Tag nur einen Gottesdienst im Lateran, in dem auch die Öle geweiht wurden. Der abendliche Gottesdienst zum Gedächtnis der Einsetzung der Eucharistie wurde später auf den Donnerstagmorgen verlegt. Erst durch die Reform der Osterfeier 1955 erhielt er seine ursprüngliche Stellung am Abend zurück.

Vermutlich ist der Brauch, am Gründonnerstag die Ölweihe zu vollziehen, auf praktische Gründe zurückzuführen: Die Öle wurden ja vor allem für die Salbungen während der Taufe in der Osternacht benötigt. Die Fußwaschung als gottesdienstliche Handlung wird erstmals in Spanien und Gallien im 7. Jahrhundert bezeugt. Freilich war der Brauch, Armen und Gastfreunden die Füße zu waschen, in klösterlichen Gemeinschaften schon früher verbreitet und keineswegs an den Gründonnerstag gebunden.

Gottesdienstliche Feier

Der Gründonnerstag nimmt eine eigenartige Zwischenstellung ein. Er ist einerseits einer der Wochentage in der Karwoche, leitet aber zugleich über zum inneren Kern der Osterfeier: Da nach altem Brauch der neue Tag jeweils mit seinem Vorabend beginnt, eröffnet der Gottesdienst zum Gedächtnis der Einsetzung der Eucharistie am Gründonnerstagabend die *Feier der Drei österlichen Tage vom Leiden, vom Tod und von der Auferstehung des Herrn.*

Nach der neuen katholischen Ordnung wird am Vormittag des Gründonnerstags in der Bischofskirche die *Chrisam-Messe* gehalten, an der nach Möglichkeit alle Priester des Bistums teilnehmen und die Eucharistie zusammen mit ihrem Bischof feiern sollen. In dieser Messe werden die heiligen Öle geweiht: Das Öl für die Krankensalbung, das Katechumenenöl und das Chrisam für die Salbungen bei der Taufe. An die Predigt kann sich eine *Erneuerung der Bereitschaftserklärung zum priesterlichen Dienst* anschließen.

Die Messe am Gründonnerstagabend *(Messe vom Letzten Abendmahl, Abendmahlsmesse)* steht im Zeichen des letzten Mahles, das Jesus mit seinen Jüngern gehalten hat. Im Eröffnungsteil wird das *Gloria (Ehre sei Gott in der Höhe)* angestimmt. Zum *Gloria* werden noch einmal die Glocken geläutet; dann schweigen sie bis zur Osternacht. Verbreitet ist der Brauch, auch die Orgel verstummen zu lassen, bis sie zum *Gloria* in der Osternacht aufs neue erklingt. Gelesen wird Ex 12,1–8.11–14 (Schlachtung des Passalammes; Einsetzung des Passa), 1 Kor 11,23–26 (Einsetzung des Abendmahls) und Joh 13,1–15 (Fußwaschung). Nach der Predigt kann die *Fußwaschung* vollzogen werden: Zwölf Männer aus der Gemeinde (in der Praxis neuerdings auch Frauen) werden in den Altarraum geleitet, wo der Priester, der sein Meßgewand abgelegt hat, jedem einzelnen Wasser über die Füße gießt und sie danach abtrocknet. Dazu singt die Gemeinde Antiphonen und andere Gesänge, die die Handlung ausdeuten, zum Beispiel: „Ein neues Gebot gebe ich euch: ‚Liebt einander!' Wie ich euch geliebt habe, so sollt auch ihr einander lieben" (Joh 13,34). Zu Beginn der Eucharistiefeier kann ein Opfergang gehalten werden, bei dem Gaben für die Armen eingesammelt werden; dazu wird der Kehrvers „Wo Güte und Liebe, da wohnt Gott" und ein Hymnus (bzw. ein anderer passender Gesang) gesungen. Im eucharistischen Hochgebet gibt es charakteristische Einschübe, die auf den Zusammenhang dieser Eucharistiefeier mit dem letzten Mahl Jesu hinweisen: „Denn am Abend, an dem er ausgeliefert wurde und sich aus freiem Willen dem Leiden unterwarf – *das ist heute* –, nahm er das Brot und sagte Dank ..." Nach dem Schlußgebet wird das Gefäß mit den konsekrierten Hostien – sie werden für die Kommunionfeier am Karfreitag benötigt – in feierlicher Prozession zu einem anderen Aufbewahrungsort (gegebenenfalls in einer Seitenkapelle oder auf einem Seitenaltar) übertragen. Zur Prozession wird der Hymnus *Pange lingua (Das Geheimnis laßt uns künden)* gesungen, am Aufbewahrungsort dann die Schlußstrophe *Tantum ergo (Darum laßt uns hoch verehren).* Nach der Feier wird der Altar abgedeckt. Die Kreuze werden aus der Kirche entfernt bzw. verhüllt. Das Meßbuch empfiehlt ausdrücklich eine nächtliche Anbetung vor dem Sakrament. Dabei soll nach Mitternacht auf jede Feierlichkeit verzichtet werden.

Auch in den meisten evangelischen Gemeinden ist am Gründonnerstagabend ein Abendmahlsgottesdienst zur Erinnerung an das letzte Mahl Jesu mit seinen Jüngern und an die Einsetzung des Abendmahls üblich. Die Lesungen stimmen weitgehend mit denen der neuen katholischen Leseordnung überein; Evangelium ist Joh 13,1–15(34–35). In der Lutherischen Agende heißt es: „Weil das heilige Abendmahl durch die leibhafte Gegenwart Christi ein Vorgeschmack ist des himmlischen Freudenmahles, so singt die Gemeinde unter dem Geläute aller Glocken das seit Beginn der Fastenzeit verstummte ‚Ehre sei Gott in der Höhe'."

Brauchtum

Ein katholisches Werkbuch von 1960 regt an, den Gründonnerstag mit einem häuslichen Liebesmahl, einer Agape, zu begehen. Es soll sich an die Eucharistiefeier anschließen. Zu diesem Zweck können im Gottesdienst kleine Brote *(Eulogien)* gesegnet und verteilt werden, wie das auch nach östlichen Liturgien Brauch ist. Nach Möglichkeit sollen zu diesem Mahl alleinstehende oder hilfsbedürftige Nachbarn eingeladen werden: „Die eucharistische Mahlfeier der Gemeinde sollte am Gründonnerstagabend ihr Abbild und ihre Fortsetzung haben im anschließenden häuslichen Liebesmahl der Familie.“ Es kann natürlich auch in der Pfarrei (etwa in Jugendgruppen u. a.) gehalten werden. Vielfach ist es üblich, daß der Pfarrer die Männer, an denen er die Fußwaschung vollzogen hat, zu einem solchen Mahl in seine Wohnung einlädt.

Zum Gründonnerstagsbrauchtum in katholischen Gemeinden gehört die *Ölbergstunde:* Die kurz zuvor geweihten Hostien werden in eine Nebenkapelle oder auf einen Seitenaltar übertragen, vor dem – so sieht es das Meßbuch vor – eine nächtliche Anbetung stattfindet, die vom Gedanken an den Gebetskampf Jesu in Getsemani, den Verrat durch Judas, die Gefangennahme Jesu und die Verleugnung des Petrus bestimmt ist. Einzelne Gruppen und Kreise in der Gemeinde können sich im Verlaufe dieser nächtlichen Gebetswache ablösen.

Karfreitag

Biblischer Hintergrund

Der Karfreitag ist der Tag der Kreuzigung und des Todes Jesu. Jesus wird gefangengenommen (Mt 26,47–56; Mk 14,43–52; Lk 22,47–53; Joh 18,1–11), vor dem Hohen Rat verhört (Mt 26,57–68; Mk 14,53–65; Lk 22,63–71; Joh 18,12–27), dem römischen Statthalter Pilatus überstellt, verspottet und zum Tode verurteilt (Mt 27,1–2.11–30; Mk 15,1–19; Lk 23,1–5.13–25; Joh 18,28–19,16), nach Golgota geführt und gekreuzigt (Mt 27,31–56; Mk 15,20–41; Lk 23,26–49; Joh 19,17–37). Er stirbt um die neunte Stunde (Mt 27,46; Mk 15,34; Lk 23,44) am Rüsttag vor dem Sabbat (Mt 27,62; Mk 15,42; Lk 23,54; Joh 19,31).

Geschichtliches

In den ersten Jahrhunderten wurde der Karfreitag nicht gottesdienstlich begangen. Wohl aber ist der Brauch bezeugt, am Karfreitag und Karsamstag zum Gedenken an den Tod und die Grabesruhe Jesu zu fasten (Trauerfasten). Im 4. Jahrhundert finden sich dann Hinweise auf gottesdienstliche Feiern in der Karwoche und am Karfreitag: Nachtwachen wurden gehalten, verschiedentlich auch Gottesdienste von der neunten Stunde bis in den Abend hinein. Ein Vigilgottesdienst vom Donnerstag zum Freitag ist mehrfach bezeugt.

Auch bei der gottesdienstlichen Ausgestaltung des Karfreitags spielte das Vorbild der Jerusalemer Gemeinde eine Rolle: Beim „Hahnenschrei" – also noch im nächtlichen Dunkel – begann hier eine Prozession nach Getsemani, wo das Evangelium von der Gefangennahme Jesu gelesen wurde. Von dort ging man zurück nach Jerusalem, erreichte die Stadt in der Morgendämmerung und versammelte sich „vor dem Kreuz", das heißt in der Kreuzeskirche. Hier hörte man das Evangelium vom Verhör Jesu vor Pilatus und eine Predigt des Bischofs. Noch vor Sonnenaufgang betete man „bei jener Säule, an der der Herr gegeißelt wurde", wie es bei Egeria heißt. Um die zweite Stunde – etwa um acht Uhr – begann die feierliche Verehrung der Kreuzesreliquie auf Golgota, die bis zur sechsten Stunde dauerte: Der Bischof hielt das „heilige Holz", das ganze Volk zog vorüber, jeder einzelne berührte das Kreuz mit der Stirn, mit den Augen und küßte es. Von der sechsten bis zur neunten Stunde fand „vor dem Kreuz" ein Wortgottesdienst mit Lesungen, Gebeten und Gesängen statt, der mit dem Bericht über den Tod Jesu nach dem Johannesevangelium schloß. Von hier ging man um die neunte Stunde hinüber zur Auferstehungskirche – Kreuzkirche und Auferstehungskirche waren durch ein „sehr großes und schönes Atrium", eine Art Innenhof, miteinander verbunden – und hörte das Evangelium von der Grablegung Jesu.

In Rom hielt man zunächst am Karfreitag einen reinen Wortgottesdienst mit Lesungen, Gebeten und Gesängen. Aus dem 7. Jahrhundert ist eine – wohl nach Jerusalemer Vorbild gestaltete – Prozession von der Lateranbasilika zu der von der Kaisermutter Helena erbauten Kirche *Vom heiligen Kreuz in Jerusalem* bezeugt, wo eine mitgeführte Kreuzesreliquie verehrt wurde. Ebenfalls im 7. Jahrhundert kam der Brauch auf, den Wortgottesdienst mit einer Kommunionfeier (nicht mit einer Messe!) zu verbinden, bei der zuvor konsekrierte Hostien ausgeteilt wurden. So entstand schließlich eine gottesdienstliche Feier, die Wortgottesdienst, Kreuzverehrung und Kommunion miteinander verband. Ein besonderes Gewicht erhielten dabei die feierlichen Karfreitagsfürbitten, die den Wortgottesdienst abschlossen; in ihnen hat sich die ursprüngliche Form des römischen Fürbittengebets bis heute erhalten. Seit dem 9. Jahrhundert ist der Brauch bekannt, ein verhülltes Kreuz in die Kirche zu tragen, wo es enthüllt und verehrt wurde. Der Zeitpunkt der Feier – ursprünglich an der Todesstunde Jesu, der neunten Stunde, orientiert – wurde im Mittelalter auf den Vormittag verlegt. Die Neuordnung der Karwochenliturgie 1955/1956 legte die Feier wieder auf den Nachmittag.

Der Brauch, am Karfreitag keine Eucharistiefeier zu halten, sondern die in der Abendmahlsmesse des Gründonnerstags konsekrierten Hostien auszuteilen, hat in gewisser Weise sein Vorbild in ostkirchlichem Brauchtum: Eucharistiefeiern hielt man dort während der vorösterlichen Fastenzeit nur am Samstag und am Sonntag – also an den Tagen, die vom allgemeinen Fasten ausgenommen waren. Für die übrigen Tage bewahrte man einen Teil der am Sonntag konsekrierten Gaben auf, um sie in der Woche auszuteilen. Daraus entwickelte sich die *Liturgie der vorgeweihten Gaben (Präsanktifikatenliturgie)*, wie sie im byzantinischen Ritus an den Mittwochen und Freitagen der Fastenzeit, am Donnerstag der fünften Fastenwoche und an den drei ersten Tagen der Karwoche in Verbindung mit dem Vespergottesdienst gefeiert wird.

Gottesdienstliche Feier

In der Frömmigkeit evangelischer Christen kommt dem Karfreitag ein besonderer Rang zu. Er gilt vielfach als höchster Feiertag des Kirchenjahres und als einer der wichtigsten Abendmahlstage. Der Hauptgottesdienst am Vormittag des Karfreitags wird darum in den meisten evangelischen Kirchen als

Abendmahlsgottesdienst begangen und – wo die Möglichkeit dazu besteht – kirchenmusikalisch reich ausgestaltet. Die liturgische Farbe ist nach der Agende von 1955 Schwarz, nach der Erneuerten Agende Schwarz oder Violett; es kann auch auf jegliche Farbe und Altarschmuck (Kerzen, Blumen) verzichtet werden. Mancherorts wurde und wird der Altar schwarz verhängt. Nach der neuen Ordnung liest man 2 Kor 5, [14b–18] 19–21 (oder die alttestamentliche Lesung Jes [52,13–15] 53,1–12) und Joh 19,16–30. Die alte Ordnung sah die Möglichkeit vor, die ganze Johannespassion (Joh 18 und 19) zu lesen. Auf die Möglichkeit, das Allgemeine Kirchengebet (Fürbittengebet) in einer Form zu halten, die sich an die alten römischen Karfreitagsbitten anlehnt, wird in der Agende von 1955 ausdrücklich hingewiesen. Zur Vesper am Karfreitag kann nach dem Lektionar von 1978 Joh 19,31–42 gelesen werden. In vielen evangelischen Gemeinden ist es üblich, die Reihe der Passionsandachten mit einem Gottesdienst zur Todesstunde Jesu am Nachmittag des Karfreitags abzuschließen. Die Lutherische Agende von 1955 bietet außerdem ein Formular für die Feier des Hauptgottesdienstes ohne heiliges Abendmahl an. Auch die Erneuerte Agende verweist auf die Möglichkeit, den Karfreitagsgottesdienst nach einer „besonderen Ordnung“ zu halten, und bietet den Text einer „Karfreitagslitanei.“

Nach dem neuen katholischen Meßbuch findet am Karfreitag gegen 15 Uhr – aus seelsorgerlichen Gründen auch später – die *Feier vom Leiden und Sterben Christi* statt. Der Altar ist vollkommen leer, ohne Kreuz, Leuchter und Tücher. Orgel und Glocken schweigen. Der Priester und seine Assistenz tragen – wie am Palmsonntag, aber auch an Pfingsten, den Apostel- und Märtyrertagen – rote Gewänder. Die Feier beginnt mit dem *Wortgottesdienst:* Der Priester und seine Assistenz ziehen unter Schweigen zum Altar, verneigen sich und werfen sich vor ihm nieder oder knien. Alle verharren in stillem Gebet. Dann begibt sich der Priester mit seiner Assistenz zu den Sitzen. Hier spricht er ein Gebet, gefolgt von der 1. Lesung (Jes 52,13–53,12), dem Antwortpsalm, der 2. Lesung (Hebr 4,14–16; 5,7–9), dem Gesang vor dem Evangelium und der Lesung der Passion Jesu nach

Johannes (18,1–19,42). Wie schon am Palmsonntag kann die Passion mit verteilten Rollen gelesen oder gesungen werden, wobei die Christus-Rolle nach Möglichkeit dem Priester vorbehalten sein soll und ein mehrstimmiger Chor manchmal die Teile der Volksmenge übernimmt. Nach der (kurzen!) Predigt folgen die *Großen Fürbitten* für die Kirche, den Papst, alle Stände der Kirche, die Katechumenen, die Einheit der Christen, die Juden, für alle, die nicht an Christus glauben, für alle, die nicht an Gott glauben, für die Regierenden, alle Notleidenden.

Damit ist der Wortgottesdienst abgeschlossen. Es folgt die *Kreuzverehrung.* Hierfür stehen zwei Formen zur Auswahl. Bei der ersten Form wird ein verhülltes Kreuz zum Altar getragen. Der Priester nimmt es dort entgegen, enthüllt zunächst den oberen Teil, hebt es empor und singt den *Ruf zur Kreuzerhebung:* „Seht das Kreuz, an dem der Herr gehangen, das Heil der Welt." Alle antworten: „Kommt, lasset uns anbeten." Danach knien alle außer dem Priester nieder und halten eine kurze Gebetsstille. In gleicher Weise enthüllt der Priester danach den rechten Arm des Kreuzes und schließlich das ganze Kreuz. Ist das in der beschriebenen Weise geschehen, legt er es im Altarraum oder an einem anderen geeigneten Ort nieder oder übergibt es zwei Ministranten zum Halten. Jetzt beginnt die Verehrung des Kreuzes: Man zieht am Kreuz vorüber und verehrt es durch eine Kniebeuge oder ein anderes Zeichen der Verehrung (z.B. einen Kuß). Dazu singt man den Vers *Dein Kreuz, o Herr, verehren wir,* die *Improperien* mit dem *Trishagion (Mein Volk, was habe ich dir getan* mit dem alten Dreimalheilig: *Heiliger, starker, unsterblicher Gott, erbarme dich unser)* oder andere passende Gesänge.

Bei der zweiten Form der Kreuzverehrung wird ein unverhülltes Kreuz gezeigt. Es wird vom Priester in Prozession durch die Kirche zum Altarraum getragen. Am Portal, in der Mitte der Kirche und am Eingang zum Altarraum hebt er das Kreuz empor und singt den Ruf zur *Kreuzerhebung.* Alle antworten, knien nieder und verehren das Kreuz in stillem Gebet in der oben beschriebenen Weise.

An die Kreuzverehrung schließt sich die *Kommunionfeier* an: Der Altar wird mit einem Tuch bedeckt. Ein Diakon oder der Priester bringen das Sakrament (die für die Kommunion bestimmten, bereits am Vortag in der Abendmahlsmesse konsekrierten Hostien) zum Altar, begleitet von zwei Ministranten mit leuchtenden Kerzen, die neben oder auf den Altar gestellt werden. Nach der Gebetsaufforderung durch den Priester betet die Gemeinde das Vaterunser. Es folgt – wie in der Messe – die Kommunion des Priesters und der Gemeinde. Dem Schlußgebet folgt ein Segensgebet über das Volk, das die Feier beschließt. Der Altar wird wieder abgedeckt.

Karsamstag

Als im Mittelalter die Feier der Osternacht schrittweise auf den Vormittag des Karsamstags verlegt wurde, verlor dieser seinen ursprünglich unliturgischen Charakter. Die Neuordnung der Osterfeier von 1951 und der Karwoche insgesamt (1955/1956) knüpfen daran wieder an. Im neuen deutschen Meßbuch heißt es dazu: „Am Karsamstag verweilt die Kirche am Grab des Herrn und betrachtet sein Leiden und seinen Tod. Das Meßopfer wird nicht gefeiert, der Altar bleibt unbedeckt... Die heilige Kommunion kann am Karsamstag nur als Wegzehrung gereicht werden."

Im Unterschied dazu bietet die Lutherische Agende von 1955 noch ein eigenes Formular für den Karsonnabend (Karsamstag) an. Im Lektionar von 1978 heißt es freilich dazu: „Am Karsamstag wird, alter Übung entsprechend, kein Hauptgottesdienst gehalten. Die hier angebotenen Texte können in Mette und Vesper oder bei einem Predigtgottesdienst gelesen werden." Diese Regelung wird von der Erneuerten Agende übernommen. Das Evangelium von der Grablegung Jesu (Mt 27,[57–61]62–66) weist darauf hin, daß auch hier der Karsamstag als Tag der Grabesruhe Jesu verstanden und begangen wird.

Kapitel 8

Die Osternacht

Ursprung und Grundgestalt

Hauptgottesdienst des Jahres

Der Gottesdienst in der Osternacht galt ursprünglich als der bedeutendste des ganzen Jahres und als Herzmitte christlicher Festfeier überhaupt. Im Mittelalter wurde er im Abendland zeitlich immer weiter vorverlegt, bis er endlich am frühen Morgen des Karsamstags stattfand. Er wurde so zu einem Klerusgottesdienst, an dem nur wenige Gläubige teilnehmen konnten. Texte, Zeichen und Ablauf der alten Osternachtliturgie (z.B. das Hereintragen des Osterlichts) verloren dabei weitgehend ihren Sinn und konnten in ihrer ursprünglichen Bedeutung kaum noch erfaßt und nachvollzogen werden.

Dem Osternachtgottesdienst seine ursprüngliche Gestalt und Bedeutung wiederzugeben, war ein wichtiges Anliegen der liturgischen Bewegung in der katholischen Kirche. In einer Reform der österlichen Liturgie in den fünfziger Jahren unseres Jahrhunderts (Erneuerung der Osternacht 1951, der gesamten Karwochenliturgie 1955/1956) wurde dieses Anliegen kirchenamtlich aufgenommen. Auch die Agende für evangelisch-lutherische Kirchen und Gemeinden, Band II, aus dem Jahre 1960 (Entwurf) enthält die Ordnung eines Osternachtgottesdienstes. In ihrer Struktur schließt sie sich weitgehend an die damalige (inzwischen erneut veränderte) katholische Ordnung an. Hier waren ebenfalls bruderschaftliche Kreise mit eigenen Vorschlägen vorangegangen. Von Bedeutung für den evangelischen Bereich ist auch die Osternachtfeier, wie sie die Liturgie der evangelisch-reformierten Kirche in der deutschsprachigen Schweiz aus dem Jahre 1983 anbietet.

Die Lichtfeier

Geschichtliches

Das Hereintragen des Lichtes, seine Begrüßung durch Rufe „Licht Christi“ und der Brauch, beim abendlichen Lichtanzünden einen *Lichtsegen*, das heißt einen Lob- und Dankspruch über das Licht (*Lichteucharistie; lucernarium*) zu sprechen, gehörte zum Zeremoniell abendlicher Zusammenkünfte in der frühen Christenheit. Andachten und Gottesdienste zu abendlicher Stunde wurden vielfach auf solche Weise eröffnet. Man konnte dabei an jüdisches Brauchtum anknüpfen (z.B. Lobpreis über das Licht beim Anzünden der Sabbatlampe). Am Vorabend des Ostertages wurde dieser Lichtritus besonders ausgestaltet. Der *Österliche Lobpreis* (*Exsultet*), der heute im Mittelpunkt der Lichtfeier des Osternachtgottesdienstes steht, geht in seinem Grundbestand auf eine solche *Lichteucharistie* zurück. In seiner entfalteten Gestalt ist das *Exsultet* ein feierlicher Lobpreis der Osternacht. Auch hierfür gab es – in Gestalt von Hymnen, die die Passanacht besingen – Vorbilder im jüdischen Bereich. In seiner heutigen Fassung fußt das *Exsultet* auf einem Text, der in Norditalien oder Südgallien entstand.

Denkbar ist, daß Lichtmotive und Lichtbräuche auch über die Tauffeier in die Osternacht Eingang fanden. Auch Einflüsse spätantiker Mysterienkulte sind nicht auszuschließen. Die festlichen Stadtilluminationen zum Osterfest, die nach den Verfolgungszeiten üblich wurden, könnten gleichfalls eine Rolle gespielt haben. Bemerkenswert ist, daß die Lichtfeier keinesfalls überall den Osternachtgottesdienst eröffnete: Vielfach hatte sie ihren Ort an der Schwelle zwischen Trauer- und Freudenphase, das heißt zwischen nächtlichem Wortgottesdienst und Eucharistiefeier. Da auch die Taufe hier ihren Platz hatte, ergab sich ein deutlicher Zusammenhang von Taufliturgie und Lichtbräuchen.

Verlauf

Nach der erneuerten katholischen Ordnung beginnt die *Lichtfeier* mit der *Segnung des Feuers und der Bereitung der Osterkerze,* beides Bräuche, die sich erst relativ spät entwickelt haben (12. Jahrhundert). Das Licht in der Kirche ist ausgelöscht. Vor der Kirche ist ein Holzfeuer angezündet, um das sich die Gemeinde versammelt. Der Priester begrüßt die Gemeinde, führt sie mit kurzen Worten in den Sinn der Feier ein und segnet das Feuer mit einem Gebet. Dann wird die Osterkerze am Feuer entzündet. Eine Handlung, in der die Kerze mit einem Kreuz, einem *Alpha* und *Omega* (Anfangs- und Endbuchstaben des griechischen Alphabets; Symbol für Christus) und der Zahl des laufenden Jahres bezeichnet wird, kann vorausgehen, „wenn es wegen des Volkscharakters angebracht erscheint". In das Kreuz können dann fünf Weihrauchkörner eingefügt werden. Dazu wird gesprochen: „Christus, gestern und heute, Anfang und Ende, Alpha und Omega. Sein ist die Zeit und die Ewigkeit. Sein ist die Macht und die Herrlichkeit in alle Ewigkeit. Amen. Durch seine heiligen Wunden, die leuchten in Herrlichkeit, behüte uns und bewahre uns Christus, der Herr. Amen." Zum Anzünden der Osterkerze heißt es: „Christus ist glorreich auferstanden vom Tod. Sein Licht vertreibe das Dunkel der Herzen."

Nun folgt der *Einzug* in die dunkle Kirche. Der Diakon trägt die Osterkerze voran. Dreimal macht er halt, und jedesmal ruft er „Christus, das Licht" (*Lumen Christi*). Alle antworten: „Dank sei Gott" (*Deo gratias*). Die Mitfeiernden zünden ihre Kerzen an der Osterkerze an. Ist der Einzug beendet, stellt der Diakon die Osterkerze auf den Leuchter in der Mitte des Altarraums oder am *Ambo* (Pult für die Lesungen).

Auch nach der evangelisch-lutherischen Ordnung beginnt der Gottesdienst mit dem Einzug der Osterkerze. Die Wechselrufe haben hier den Wortlaut „Christus ist das Licht" bzw. „Christus, Licht der Welt". Alle antworten „Gott sei ewig Dank". Nach dem letzten Wechselruf wird das Licht an die Mitfeiernden ausgeteilt.

Jetzt singt der Diakon (evangelische Ordnung: der Kantor) den *Österlichen Lobpreis,* das *Exsultet:* „Frohlocket, ihr Chöre der Engel, frohlocket, ihr himmlischen Scharen, lasset die Posaune erschallen, preiset den Sieger, den erhabenen König!" Der Gesang preist das Licht, das diese Nacht erleuchtet, und den Sieg, den Christus errungen hat. Im zweiten Teil des Lobpreises wird ausdrücklich das Passa Israels und sein Auszug aus Ägypten als Vorbild der Christusgeschichte erinnert: „Gekommen ist das heilige Osterfest, an dem das wahre Lamm geschlachtet ward, dessen Blut die Türen der Gläubigen heiligt und das Volk bewahrt vor Tod und Verderben. Dies ist die Nacht, die unsere Väter, die Söhne Israels, aus Ägypten befreit und auf trockenem Pfad durch die Fluten des Roten Meeres geführt hat. Dies ist die Nacht, in der die leuchtende Säule das Dunkel der Sünde vertrieben hat ..." Während der Lobpreis gesungen wird, stehen alle und halten brennende Kerzen in den Händen. Es ist weithin üblich, hierfür Kerzen zu verwenden, die die gleichen Zeichen wie die große Osterkerze tragen.

Der Wortgottesdienst

Geschichtliches

Der Wortgottesdienst gehört zum ursprünglichen Bestand der Osternachtfeier. In ihm wurde vermutlich in der Frühzeit die Geschichte vom Leiden, Sterben und Auferstehen Jesu nach einem der Evangelien im Zusammenhang gelesen. Fester Bestandteil war und ist auch der Bericht über den Auszug Israels aus Ägypten (Ex 12–14). Auch die Lesungen aus Gen 1 (Schöpfung) und Gen 22 (Isaaks Opferung) sind schon früh bezeugt. In den verschiedenen regionalen Traditionen bewegte sich die Zahl der Lesungen, die im nächtlichen Gottesdienst vorgetragen wurden, zwischen fünf und fünfzehn.

Wo die Lichtfeier – ursprünglich abendlicher Lichtsegen, mit dem jede Nachtfeier eröffnet wurde – dem Osternachtgottesdienst vorangestellt wurde (andere Möglichkeit: Lichtfeier zwischen Wortgottesdienst und Eucharistie), verschoben sich nunmehr die Akzente in den dann folgenden Teilen des Gottesdienstes: Der Übergang vom Dunkel zum Licht, der den Übergang von der Passion Jesu zu seiner Auferstehung abbildete, war dann gleichsam schon zu Beginn vorweggenommen. Der Aspekt der Auferstehung rückte in den Mittelpunkt. Damit wurde der Osternachtgottesdienst im ganzen zur nächtlichen Auferstehungsfeier. Es war dann nur konsequent, wenn man nicht mehr die Passions- und Auferstehungsgeschichte insgesamt, sondern nur noch eine Auferstehungsperikope las.

Für Rom ist schon früh der Brauch bezeugt, die Tauffeier zwischen den Block der alttestamentlichen und den der neutestamentlichen Lesungen einzufügen (so noch die evangelische Ordnung von 1960). Vermutlich hängt das damit zusammen, daß die Täuflinge während der alttestamentlichen Lesungen ihre letzte Unterweisung erhielten. Als Neugetaufte zogen sie dann zwischen der letzten alttestamentlichen Lesung und der Epistellesung in die Kirche ein.

Verlauf

Nach der neuen katholischen Ordnung folgt der Lichtfeier der Wortgottesdienst, der Lesungen, Psalmgesänge und Gebete miteinander verbindet. Auch die evangelische Ordnung sieht an dieser Stelle Lesungen, Gebete und Gesänge vor.

Insgesamt sind in der katholischen Ordnung neun *Lesungen* (einschließlich Epistel und Evangelium) vorgesehen: Gen 1,1–2,2; Gen 22,1–18; Ex 14,15–15,1; Jes 54,5–14; Jes 55,1–11; Bar 3,9–15.32–4,4; Ez 36,16–17 a.18–28; Röm 6,3–11; Mt 28,1–10/Mk 16,1–7/Lk 24,1–12. Aus pastoralen Gründen kann jedoch eine Auswahl getroffen und die Zahl der alttestamentlichen Lesungen auf drei oder gar zwei vermindert werden. Die Lesung vom Durchzug durch das Rote Meer (Ex 14,15–15,1) darf dabei freilich nie ausfallen. Die evangelische Ordnung sieht sechs Lesungen (noch ohne Epistel und Evangelium) vor: Gen 1,1–5.26–28 a.31 a; Gen 6,5–8.13 a.14 a.18 b.19.22; 7,17.19.21.23 b.24; 8,1.[10 b–12.]14 a.18 a.20–22; Ex 14,10.11 a.13 a.14.21–23.27–28;

15,1–2a.6a.13a; Jes 55,1a.3.5–12a; Ez 27,1. [4–6.10.]11–14; Röm 6,3–11. Auch hier heißt es: Von den sechs Lesungen sollen auf jeden Fall die erste und die letzte, dazu noch eine der dazwischen stehenden gelesen werden. Die 6. Lesung ist – mit Blick auf die dann folgende Taufe bzw. das Taufgedächtnis – dem Neuen Testament entnommen (Röm 6). Das Lektionar von 1978 bietet eine zum Teil hiervon abweichende Reihe alttestamentlicher Lesungen an.

An jede Lesung schließt sich ein *Antwortgesang* an: Der Psalmist oder Kantor singt den Psalm, die Gemeinde antwortet mit dem Kehrvers. Dann erst spricht der Priester das *Gebet,* das zur Lesung gehört. Die evangelische Ordnung läßt der 2. und 5. Lesung ein *Canticum,* das vom Chor gesungen wird, und das Gebet folgen. Das Canticum kann auch durch Gemeindegesang ersetzt werden.

Die evangelische Ordnung bricht die Reihe der Lesungen, Gesänge und Gebete nach der 6. Lesung ab. Es werden die *Taufen* vollzogen. Ein *Taufgedächtnis* für die ganze Gemeinde schließt sich an: Wort an die Gemeinde – Apostolisches Glaubensbekenntnis (nur, wenn keine Taufen stattgefunden haben) – Gebet. Dann wird die *Litanei* (Bittgesang) in der Fassung Martin Luthers gesungen, die mit dem mehrfachen *Kyrie eleison* schließt. Nun stimmt der Liturg das *Gloria* an. Jetzt können die Glocken geläutet und, soweit noch nicht geschehen, die Altarkerzen an der Osterkerze entzündet werden. Vom *Gloria* an spielt auch die Orgel wieder. Mit *Kollektengebet, Epistel* (Kol 3,1–4), dreifach wiederholtem österlichen *Halleluja, Graduallied* („Christ ist erstanden"), *Evangelium* (Mt 28,1–10; alt: Mt 28,1–10[11–20]) und *Predigt* nimmt der Gottesdienst seinen Fortgang.

Auch die katholische Ordnung macht hinter der 7. Lesung (Ez 36) bzw. dem sich daran anschließenden Antwortgesang und Gebet einen Einschnitt: Die Altarkerzen werden angezündet, der Priester stimmt das *Gloria* an; wo es üblich ist, werden die Glocken dazu geläutet. Nachdem er das *Tagesgebet* gebetet hat, wird die *Epistel* (Röm 6) als 8. Lesung vorgetragen. Der Priester stimmt das österliche *Halleluja* an, das von der Gemeinde wiederholt wird. Psalmist bzw. Kantor singen den

Psalm, auf den die Gemeinde mit *Halleluja* antwortet. Das *Evangelium* als 9. Lesung (Mt 28) und die *Homilie* schließen den Wortgottesdienst der Osternacht ab. Die Einheit des Wortgottesdienstes kommt hier deutlicher zum Ausdruck als in der evangelischen Ordnung, die nach dem Vorbild der älteren katholischen Ordnung die Tauffeier einfügt.

Die Tauffeier

Geschichtliches

Wie lokale Traditionen zeigen, hat man die Tauffeier auf unterschiedliche Weise mit dem Osternachtgottesdienst verbunden. Sie konnte vor Beginn der Osterfeier oder während des Wortgottesdienstes vollzogen werden. In Rom fand sie vermutlich zunächst am frühen Morgen des Ostertages während des Übergangs von der Trauer- zur Freudenphase statt, zwischen den alttestamentlichen und neutestamentlichen Lesungen des Wortgottesdienstes. Man zog in Prozession zum Taufbrunnen bzw. zur Taufkirche. Dort fanden die Taufwasserweihe und die Taufen selbst statt. Danach kehrte man zur Eucharistiefeier in die Kirche zurück. Während der Prozession wurde die Litanei gesungen. Als in späterer Zeit keine Taufen mehr während des Osternachtgottesdienstes vollzogen wurden, hat man Prozession und Taufwasserweihe weiterhin gepflegt. Gegenwärtig bemühen sich viele katholische und evangelische Gemeinden darum, den Osternachtgottesdienst als Taufgottesdienst zurückzugewinnen.

Verlauf

In der neuen katholischen Ordnung (die von den Ordnungen der fünfziger Jahre abweicht) folgt die *Tauffeier* dem *Evangelium* und der *Homilie* (Predigt). Nach einer kurzen Einführung singt man die *Allerheiligenlitanei.* Die *Taufwasserweihe* schließt sich an: Während eines Segensgebetes, das an die heilsgeschichtliche Bedeutung des Wassers erinnert (Schöpfung – Sintflut – Rotes Meer – Taufe Jesu – Wasser aus Jesu Seitenwunde), wird die Osterkerze (einmal oder dreimal) in das Wasser getaucht. Jetzt können *Taufen* stattfinden. Sie beginnen mit der Absage der einzelnen Täuflinge an den Satan (*abrenuntiatio*) und der Befragung über ihren Glauben. Finden keine Taufen statt und wird auch kein Taufwasser geweiht, ist ein anderes Segensgebet über das Wasser (Weihwasser) vorgesehen. Die Tauffeier schließt mit der Erneuerung des *Taufversprechens* durch die Gläubigen: Einführung durch den Priester – Absage an den Satan – Glaubensfragen – Gebet – Besprengung der Gemeinde mit dem gesegneten Wasser. Die *Fürbitten* schließen die Tauffeier ab.

Die Eucharistiefeier

Der *Tauffeier* folgt die *Eucharistiefeier*, an der auch die Neugetauften teilnehmen. Sie beginnt mit der *Gabenbereitung* und schließt mit einem feierlichen österlichen *Schlußsegen*. Der *Kommunionvers* deutet die Feier als christliches Passamahl: „Unser Osterlamm ist geopfert, Christus, der Herr ... So laßt uns Festmahl halten in Freude. Halleluja!“ (Vgl. 1 Kor 5,7–8.)

Osternachtfeier heute

Probleme

Sowohl die erneuerte katholische Ordnung als auch die evangelische Ordnung von 1960 geben gewisse Probleme auf, vor allem dadurch, daß sie eine Mehrzahl von *Höhepunkten* kennen: die *Lichtfeier* mit dem *Österlichen Lobpreis*, das *Gloria* (*Ehre sei Gott in der Höhe*), ausgezeichnet durch Glockengeläut und das Anzünden der Altarkerzen, das festlich ausgestaltete *Halleluja* und schließlich das *Auferstehungsevangelium* als eigentlicher Höhepunkt des Wortgottesdienstes. All das bewirkt, daß der Grundgedanke der Feier – der *Übergang*, das Hinübergehen mit dem gekreuzigten Jesus in das neue, gottgeschenkte Leben – nicht mehr recht zum Tragen kommt. Der Gottesdienst hat jetzt eher den Charakter einer Auferstehungsfeier, durchsetzt mit einigen überlieferten Elementen, die nicht mehr ganz in solchen Zusammenhang zu passen scheinen. Retardierend wirkt vor allem der ausgedehnte Wortgottesdienst mit seiner Vielzahl alttestamentlicher Lesungen, die das österliche Geschehen in einen umfassenderen heilsgeschichtlichen Zusammenhang stellen.

Versuche

Gelegentlich wird im katholischen Bereich versucht, die Osternacht als *Nacht der Erwartung* wieder mit einer wirklichen Nachtwache zu begehen: Man beginnt am Abend mit der Lichtfeier und versammelt sich dann zu einem Wortgottesdienst (mit Lesungen, Gesängen und Gebeten), der etwa bis 24 Uhr dauert. Um 4 Uhr in der Frühe folgt ein zweiter Block von Lesungen, Gesängen und Gebeten. In der Zwischenzeit gibt es eine Prozession zum Friedhof, eine Meditation zu Psalm 118, eine Osterlitanei, Gebetsstille und Gespräche am Osterfeuer. Um 6 Uhr schließen sich Tauffeier, Messe mit Gloria, Halleluja und Auferstehungsevangelium an.

Nach einer von der Evangelischen Michaelsbruderschaft herausgegebenen Ordnung beginnt die Osternachtfeier in der dunklen Kirche mit einer Phase der *Vorbereitung* (Stille – Lesung aus Gen 1 und 2 – Gebet – Stille). Dann erst folgt die Lichtfeier, *Lob des Christuslichtes* überschrieben (Entzündung und Segnung der Osterkerze – Einzug mit der Osterkerze und Ruf: Christ, unser Licht! – Österlicher Lobpreis mit Austeilung des Osterlichtes an die Gemeinde – Lied). Es folgen drei *Lesungen* (aus Gen 6–8, Ex 14–15 und Röm 6), unterbrochen von Stille, Gebet und Gesang. Die *Litanei* kann zur Tauffeier überleiten, die mit dem *Taufgedächtnis* beginnt (Segnung des Taufwassers mit symbolischen Elementen der älteren katholischen Ordnung – Glaubensbekenntnis – Lied – Taufen). *Kyrie- und Glo-*

riagesang (oder eine Reihe fürbittender *Kyrie-Anrufungen*) und *Kollektengebet* leiten zum *Osterevangelium* über, dem das *Halleluja* vorangeht. Es folgt der *Osterruf* („Der Herr ist auferstanden, halleluja! Er ist wahrhaftig auferstanden, halleluja!"), der dreimal angestimmt und gesungen wird, jedesmal einen Ton höher. Danach singt man *„Christ ist erstanden"*. *Predigt*, *Friedensgruß* und *Fürbitten* leiten über zur *Eucharistiefeier*.

Die Liturgie der evangelisch-reformierten Gemeinden in der deutschsprachigen Schweiz versucht, in ihrer Ordnung die ursprüngliche zweiphasige Grundstruktur deutlicher herauszuarbeiten: Hier folgt die *Lichtfeier* den alttestamentlichen *Lesungen*. Bemerkenswerterweise ist das *Osterevangelium* und mit ihm die Auferstehungsbotschaft in die *Lichtfeier* integriert: Der *Österliche Lobpreis* (*Exsultet*) ist Antwort auf das *Osterevangelium*. Das Formular hat also folgenden Aufbau: 1. Alttestamentliche Lesungen, 2. Lichtfeier mit dem Osterevangelium und dem Osterlob, 3. Predigt, 4. Taufe und Taufgedächtnis, 5. Österliches Mahl.

Noch weiter gehen andere Versuche im evangelischen Bereich: Die Feier beginnt etwa eine Stunde vor Sonnenaufgang in der noch dunklen Kirche. Als erstes wird die Dunkelheit *benannt*: In die Stille hinein fragt ein Kind nach dem Sinn der Feier („Warum sind wir heute morgen so früh in die Kirche gekommen?"). Ein anderer antwortet: „Wir erinnern uns an den Morgen, der die Welt veränderte ..." Die Ostergeschichte wird erzählt. Sie leitet unmittelbar über zum Osterruf: „Jesus ist auferstanden!" Der Ruf wird aufgenommen, die Osterkerze angezündet, dazu das festliche Halleluja gesungen. „Christ ist erstanden" schließt sich an. Die Altarkerzen werden entzündet. Taufe und Taufgedächtnis folgen. Die Abendmahlsfeier steht unter dem Thema „Das Mahl der Berufenen".

Ostern in der Ostkirche

Eine eigene Gestalt hat die Feier der Osternacht in den Kirchen des Ostens gewonnen. Im byzantinischen Ritus, dem auch die russisch-orthodoxe Kirche zugehört, wird die Osternacht mit einem Vigilgottesdienst begangen, in dessen Mittelpunkt fünfzehn Lesungen aus dem Alten Testament stehen. Zu Beginn des dann folgenden österlichen Morgengottesdienstes (des *Orthos*, der den *Laudes* entspricht) wird eine eindrückliche Lichthandlung vollzogen: Die Gemeinde zieht mit brennenden Kerzen um die dunkle Kirche. Dann wird das Auferstehungsevangelium nach Mk 16,1–8 verlesen. Der Priester klopft nun dreimal mit dem Kreuz an die verschlossene Kirchentür. Sie öffnet sich, und alle ziehen mit den leuchtenden Kerzen in die Kirche ein. Ein österlicher Gesang (*Ostertroparion*) wird angestimmt: „Christus ist auferstanden von den Toten, er hat den Tod durch den Tod besiegt und denen in den Gräbern das Leben geschenkt." Immer wieder ertönt der Ruf „Christus ist auferstanden – er ist wahrhaftig auferstanden."

Kapitel 9

Die Osterzeit

Biblischer Hintergrund

1 Kor 15,3–8 erinnert der Apostel Paulus die Gemeinde in Korinth an eine Überlieferung, die er selber empfangen hat. Sie bezeugt, „daß Christus gestorben ist für unsre Sünden nach der Schrift; und daß er begraben worden ist; und daß er auferstanden ist am dritten Tag nach der Schrift; und daß er erschienen ist dem Kephas (= Petrus), danach den Zwölfen. Danach ist er erschienen mehr als fünfhundert Brüdern auf einmal, von denen die meisten noch heute leben, einige aber sind entschlafen. Danach ist er dem Jakobus erschienen, danach allen Aposteln. Zuletzt von allen ist er auch mir erschienen als einer unzeitigen Geburt". Die neutestamentliche Wissenschaft ist sich weitgehend darin einig, daß wir hier das älteste Zeugnis für die Auferstehung Jesu vor uns haben. Es verdeutlicht, daß Ostern kein punktuelles Ereignis ist, sondern den gesamten Zeitraum umfaßt, in dem sich die Erscheinungen des Auferstandenen ereigneten. Die Berichte der Evangelien bestätigen dies auf ihre Weise: Mt 28,7–10 erhalten die Frauen zunächst von einem Engel am leeren Grab, dann von Jesus selbst die Weisung: „Geht hin und verkündet es meinen Brüdern, daß sie nach Galiläa gehen; dort werden sie mich sehen." Die Jünger begeben sich „nach Galiläa auf den Berg, wohin Jesus sie bestellt hatte"; er erscheint ihnen dort und gibt ihnen den Auftrag, alle Welt zu lehren und zu taufen (Mt 28,16–20). Auch Mk 16,7 wird eine Erscheinung Jesu in Galiläa in Aussicht gestellt. Eine Chronologie der Osterzeit bietet Lukas in seinem Evangelium und in der Apostelgeschichte: Am Ostersonntag in der Frühe finden die Frauen das Grab leer; die Botschaft von der Auferstehung

Jesu, die sie Petrus und den Aposteln ausrichten, findet zunächst bei denen keinen Glauben (Lk 24,1–12). Am gleichen Tage noch begegnet Jesus zwei Jüngern auf dem Weg nach Emmaus (24,13–35) und erscheint den in Jerusalem versammelten Aposteln (24,36–49). Vierzig Tage lang läßt er sich auf solche Weise sehen, redet zu ihnen vom Reich Gottes, ißt mit ihnen (Apg 1,3f). Im Unterschied zu Matthäus und Markus erhalten die Jünger die Weisung, in Jerusalem zu bleiben und hier auf die Taufe mit dem Heiligen Geist zu warten (Lk 24,49; Apg 1,4f). Nach Ablauf dieser Zeit wird Jesus auf dem Ölberg (Apg 1,12; Lk 24,50: Betanien) vor den Augen der Jünger in den Himmel erhoben. Diese kehren nach Jerusalem zurück, versammeln sich dort im Obergemach eines Hauses (Apg 1,12–14), wählen einen Ersatzmann für Judas (1,15–26). Am 50. Tag nach dem Passafest empfangen sie hier den Heiligen Geist (2,1ff) und treten mit ihrer Verkündigung an die Öffentlichkeit.

Nach dem Johannesevangelium erscheint Jesus noch am Abend des Ostertages den versammelten Jüngern und gibt ihnen den Heiligen Geist (21,19–23). Diese Erscheinung wiederholt sich acht Tage darauf (21,24–29). Joh 21 berichtet von einer dritten Erscheinung Jesu am See Tiberias. Auch hier wird deutlich, daß „Ostern“ eigentlich kein punktuelles, einmaliges Ereignis ist, sondern von den Jüngern immer wieder neu in den Erscheinungen des Auferstandenen erfahren wurde.

Ursprung und Entfaltung

Geschichtliches

Bereits für das 2. Jahrhundert gibt es Zeugnisse für eine Feier der *Fünfzig Tage* nach Ostern (griech. *pentekoste*, lat. *quinquagesima;* auch *tempus paschale* = Osterzeit). Die ganze Zeit galt gleichsam als ein einziger, ungeteilter Festtag, inhaltlich bestimmt durch das österliche Geheimnis des *Hinübergangs* Jesu – und mit ihm der Christen – durch den Tod in das Leben: „Die fünfzig Tage sind wie das Pascha zu feiern, und sie sind alle wie ein einziger Sonntag“ (Ambrosius). Mehr und mehr ging jedoch diese einheitliche Schau des Ostergeheimnisses, die Kreuz und Auferstehung miteinander verband, verloren. Der Akzent wurde – zunächst besonders im Osten – auf die Erhöhung Jesu gelegt; die Botschaft vom Kreuz trat in den Hintergrund, wurde gleichsam aus der Osterfeier ausgeklammert. Dies hing mit bestimmten theologischen Entwicklungen in der alten Kirche zusammen: Der Gedanke der Gottheit Christi wurde immer stärker betont, seiner Menschheit demgegenüber immer weniger Gewicht beigemessen. Das hatte zur Folge, daß das Leiden und Sterben Jesu Christi nur noch als ein Vorspiel zu dem sehr viel größeren, Welt und Menschheit verwandelnden Ereignis seiner Auferstehung erschien.

Liturgisches Brauchtum

In welcher Weise die frühe Christenheit die *Fünfzig Tage* beging, zeigt exemplarisch das Verbot, während dieser Zeit zum Gebet niederzuknien und zu fasten. Charakteristisch war weiter das häufige wiederholte *Halleluja* im Gottesdienst. Heute zündet man zu den Gottesdiensten während der *Fünfzig Tage* die *Osterkerze* an, Sinnbild der Nähe des auferstandenen Herrn. Den Brauch, die Osterkerze nach dem Evangelium am Himmelfahrtstag zum Zeichen seines Weggangs zu löschen (so auch in der Lutherischen Agende), hat man aufgegeben: Der erhöhte Christus ist auch nach seiner Himmelfahrt in seiner Gemeinde gegenwärtig. Nach Ablauf der Osterzeit erhält die Osterkerze ihren Platz in der Taufkapelle bzw. neben dem Taufstein. An ihr werden bei der Taufe die Kerzen der Neugetauften (Taufkerzen) entzündet. Bei Begräbnismessen soll die Osterkerze als Zeichen der Auferstehung brennen.

Der Ostersonntag

Anfänge

Der Ostersonntag ist der dritte Tag des *Triduum sacrum*, der *drei heiligen Tage*, und zugleich der *erste Sonntag der Osterzeit*. Ursprünglich wurde an diesem Tag – über den Osternachtgottesdienst hinaus, der ja erst am frühen Morgen mit der Eucharistiefeier zu Ende ging – keine weitere Eucharistie gefeiert. Aber schon die Pilgerin Egeria berichtet von einer zweiten Eucharistie am Ostersonntag in Jerusalem, und auch der Kirchenvater und Bischof Augustin kannte eine zweite Eucharistie am Sonntagmorgen. In Jerusalem gedachte man darüber hinaus am Sonntagabend in Zion der Erscheinung Jesu am Osterabend (Joh 20,19–25).

Gottesdienstliche Feier

Das neue Meßbuch hat neben dem Formular für die Feier der Osternacht (die hier schon dem Ostersonntag zugeordnet wird) ein Formular für die Messe *Am Tage.* Man liest aus der Predigt des Petrus vor dem Hauptmann Kornelius (Apg 10,34 a.37–43). 2. Lesung ist Kol 3,1–4 oder 1 Kor 5,6 b–8 (Christus unser Pasalamm). Das Evangelium steht bei Joh 20,1–9 (Maria Magdalena, Johannes und Petrus am Grab; Alternativtexte: Joh 20,1–18 oder das jeweilige Evangelium der Osternacht oder – bei einer Abendmesse – Lk 24,1–12). Die Lesungen wechseln nicht – wie sonst – im Dreijahresturnus, sondern kehren jedes Jahr wieder. Als Gesang zwischen 2. Lesung und Evangelium dient die Ostersequenz (von *sequentia* = Fortsetzung, Folge; ein im Mittelalter aus der ursprünglich wortlosen Melodienfolge über dem Schluß-a des *Halleluja* entwickelter Gesang) *Victimae paschali laudes* („Singt das Lob dem Osterlamme“).

Die evangelische Ordnung sieht als Lesungen für den Ostersonntag 1 Kor 15,1–11 und Mk 16,1–8, für den Ostermontag 1 Kor 15,12–20 und Lk 24,13–35 vor. Während der Osterzeit insgesamt wird das *Halleluja* nach der Epistellesung um einen zweiten Vers erweitert; das *Halleluja* selbst wird so zweifach wiederholt. Dem entspricht in der katholischen Ordnung die Möglichkeit, während der Osterzeit das *Halleluja* als Kehrvers auch zum 1. Zwischengesang (zwischen 1. und 2. Lesung) zu singen. 2. Zwischengesang – vor dem Evangelium – ist hier wie auch sonst das *Halleluja* mit *Vers*.

Tagzeitengottesdienste

Seit alters her kommt dem Abendgottesdienst des Ostersonntags, der *Ostervesper*, eine besondere Bedeutung zu. Sie war mit Prozessionen zur Taufkirche bzw. zum Taufbrunnen verbunden; man ging dabei die Wege der in der Osternacht Getauften gleichsam noch einmal nach. Die *Ostermette* am frühen Morgen des Ostersonntags (nicht identisch mit der Ostervigil) wanderte, als die Feier der Osternacht immer weiter vorverlegt wurde, zunächst auf Mitternacht, dann auf den Abend des Karsamstags. Vor der Mette wurde der österliche Friedensgruß gegeben. Seit dem Beginn des 10. Jahrhunderts ist dabei der Osterruf bezeugt: „Christus ist wahrhaftig auferstanden!“

Die Osterwoche

Anfänge

Die Osterwoche einschließlich des auf Ostern folgenden Sonntags – deshalb Osteroktav genannt – wurde schon bald in besonderer Weise hervorgehoben. Die ersten Zeugnisse hierfür liegen aus dem 3./4. Jahrhundert vor. In der Chronologie des Johannesevangeliums (Joh 20,19–29: Erscheinung Jesu am *achten Tag*) hat solche Betonung einen gewissen Anhalt. Nach dem Bericht der Pilgerin Egeria feierte man in Jerusalem acht Tage lang die Erhöhung Christi durch tägliche Gottesdienste in der Himmelfahrtskirche mit Prozessionen zur Auferstehungskirche. Dabei wurden die biblischen Berichte über die Erscheinungen des Auferstandenen gelesen.

Taufunterweisung und Taufgedächtnis

Eine besondere Bedeutung gewann die Osterwoche auf Grund der in der Osternacht vollzogenen Taufen. Es fanden tägliche Eucharistiefeiern statt, bei denen die Neugetauften tiefer in das Verständnis der Sakramente eingeführt wurden, die sie in der Osternacht empfangen hatten. Diese Unterweisungen hießen *Mystagogische Katechesen;* besonders bekannt sind die des Kyrill (Johannes) von Jerusalem († 387). In der Woche nach ihrer Taufe enthielten sich die Neugetauften vom Bad. Sie trugen ihre weißen Taufkleider bis zum Sonntag nach Ostern. Deshalb wird die Osterwoche auch *Weiße Woche, Woche in weißen Kleidern (hebdomada in albis)* genannt. Der Sonntag nach Ostern, an dem die Taufkleider wieder abgelegt wurden, erhielt die Bezeichnung *Weißer Sonntag (dominica in albis).* Im Osten nennt man diese Woche *Woche der Erneuerung.* Als die Osternacht vorverlegt wurde, legten die Neugetauften ihre weißen Taufkleider nicht mehr am Sonntag, sondern schon am Samstag davor ab.

Im 7. Jahrhundert wurde eine jährliche Tauferinnerungsfeier üblich, bei der die gesamte Gemeinde mit den Täuflingen des Vorjahres das Taufgedächtnis (*Pascha annotinum*) feierte. Wegen des wechselnden Ostertermins wurde dieses schließlich auf den Montag nach dem *Weißen Sonntag* festgesetzt. Als sich die Sitte der österlichen Taufe mehr und mehr verlor und die Kinder gleich nach ihrer Geburt getauft wurden, kam dieser Brauch ab.

Erstkommunion am Weißen Sonntag

Im 17./18. Jahrhundert wurde es Sitte, am *Weißen Sonntag* die Erstkommunion der Kinder zu begehen. Auch in evangelischen Gemeinden war und ist es üblich, die Konfirmation mit dem ersten Abendmahlsgang um das Osterfest herum (hier freilich oft am Sonntag *Palmarum*) zu feiern. Vermutlich hängt beides weniger mit dem theologischen Gehalt der Osterfeier als mit bestimmten Gegebenheiten des bürgerlichen Jahres und des damaligen Bildungswesens zusammen (Schulpflicht, Schulkatechese, Schulabschluß usw.).

Verkürzung

Im Laufe der Entwicklung wurde die *Osteroktav* schrittweise verkürzt, bis schließlich nur noch der Sonntag, Montag und Dienstag gefeiert wurden. So entstand ein eigenes *Auferstehungs-Triduum,* das dem *Leidens-Triduum* entsprach. Der Grund dafür lag wohl darin, daß man sich im europäischen Norden mit seinen besonderen klimatischen und Arbeitsbedingungen eine insgesamt zweiwöchige Festfeier – mit der dazugehörigen Arbeitsruhe – einfach nicht leisten konnte. Endpunkt dieser Entwicklung ist die Beschränkung der Festfeier auf Ostersonntag und Ostermontag.

Lesungen

Das neue Meßbuch enthält für alle Tage der Osterwoche eigene Formulare für die Eucharistiefeier. Dabei wird der *Ostermontag* schon durch seine Bezeichnung besonders hervorgehoben. Die 1. Lesung dieser Tage ist nach dem Prinzip der Bahnlesung der Apostelgeschichte entnommen. Am Ostermontag liest man als 2. Lesung 1 Kor 15,1–8.11, als Evangelium Lk 24,13–35 oder Mt 28,8–15. Die Evangelien für die Gottesdienste vom Dienstag bis zum Samstag sind Joh 20,11–18; Lk 24,13–35; Lk 24,35–48; Joh 21,1–14; Mk 16,9–15. Nach der Lutherischen Agende von 1955 liest man – beginnend mit dem Ostermontag – als Evangelium Lk 24,13–35; Lk 24,36–47; Joh 21,1–14; Joh 20,11–18; Mt 28,16–20; Joh 20,1–9.

Zweiter Sonntag der Osterzeit

Nach der neuen katholischen Zählung gilt der *Weiße Sonntag* nunmehr als *Zweiter Sonntag der Osterzeit.* Der im evangelischen Bereich verbreitete Name Quasimodogeniti („Wie die neugeborenen Kinder") für den *1. Sonntag nach Ostern* stellt den Bezug zur österlichen Taufe und zur Bedeutung dieses Tages für die Neugetauften her. Epistel ist 1 Petr1,3–9 (Wiedergeburt zur lebendigen Hoffnung), Evangelium Joh 20,19–29 (Erscheinungen des Auferstandenen am ersten und achten Tag; ungläubiger Thomas). Die neue katholische Leseordnung entnimmt während der gesamten Osterzeit die 1. Lesung der Apostelgeschichte und erinnert so an das Werden und Wachsen der ersten Gemeinden. Ebenfalls nach dem Prinzip der Bahnlesung wird die 2. Lesung dem 1. Petrusbrief (Lesejahr A), dem 1. Johannesbrief (B) oder der Offenbarung des Johannes (C) entnommen. Die Evangelien für die Sonntage der Osterzeit stammen aus dem Johannesevangelium. Am *Weißen Sonntag* liest man Joh 20,19–31.

Dritter bis Fünfter Sonntag der Osterzeit

Der katholische *Dritte Sonntag der Osterzeit* ist nach der evangelischen Ordnung der *Sonntag vom Guten Hirten (2. Sonntag nach Ostern, Misericordias Domini:* „Der Güte des Herrn ist voll die Erde"). Als Evangelium liest man Joh 10,11–16[27–30]: „Ich bin der gute Hirte." Auch die Epistel 1 Petr 2,21b–25 nimmt das Hirtenthema auf. Die katholische Ordnung unterbricht in den Lesejahren A (Lk 24,11–35: Emmausjünger) und B (Lk 24,35–48: Erscheinung Jesu in Jerusalem) die Reihe der Johanneslesungen. Im Lesejahr C liest man Joh 21 (Erscheinung Jesu am See Tiberias).

Am *Vierten Sonntag der Osterzeit* (evangelisch: *3. Sonntag nach Ostern, Jubilate:* „Jauchzet Gott alle Lande") holt die katholische Ordnung den *Sonntag vom Guten Hirten* nach (A: Joh 10,1–10; B: Joh 10,11–18; C: Joh 10,27–30). In den evangelischen Gottesdiensten liest man Joh 15,1–8 („Ich bin der Weinstock, ihr seid die Reben").

Mit dem *Fünften Sonntag der Osterzeit* (evangelisch: *4. Sonntag nach Ostern, Kantate:* „Singet dem Herrn ein neues Lied") beginnt die Lesung der Abschiedsreden Jesu (A: Joh 14,1–12; B: Joh 15,1–8: „Ich bin der wahre Weinstock"; C: Joh 13,31–33 a.34–35). In der evangelischen Kirche wird hier – ausgelöst durch die Anfangsworte der Antiphon zum Eingangspsalm – der *Sonntag der Kirchenmusik* begangen. Evangelium ist Mt 11,25–30 („Kommt her zu mir alle, die ihr mühselig und beladen seid"), Epistel Kol 3,12–17 („Singt Gott dankbar in euren Herzen!").

Sechster Sonntag der Osterzeit. Bittage

Der *Sechste Sonntag der Osterzeit (Rogate:* Betet!) hat seinen Namen nicht – wie die anderen Sonntage – von den Anfangsworten der Antiphon zum Eingangspsalm erhalten, sondern von den *Bittprozessionen,* die für den 25. April vermutlich im 4. Jahrhundert in Rom eingeführt wurden, um heidnische Flurprozessionen zu verdrängen bzw. zu verchristlichen. Davon sind jüngere Bittprozessionen bzw. Bittage zu unterscheiden, die ihren Ursprung in Gallien haben: An den drei Tagen vor *Christi Himmelfahrt* sind hier erstmals im Jahre 496 Bußprozessionen, verbunden mit Fasten, bezeugt. Der Brauch wurde um 800 auch in Rom übernommen. Während im Zuge der neuesten Reform die ältere Bittprozession *(Großer Bittag)* abgeschafft wurde, hält man an den jüngeren *(kleinen) Bittagen* fest: „An den Bitt- und Quatembertagen betet die Kirche für mannigfache menschliche Anliegen, besonders für die Früchte der Erde und für das menschliche Schaffen; auch eignen sich die Tage für den öffentlichen Dank" (Grundordnung des Kirchenjahres und des Kalenders, Nr. 45). Die Bittage sollen – so ein Beschluß der Berliner Bischofskonferenz – an einem oder mehreren Tagen vor *Christi Himmelfahrt* gehalten werden.

In der evangelischen Ordnung ist der Sonntag *Rogate (5. Sonntag nach Ostern)* durch das Thema *Gebet* bestimmt. Man liest 1 Tim 2,1–6 a (Ermahnung zur Fürbitte) und Joh 16,23 b–28[29–32]33 („Wenn ihr den Vater etwas bitten werdet, so wird er's euch geben in meinem Namen"). Nach der katholischen Ordnung liest man Joh 14,15–21 (A), Joh 15,9–17 (B) und Joh 14,23–29 (C).

Siebter Sonntag der Osterzeit. Quatembertage. Pfingstnovene

Der *Siebte Sonntag der Osterzeit* ist nach der evangelischen Ordnung der Sonntag *Exaudi* („Höre, Herr"; früher *Sonntag nach der Himmelfahrt des Herrn,* jetzt *6. Sonntag nach Ostern).* Er steht im Zeichen des Abschieds Jesu und der Verheißung des Geistes. Evangelium ist Joh 15,26–16,4 („Wenn der Tröster kommen wird, den ich euch senden werde ..."). In den katholischen Gottesdiensten liest man Abschnitte aus dem Hohepriesterlichen Gebet Jesu (A: Joh 17,1–11 a; B: Joh 17,11 b–19; C: Joh 17,20–26). In der Woche vor Pfingsten werden die Sommer-*Quatembertage* begangen. Dadurch wird – zusammen mit den Bittagen vor Himmelfahrt – in den letzten Teil der Osterzeit ein Element der Buße eingetragen, das dem eigentlichen Sinn dieser Zeit (man denke an das alte Verbot des Kniens und Fastens!) nicht ganz entspricht.

Nach der neuen Grundordnung des Kirchenjahres sollen die Wochentage nach Himmelfahrt bis Pfingsten auf die Sendung des Heiligen Geistes vorbereiten *(Pfingstnovene* = neun Wochentage). Die Meßformulare dieser Tage sollen „an die Verheißungen Christi über die Sendung des Heiligen Geistes erinnern".

Werktage der Osterzeit

Für die Werktage in der Osterzeit werden im neuen Meßbuch eigene Meßformulare mit Gebeten, Gesängen und Lesungen angeboten. Die Lesungen sind nach dem Prinzip der Bahnlesung Apg 4–28 und Joh 3–21 entnommen.

Maiandachten

In die Osterzeit fallen die Maiandachten, die Bestandteil katholischer Volksfrömmigkeit sind. Der Monat Mai ist (wie der Rosenkranzmonat Oktober) in besonderer Weise der Verehrung der Gottesmutter geweiht. Maiandachten kamen bereits im Mittelalter auf. Vermutlich sollten sie überkommene heidnische Mai- bzw. Frühlingsfeiern verchristlichen. Im 19. Jahrhundert erfuhr der Brauch allgemeine Verbreitung.

Osterzeit in der Ostkirche

Im byzantinischen Ritus heißt das Buch mit den Hymnen und Lesungen von Ostern bis zum Sonntag nach Pfingsten – ebenso wie der gleiche Zeitabschnitt – *Pentekostarion.* Der 1. Sonntag nach Ostern wird *Antipascha* oder *Thomas-Sonntag* genannt. Den 2. Sonntag nach Ostern begeht man als *Sonntag der Myron tragenden Frauen,* zugleich im Gedenken an Josef von Arimathäa. Ihm folgt der *Sonntag des Gelähmten* und der Mittwoch der *Mitt-Pfingsten (mesopentekostes).* Der 4. Sonntag nach Ostern ist der *Sonntag der Samariterin,* der 5. der *Sonntag des Blindgeborenen.* Der Sonntag nach Himmelfahrt ist der *Sonntag der heiligen 318 gotttragenden Väter von Nizäa.* Der Sonntag nach Pfingsten, der *Sonntag aller Heiligen,* ist zugleich der erste Sonntag des *Oktoechos,* des Acht-Wochen-Zyklus, der die Kirchenjahreszeit zwischen Pfingsten und der Vorfastenzeit gliedert. Das Himmelfahrtsfest am 40. Tage nach Ostern ist mit einem Abendgottesdienst und einer Nachtwache ausgestattet.

Christi Himmelfahrt

Geschichtliches

In der frühen Christenheit gab es noch kein eigenes Fest der Himmelfahrt Christi. Das Gedächtnis der Erhöhung Christi war vielmehr eng mit der Osterfeier verbunden. In Jerusalem war die Himmelfahrtskirche auf dem Ölberg – erbaut an der Stätte, wo der Überlieferung nach Jesus in den Himmel erhoben worden war – voll in die Feier der Heiligen Woche und der Osterwoche einbezogen: Hier hielt man am Morgen des Palmsonntags, in der Nacht vom Donnerstag zum Freitag in der Karwoche und an den Tagen der Osterwoche Gottesdienste. In Jerusalem wie an anderen Orten beging man zunächst am 50. Tag nach Ostern sowohl das Gedächtnis der Geistsendung wie der Himmelfahrt Christi. Erst im 4. Jahrhundert – ein frühes Zeugnis hierfür ist eine Predigt des Bischofs Chrysostomus aus dem Jahr 386 – begann man in manchen Regionen damit, den 40. Tag nach Ostern gemäß der Chronologie des Lukas als Tag der Himmelfahrt Christi zu begehen. Im 5. Jahrhundert setzte sich dann dieser Brauch im Westen wie im Osten allgemein durch. Dabei spielte auch die Hochschätzung der Zahl 40 eine Rolle wie das Bestreben, eine gewisse Entsprechung zur vierzigtägigen Fastenzeit vor Ostern herzustellen. Im 7. Jahrhundert wurde das Fest mit einer eigenen Vigilfeier ausgestattet. Im 11. Jahrhundert erhielt es eine eigene Festwoche *(Oktav)*.

Lesungen

Das neue Meßbuch hat ein Formular und zwei Präfationen für das Fest *Christi Himmelfahrt.* Gelesen werden der Himmelfahrtsbericht des Lukas Apg 1,1–11 (1. Lesung in den Jahren A, B und C), der Bericht über die Erscheinung Jesu in Galiläa und der Missionsbefehl nach Mt 28,16–20 (A), der Missionsbefehl und Himmelfahrtsbericht nach Mk 16,15–20 (B) und nach Lk 24,46–53 (C). In evangelischen Gottesdiensten liest man als

Epistel Apg 1,3–4(5–7)8–11, als Evangelium Lk 24, [44–49]50–53.

Brauchtum

Die *Non* des Himmelfahrtstages wurde im Spätmittelalter zum Ansatzpunkt für allerhand dramatisierende Darstellungen des Festereignisses: Zwei das Rauchfaß schwingende Kleriker spielten die Engel der Himmelfahrtsüberlieferung (vgl. Apg 1,10f). Gelegentlich wurde in der Kirche eine Christusfigur hochgezogen, Wasser und Oblaten wurden ausgegossen. Manchenorts fanden Umritte und Brotverteilungen statt. In neuerer Zeit erhält der Tag durch alkoholselige „Herrenpartien" ein geradezu karnevalistisches Gepräge.

Kapitel 10

Das Pfingstfest

Biblischer Hintergrund

Nach dem Bericht der Apostelgeschichte (Apg 2,1–41) sind die Jünger am 50. Tag nach Ostern in einem Haus versammelt. Hier empfangen sie die Gabe des Heiligen Geistes, die sie befähigt, in anderen Sprachen zu reden. Das geschieht um die dritte Stunde (Apg 2,15). Die Menge – Festpilger, die zum Wochenfest aus aller Herren Länder nach Jerusalem gekommen sind – läuft zusammen und ist bestürzt; hört sie doch jeder in seiner Muttersprache reden. Gegen den Vorwurf der Trunkenheit setzt sich Petrus in seiner Predigt (2,14–36) zur Wehr. Er verweist auf die Verheißung des Geistes durch den Propheten Joel (3,1–5) und verkündet Tod und Auferstehung Jesu Christi. Dabei beruft er sich auf die Psalmen Davids (16,8–11; 110,1). Die Menge ist ergriffen und fragt die Apostel: „Was sollen wir tun?“ Petrus fordert zur Umkehr und zur Taufe auf. Dreitausend – so wird berichtet – lassen sich an diesem Tag auf den Namen Jesu taufen (2,41). Als Tag der Ausgießung des Heiligen Geistes wird Pfingsten zum Gründungstag der christlichen Gemeinde.

Geschichtliches

Anfänge

Der 50. Tag nach Ostern war ursprünglich für die Christen nichts weiter als der Tag, mit dem die Osterzeit festlich abgeschlossen wurde. In der ostsyrischen und palästinensischen Kirche setzte sich im 3./4. Jahrhundert der Brauch durch, an diesem Tag die Himmelfahrt Christi besonders in den Mittelpunkt zu stellen. In Jerusalem feierte man am 50. Tag sowohl die Geistsendung als auch die Himmelfahrt: Zur dritten Stunde am Vormittag fand ein Gottesdienst statt, der durch das Gedenken an die Ausgießung des Geistes bestimmt war. Am Nachmittag zog man zur Himmelfahrtskirche und las dort den Bericht von der Himmelfahrt Jesu. Mit dem Ende des 4. Jahrhunderts setzte sich jedoch allgemein die Geistsendung immer mehr als eigentlicher Festinhalt des 50. Tages durch. So gewann dieser Tag den Charakter eines eigenständigen Festes. Er wurde mit einer eigenen Festwoche (Festoktav) ausgestattet; dadurch verlängerte sich gewissermaßen die Osterzeit um eine Woche.

Entwicklungen

Kennzeichnend für die weitere Entwicklung ist die Entsprechung, die man zwischen Pfingst- und Osterfest herzustellen suchte: Der Pfingsttag erhielt nicht nur eine eigene Festwoche, sondern wurde auch mit einem eigenen Vigilgottesdienst ausgestattet, dessen alttestamentliche Lesungen im großen und ganzen denen der Osternacht entsprachen. Ferner wurde der Vigilgottesdienst des Pfingstfestes neben Ostern zum zweiten großen Tauftermin des Jahres. Später erlitt die Pfingstvigil das gleiche Schicksal wie die Osternacht: Der Gottesdienst wurde auf den Morgen des vorhergehenden Tages verlegt. Auch im Blick auf die Pfingstwoche (Pfingstoktav) zeigen sich ähnliche Erscheinungen wie bei der Osterwoche: Wie dort kam es zu einer Verkürzung der Festfeier auf drei und schließlich – so im deutschsprachigen Raum – auf zwei Tage (Pfingstsonntag und -montag). Vor der Reform wurden der Mittwoch, Freitag und Samstag der Pfingstwoche als Quatembertage begangen. Vermutlich hatten diese hier schon vor der Ausbildung der Pfingstwoche ihren Platz, wurden dann integriert, gelegentlich auch verschoben. Am Quatembersamstag nach Pfingsten endete nach früherer Anschauung die Osterzeit.

Christusgemeinschaft

Pfingsten ist die Erfüllung der *Fünfzig Tage*, die durch die Freude über die Auferstehung Jesu und das in ihr erschienene neue Leben bestimmt sind. Die Gemeinde gedenkt in dieser Zeit der Erscheinungen des auferstandenen Herrn. Es ist eine Zeit besonders intensiver Gemeinschaft mit dem Herrn, der auch nach seiner Auferstehung die Tischgemeinschaft mit seinen Jüngern fortsetzt. Die Lesungen aus den Abschiedsreden Jesu an den Sonntagen dieser Zeit weisen freilich ebenso auf eine neue Weise der Christusgemeinschaft, auf eine neue Etappe auf dem Weg des Gottesvolkes, eine Zeit des Abschieds hin. Jesus kündigt das Kommen des Geistes an: Das wird die neue Gestalt sein, in der die Jünger mit ihm Gemeinschaft haben werden.

Sendung des Geistes

So ist das eigentliche Pfingstthema – die Sendung des Geistes – durch die Feier der *Fünfzig Tage* vorbereitet. Die Sendung ist – vor allem nach dem Zeugnis des Johannesevangeliums – kein isoliertes Geschehen. In ihr kündigt sich vielmehr an, in welcher Weise der Auferstandene künftig den Jüngern erscheinen und mit ihnen Gemeinschaft halten will, wie er die Glaubenden an seinem *Hinübergang* durch Leiden und Tod ins Leben teilhaben lassen wird. Was der Pfingstbericht schildert, ist äußerer Ausdruck solcher Christusgemeinschaft im Geist: Die Kraft, von der die Jünger ergriffen werden, aus der heraus sie mit einem Male die Botschaft öffentlich verkündigen, ist Ausdruck des neuen, in der Auferstehung Jesu erschienenen Lebens. Die Vielsprachigkeit, von der die Rede ist, darf begriffen werden als Erfüllung von Jesu Versprechen: „Wenn aber jener, der Geist der Wahrheit, kommen wird, wird er euch in alle Wahrheit führen“ (Joh 15,13). Das heißt: Die Christusgeschichte ist nicht mit Himmelfahrt und Geistsendung abgeschlossen. Sie setzt sich fort in der Glaubensgeschichte des Volkes Gottes und jedes einzelnen Glaubenden. Vermittelt durch den Geist, vollzieht sich diese Geschichte in den höchst unterschiedlichen Situationen und Sprachwelten, in denen Menschen leben. Der Geist ist der Mittler, durch den auch spätere Generationen an dieser Geschichte teilgewinnen können.

Taufe

So begeht die Kirche an Pfingsten zu Recht den Tag ihrer Begründung im Heiligen Geist – wenn man so will, ihren „Geburtstag". Sie begeht ihn als den Tag, an dem die neue, geistvermittelte Christusgemeinschaft buchstäblich zum Vorschein kommt, sich zu Wort meldet, eine soziale Gestalt gewinnt. Dabei bindet die Taufe der Dreitausend, von der die Pfingstgeschichte erzählt, dieses Gründungsereignis wiederum an das Passa Jesu und das Passa der Christen zurück: Durch die Taufe werden Menschen in das Beziehungsgefüge des *Leibes Christi* eingefügt (1 Kor 12,13). Durch die Taufe erhalten sie Anteil an jenem Geist, der die Gemeinschaft mit dem auferstandenen Christus vermittelt, ja, der selber eine Gestalt des Auferstandenen ist. Durch die Taufe werden sie in sein Sterben hineingenommen, damit auch sein Leben an ihrem Leib zum Vorschein komme (Röm 6,3–11; 2 Kor 5,11).

Gottesdienstliche Feier

Bei der Neuordnung des Kirchenjahres in der katholischen Kirche hat man versucht, den ursprünglichen Charakter des Pfingstfestes als Abschluß der fünfzigtägigen Osterzeit wiederherzustellen. Die Pfingstwoche (Pfingstoktav) ist gefallen. Die Osterzeit endet jetzt mit dem Pfingstsonntag. Er ist der 8. und letzte Sonntag der Osterzeit. Am Montag nach Pfingsten beginnt die *Zeit im Jahreskreis.* Freilich hat man für die Gebiete, in denen der Pfingstmontag als gesetzlicher und auch kirchlich als gebotener Feiertag gilt, eine Lösung finden müssen: Das lateinische Meßbuch schlägt entweder das Formular der Messe vom Pfingstsonntag oder eine Votivmesse vom Heiligen Geist vor. Das deutsche Meßbuch enthält darüber hinaus ein eigenes Formular für den Pfingstmontag.

Pfingstvigil

Nach der neuen katholischen Ordnung beginnt die Feier des Pfingstfestes mit der Messe am Vorabend. In ihr lebt die alte Pfingstvigil fort. Für die 1., alttestamentliche Lesung werden vier Perikopen angeboten: Gen 11,1–9 (Geschichte vom Turmbau), Ex 19,3–8a. 16–20b (Gottesbegegnung am Sinai), Ez 37,1–14 (Wiederbelebung der Totengebeine), Joel 3,1–5 (Ausgießung des Gottesgeistes). Epistel ist Röm 8,22–27 („So nimmt sich auch der Geist unserer Schwachheit an"), Evangelium Joh 7,37–39 (Ströme lebendigen Wassers).

Tagesmesse

Die Lesungen der Tagesmesse sind Apg 2,1–11 (Ausgießung des Geistes), 1 Kor 12,3b–7.12–13 (A: Verschiedene Gaben des Geistes – ein Leib in Christus; B: Gal 5,16–25; C: Röm 8,8–17) und Joh 20,19–23 (A: Jünger empfangen vom Auferstandenen den Geist; B: Joh 15,16–25; 16,12–15; C: Joh 14,15–16.23b–26). Als 2. Zwischengesang (zwischen 2. Lesung und Evangelium) singt man die alte Pfingstsequenz *(Veni Sancte Spiritus [Komm herab, o Heil'ger Geist])* des Stephan Langton von Canterbury. Unter der Überschrift „Die Vollendung des Ostergeschehens am Pfingsttag" bietet das Meßbuch für das Fest eine eigene Präfation: „Denn heute hast du das österliche Heilswerk vollendet, heute hast du den Heiligen Geist gesandt über alle, die du mit Christus auferweckt und zu deinen Kindern berufen hast. Am Pfingsttag erfüllst du deine Kirche mit Leben: Dein Geist schenkt allen Völkern die Erkenntnis des lebendigen Gottes und vereint die vielen Sprachen im Bekenntnis des einen Glaubens."

Evangelische Pfingstfeier

Die Lutherische Agende von 1955 enthält je ein Formular für den Pfingsttag *(Tag der Ausgießung des Heiligen Geistes; Heiliges Pfingstfest)*, den Pfingstmontag und die Pfingstwoche. Hier hat Pfingsten also noch den Charakter einer Festwoche, wenn auch nicht – wie in der Osterwoche – jeder Tag ein eigenes Proprium erhält. Nach der neuen Leseordnung liest man am Pfingstsonntag Apg 2,1–18 (Ausgießung des Geistes) und Joh 14,23–27 („Der heilige Geist ... wird euch alles lehren"). Die Lesungen am Pfingstmontag sind 1 Kor 12,4–11 (verschiedene Gaben, aber *ein* Geist und Herr) und Mt 16,13–19 (Bekenntnis des Petrus: „Du bist Christus, der Sohn des lebendigen Gottes!"). Die alten Lesungen für die Pfingstwoche waren Apg 2,42–47 (erste Gemeinde in Jerusalem) und Joh 6,44–51 (Brot des Lebens). Als Gradualied vor dem Evangelium singt man die deutsche Fassung des alten *Veni sancte Spiritus, reple*, übersetzt von Martin Luther: „Komm, Heiliger Geist, Herre Gott ..." (EG 125). Auch nach der Lutherischen Agende hat das Fest eine eigene Präfation. Zum letztenmal wird zu Pfingsten und an den Tagen der Pfingstwoche das *Halleluja* nach der Epistel in seiner erweiterten Form – zwei Hallelujaverse, zweifach wiederholtes Halleluja – gesungen.

Brauchtum

Geschichtlicher Hintergrund und geistlicher Gehalt des Pfingstfestes sind nicht leicht darzustellen und zu vermitteln – schwerer jedenfalls als jene heilsgeschichtlichen Ereignisse, die zu Ostern und Weihnachten gefeiert werden. Vielleicht hat aus diesem Grunde das Pfingstfest nicht die gleiche Volkstümlichkeit erreichen können. Jedoch scheuten sich frühere Generationen nicht, die Ausgießung des Heiligen Geistes z. B. durch Herablassen einer Taube in der Kirche konkret darzustellen. Das Innere der Kirchen wurde und wird mancherorts ebenso wie die Häuser mit grünen Birkenzweigen bzw. -bäumchen geschmückt. Umritte und Umzüge, Tänze um den Maibaum, Brotverteilungen und Wasserbräuche zu Pfingsten sind ebenfalls bezeugt – Bräuche, die eng mit dem Naturjahr verbunden sind.

Kapitel 11

Folgefeste und Folgezeiten

Nach der evangelischen Ordnung folgt dem Osterfestkreis die lange Reihe der Sonntage nach Trinitatis, deren Zahl und Datierung vom jeweiligen Ostertermin abhängen. Unter kalendarischen Gesichtspunkten gehören diese Sonntage somit noch zum Osterfestkreis. Wird jeder Sonntag als Osterfest im kleinen verstanden und gefeiert, ergeben sich über diese formalen Bezüge hinaus auch solche inhaltlicher Art.

Die neue katholische Ordnung hat die kalendarische Bindung der *Sonntage im Jahreskreis* an den Ostertermin und den Osterfestkreis aufgehoben. Die betreffenden Sonntage bilden jetzt gleichsam einen eigenen, unabhängigen „Festkreis“. Aber auch der neue Kalender kennt so etwas wie einen „Nachhall“ des Osterfestkreises: Es gibt eine Reihe von Festen, die in ihrer Datierung vom Ostertermin abhängen. Das ist der *Dreifaltigkeitssonntag* am 1. Sonntag nach Pfingsten, *Fronleichnam* am Donnerstag der 2. Woche nach Pfingsten bzw. am darauffolgenden Sonntag, das *Herz-Jesu-Fest* am Freitag der 3. Woche nach Pfingsten und *Herz Mariä* am Samstag nach dem Herz-Jesu-Fest. Von diesen Folgefesten besitzt lediglich der Dreifaltigkeitssonntag ökumenischen Rang. In gewisser Weise kann auch der letzte Sonntag im Jahreskreis, der *Christkönigssonntag*, zu den Folgefesten des Osterkreises gerechnet werden, wie überhaupt der endzeitliche Charakter der letzten zwei (katholisch) oder drei (evangelisch) Sonntage des Kirchenjahres in deutlichem Bezug zur Osterfeier steht.

Trinitatis

Bedeutung

Am Sonntag nach Pfingsten begeht die evangelische und katholische Christenheit den *Tag der Heiligen Dreifaltigkeit (Dreifaltigkeitssonntag, Trinitatis).* Der Tag gehört zu jener Gruppe christlicher Feste, die keinem konkreten heilsgeschichtlichen Ereignis zugeordnet sind, sondern ein bestimmtes Thema des christlichen Glaubens zum Gegenstand haben *(Ideenfeste).* Das Bedürfnis, das Glaubensgeheimnis der Dreieinigkeit Gottes gottesdienstlich zu feiern, reicht bis ins Altertum zurück. Es stand in engem Zusammenhang mit den Auseinandersetzungen um die Gottheit Christi und der Abwehr des germanischen Arianismus. Arius (ca. 280–336) vertrat eine streng monotheistische Theologie: Christus als das menschgewordene *Wort* (griechisch *logos*) Gottes sei Gott nicht gleichgestellt und mit ihm wesenseins, sondern von ihm geschaffen, also untergeordnet. Seine Lehre – mannigfachen Wandlungen unterworfen – gelangte zu einem gewissen Einfluß bei den germanischen Völkerschaften (Goten, Wandalen, Langobarden), wurde jedoch von der Reichskirche nach langen theologischen Kämpfen abgewiesen. Diese Auseinandersetzungen bewegten nicht nur die Theologen, sondern breite Schichten des Kirchenvolkes. Sie führten zu einem gesteigerten Interesse an Fragen der Gotteslehre und zu einem veränderten Glaubensbewußtsein, auch zu einer neuen Glaubenssprache: In der alten Kirche war Gott, der Vater, Adressat der Gebete. Zu ihm betete man *durch* Christus *im* Heiligen Geist. Diese Differenzierung wurde nun aufgegeben: die drei göttlichen Personen wurden einander gleichgeordnet. Auch Christus und der Heilige Geist, ja die Dreieinigkeit selber wurden zu Adressaten von Gebeten. Die Lehre von der Dreieinigkeit Gottes wurde zum zentralen Dogma des christlichen Glaubens.

Solche neue Glaubenshaltung schuf sich auch ihren gottesdienstlichen Ausdruck. Ein frühes Zeugnis hierfür ist die Dreifaltigkeitspräfation, die sich bereits in einem liturgischen Buch aus der Mitte des 8. Jahrhunderts findet. Um das Jahr 800 gab es ein eigenes Meßformular, das dem Thema der Dreieinigkeit Gottes gewidmet war (Votivmesse zu Ehren der Dreifaltigkeit). Messe wie Präfation wurden vielfach an den Sonntagen zwischen Pfingsten und Advent verwendet, die hierdurch ein trinitarisches Gepräge erhielten. Ursprungsort der liturgischen Dreifaltigkeitsfrömmigkeit und eines eigenen Festes waren vermutlich benediktinische Klöster. Belege hierfür stammen aus der Zeit um die Jahrtausendwende. Die römischen Päpste haben sich lange Zeit gegen die allgemeine Einführung des Festes gesträubt, ehe es 1334 von Johannes XXII. im Exil zu Avignon für die ganze Kirche als verbindlich erklärt und endgültig erst mit dem römischen Meßbuch von 1570 rezipiert wurde. Während die evangelischen Kirchen das Fest übernahmen – die Trinitätslehre war nie strittig zwischen Rom und den Reformatoren –, kennen die Ostkirchen es nicht. Das Thema der Dreieinigkeit Gottes ist hier mit dem Pfingstfest verbunden, das in seinen Gebeten und Gesängen deutlich trinitarische Züge trägt.

Unterschiedlich war lange Zeit die Datierung des Festes. Nicht überall wurde es zunächst am 1. Sonntag nach Pfingsten gefeiert. Andere Termine waren der letzte Sonntag vor der Adventszeit, der 2. Sonntag nach Pfingsten, der Sonntag nach dem 24. Juni (Tag Johannes des Täufers). Durch seine jetzige Stellung wird es als thematische Bündelung jener heilsgeschichtlichen Ereignisse verstanden, die Gegenstand der großen Feste und Festzeiten des Kirchenjahres sind. Es setzt gleichsam den dogmatischen Schlußpunkt unter Weihnachten (Werk des Vaters), Ostern (Werk des Sohnes) und Pfingsten (Werk des Heiligen Geistes).

Die Lesetexte für das *Fest der Heiligen Dreifaltigkeit* (so die neue katholische Leseordnung) zeigen die Schwierigkeit, das Trinitätsdogma aus biblischen Texten zu begründen. Die jeweils ersten, alttestamentlichen Lesungen sind Ex 34,4b–6.8–9 (Mose auf dem Sinai; Gottesbegegnung), Dtn 4,32–34.39–40 (Rede des Mose an das Volk), Spr 8,22–31 (Geburt der göttlichen Weisheit). Als 2. Lesung liest man 2 Kor 13,11–13 (wohl wegen des „trinitarischen" Grußes, mit dem Paulus hier schließt), Röm 8,14–17 (Werk des Geistes) und Röm 5,1–5 (Liebe Gottes, ausgegossen durch den Geist). Evangelium ist Joh 3,16–18 („Gott hat die Welt so geliebt, daß er seinen einzigen Sohn hingab"), Mt 28,16–20 (Missions- und Taufbefehl) und Joh 16,12–15 (Jesus verheißt den Geist der Wahrheit). Kennzeichnend für den Festgehalt ist die alte Dreifaltigkeitspräfation: „In Wahrheit ist es würdig und recht, dir, Herr, Heiliger Vater, allmächtiger, ewiger Gott, immer und überall zu danken. Mit deinem eingeborenen Sohn und dem Heiligen Geist bist du der eine Gott und der eine Herr, nicht in der Einzigkeit einer Person, sondern in den drei Personen des einen göttlichen Wesens. Was wir auf deine Offenbarung hin von deiner Herrlichkeit glauben, das bekennen wir ohne Unterschied von deinem Sohn, das bekennen wir vom Heiligen Geiste ..."

In evangelischen Gottesdiensten liest man Röm 11,[32]33–36 („... denn von ihm und durch ihn und zu ihm sind alle Dinge") und Joh 3,1–8[9–15] (Nikodemus bei Jesus; Wiedergeburt aus Wasser und Geist).

Fronleichnam

Bedeutung

Auch das *Hochfest des Leibes und Blutes Christi (Fronleichnam* von *vron* oder *fron* = Herr, *lichnam* = lebendiger Leib) gehört zur Gruppe der Ideenfeste. Es entstand infolge sich wandelnder

Glaubens- und Frömmigkeitshaltungen. Im Mittelalter veränderte sich das Verhältnis der Gläubigen zur Eucharistie. Schon im Gefolge der Konstantinischen Wende – das Christentum wurde Staatsreligion, die Kirche Reichskirche – hatte der christliche Gottesdienst neue Züge gewonnen: Er galt jetzt als offizieller Kult des Reiches, hatte den Bestand, das Wohl und die Einheit des Staates zu garantieren. Durch Übernahme von Elementen des kaiserlichen Hofzeremoniells erhielt er auch äußerlich Züge eines Staatsaktes, dem das Volk nur noch beiwohnte. Im Mittelalter trat die aktive Beteiligung des Volkes an diesem Geschehen noch weiter zurück. Das Interesse galt nicht eigentlich mehr dem Vollzug der Feier, der Teilhabe am eucharistischen Geschehen als einer Gemeinschaftshandlung des Volkes Gottes, sondern dem vollzogenen Sakrament: An die Stelle eucharistischer Gemeinschaft, die sich im eucharistischen Mahl vollendet, trat das Anschauen und die Verehrung der gewandelten Gestalten von Brot und Wein. Um das Jahr 1200 kam der Brauch auf, die Hostie unmittelbar nach ihrer Wandlung zu erheben und dem Volk zu zeigen (Elevation) sowie die konsekrierten Hostien auch außerhalb der Messe zu verehren und zu diesem Zwecke auszustellen. Theologisch steht das Fest in einer Beziehung zur Lehre von der Wesensverwandlung der Elemente von Brot und Wein in der Eucharistie (Transsubstantiation), die 1215 vom IV. Laterankonzil zum Dogma erhoben wurde.

Geschichtliches

Eine Vision der Augustinernonne Juliane von Lüttich im Jahre 1209 (eine Vollmondscheibe mit einer dunklen Stelle, gedeutet als Hinweis auf die Notwendigkeit eines besonderen Festes zu Ehren der Eucharistie) gab der Bewegung Anstoß und Ausdruck. Das Fest wurde 1247 von Bischof Robert von Lüttich in seiner Diözese eingeführt, 1264 von Papst Urban IV. – ehemals Archidiakon in Lüttich – für die gesamte Kirche vorgeschrieben, von der Synode zu Vienne 1311/12 erneut gefordert und endgültig von Johannes XXII. für verbindlich erklärt, der die Bulle *Transiturus* Urbans IV. in seine 1317 veröffentlichte Dekretaliensammlung aufnahm. Nach der Überlieferung verfaßte Thomas von Aquin (1225–1274) die Texte für Messe und Tagzeitengebet an Fronleichnam. Ziemlich sicher ist, daß die Sequenz *Lauda Sion* („Lobe, Zion") von ihm stammt.

Seine besondere Volkstümlichkeit verdankt das Fest der Prozession, bei der die konsekrierte Hostie mitgeführt, gezeigt und verehrt wird. Diese Prozession, keineswegs ursprünglich mit dem Fest verbunden, breitete sich im Laufe des 14. Jahrhunderts rasch aus, wobei man an alte Prozessionsbräuche anknüpfte. Die Sitte, bestimmte *Heiltümer* (*Reliquien* u.ä.) mitzuführen, erfreute sich besonders bei den germanischen Völkern großer Beliebtheit. Neu war, daß die eucharistische Gestalt des Brotes für solche Zwecke Verwendung fand. Im deutschsprachigen Bereich verband sich die Prozession im 15. Jahrhundert mit den hier üblichen Flurumgängen: Man umschritt ein bestimmtes Gebiet, machte an den vier Himmelsrichtungen halt und spendete den Wettersegen, zu dessen Bekräftigung jeweils der Anfang der vier Evangelien gelesen wurde. Aus der Vermischung beider Prozessionstypen entstand die prunkvolle Fronleichnamsprozession unter Mitwirkung zahlreicher Kleriker, Sänger und anderer Gruppen und unter Mitführung von Fahnen, Bildern, Reliquien sowie „lebender Bilder" (Darstellungen aus dem Leben Jesu, aus dem Alten Testament). In der Zeit der Gegenreformation gewann die Prozession den Charakter kämpferischer Demonstration katholischer Frömmigkeit. Sie erreichte in der Barockzeit ihre höchste Prachtentfaltung.

Gottesdienstliche Feier

Die Texte der Festmesse umkreisen das Geheimnis der Eucharistie, die als „Vorgeschmack der kommenden Herrlichkeit" (Schlußgebet), Zeichen der Einheit und des Friedens (Gabengebet), Gedächtnis des Leidens und der Auferstehung Jesu (Tagesgebet) empfunden wird. Das Eucharistiegebet wird durch eine der beiden *Präfationen von der heiligen Eucharistie* eingeleitet. Bei den Evangelienlesungen ist bemerkenswert, daß neben dem markinischen (Mk 14,12–16.22–26) und dem paulinischen Einsetzungsbericht (1 Kor 11,23–26, 2. Lesung Lesejahr C) und der johanneischen Brotrede (Joh 6,51–58, Lesejahr A) auch der lukanische Bericht von der Speisung der Fünftausend (Lk 9,11b–17, Lesejahr C) zur Deutung der Eucharistie herangezogen wird. Interessant sind auch die Bezüge, die sich durch die alttestamentlichen Lesungen ergeben: Dtn 8,2–3.14b–16a (A) erinnert an die Speisung Israels durch das Manna in der Wüste. Ex 24,3–8 (B) berichtet vom Bundesschluß und Bundesopfer am Sinai. Gen 14,18–20 (C) erzählt von der Begegnung Abrahams mit dem Priesterkönig Melchisedek, der ihm mit Brot und Wein entgegenkommt. Zwischen 2. Lesung und Evangelium singt man die Sequenz *Lauda Sion:* „Lobe, Zion, deinen Hirten."

Bei der Prozession zieht man mit dem Sakrament zu vier Stationsaltären. Hier werden jeweils die Anfänge der vier Evangelien (in der Reihenfolge Mt, Mk, Lk, Joh) gelesen, gefolgt von Fürbitten und dem sakramentalen Segen. Die Prozession kehrt zur Kirche zurück, wo der Priester das Volk abschließend mit dem Sakrament segnet.

In der katholischen Diaspora haben sich weithin einfachere Formen der Fronleichnamsprozession entwickelt, oft nur mit einer Station, wie es auch die römische Tradition kannte. Wo Fronleichnam kein Feiertag ist, kann man das Fest auch am darauffolgenden Sonntag begehen.

Brauchtum

Aus dem Brauch, „lebende Bilder" bei der Prozession mitzuführen, entwickelten sich die Fronleichnamsspiele, von denen die ältesten uns aus dem 14. Jahrhundert überliefert sind. Ähnlich wie bei den Passions- und Osterspielen kam es auch hier zu einer Verselbständigung: Die einzelnen Szenen, die zunächst an den Prozessionsstationen aufgeführt wurden, faßte man zu einem einzigen Spiel zusammen, das die Prozession abschloß, später sich ganz von ihr löste.

Eine Sonderform der Fronleichnamsprozession stellen die Schiffsprozessionen auf Seen und Flüssen dar. Das Sakrament wird auf einem Schiff mitgeführt, von dem aus die Segnungen vorgenommen werden.

Fest des kostbaren Blutes

In zeitlicher Nähe zu Fronleichnam feierte man in der katholischen Kirche bis zum Jahre 1970 am 1. Juli das *Fest des kostbaren Blutes* Christi. Die neue Bezeichnung des Fronleichnamsfestes als *Hochfest des Leibes und Blutes Christi* versucht beides zu integrieren und macht darum eine eigene Festfeier zu Ehren des Blutes Christi überflüssig.

Das Fest hat seinen Hintergrund in zahlreichen regionalen Feierlichkeiten, die zu Ehren einer Blut-Reliquie gehalten wurden. Dabei handelte es sich um Blut, das der Legende nach von Jesu selber stammte oder das konsekrierten Hostien entflossen war. Als Dank für seine Rückkehr aus dem Exil von Gaeta fügte Pius IX. das Fest des kostbaren Blutes in den römischen Universalkalender ein. Es wurde zunächst am 10. August gefeiert. Pius X. verlegte es auf den 1. Juli.

Herz-Jesu-Fest

Bedeutung

Mit dem Ausdruck *Herz* bezeichnet die biblische Sprache gern die Personenmitte des Menschen. In diesem Sinne heißt es beim johanneischen Christus: „Euer Herz erschrecke nicht!" (Joh 14,1); „... euer Herz soll sich freuen, und eure Freude soll niemand von euch nehmen" (Joh 16,22). Aussagen über das *Herz Jesu* sind dem biblischen Sprachgebrauch fremd (vgl. jedoch Mt 26,38). Sie haben ihren frömmigkeitsgeschichtlichen Hintergrund in der mittelalterlichen Christusmystik, die mit Vorliebe und Inbrunst über das Leiden und Sterben Jesu (Nägelmale, Seitenwunde, Dornenkrone usw.) meditierte. Die

Herz-Jesu-Frömmigkeit konzentrierte sich auf das Herz, das ein Soldat nach der Kreuzigung mit seiner Lanze (vgl. Joh 19,34) geöffnet hatte. Das *Herz Jesu* wurde zum Inbegriff seines Opferleidens, seiner sich Gott und den Menschen hingebenden Liebe. Damit verband sich der Gedanke der Sühne für die Schmach, die dem Herzen Jesu dadurch zugefügt wird, daß Menschen seine Liebe ablehnen.

Geschichtliches

Im 16./17. Jahrhundert wurde die Herz-Jesu-Verehrung insbesondere durch den Jesuitenorden und durch französische Oratorianer ausgebreitet. Der Wunsch nach einem eigenständigen Fest wurde in der zweiten Hälfte des 17. Jahrhunderts laut. Er konnte sich auf die Visionen der Margaretha Maria Alacoque († 1690) berufen, der Jesus – auf sein Herz zeigend – mit dem Verlangen nach einem besonderen Fest erschienen war. Der Oratorianer Johannes Eudes († 1680) erhielt vom Bischof von Rennes 1672 die Erlaubnis, es in seiner Gemeinschaft zu feiern. Es wurde am Freitag nach der Fronleichnamsoktav – also am dritten Freitag nach Pfingsten – begangen. Im 18. Jahrhundert breitete es sich in Frankreich, Italien und Deutschland aus. Durch Papst Clemens III. erfuhr das Fest 1765 eine erste kirchenoffizielle Anerkennung. Aber erst unter Pius IX. wurde es 1856 für die ganze Kirche verbindlich. Leo XIII. erhöhte 1899 seinen Rang und ordnete für die Jahrhundertwende die Weihe der Welt an das Herz Jesu an. Eine weitere Rangerhöhung erfuhr es 1928 durch Pius XI. Das römische Missale von 1970 übernahm es unter der Bezeichnung *Heiligstes Herz Jesu* als Hochfest.

Gottesdienstliche Feier

Die Texte des Meßformulars berufen sich auf das „durchbohrte Herz" Jesu (Gabengebet) und beschreiben es als „Quelle göttlichen Erbarmens" (Tagesgebet 1). Sie sprechen von der Verwundung dieses Herzens durch unsere Sünden und erbitten die

Kraft zur Umkehr (Tagesgebet 2) und brüderlichen Liebe (Schlußgebet). Das Fest hat eine eigene Präfation: „Am Kreuz erhöht, hat er sich für uns dahingegeben aus unendlicher Liebe und alle an sich gezogen. Aus seiner geöffneten Seite strömen Blut und Wasser, aus seinem durchbohrten Herzen entspringen die Sakramente der Kirche ..." Man liest im Lesejahr A Dtn 7,6–11 (Erwählung des Volkes), 1 Joh 4,7–16 (Gott ist die Liebe) und Mt 11,25–30 („Kommt alle zu mir"); im Lesejahr B Hos 11,3–4.8c–9 (Liebe Gottes zu Israel), Eph 3,8–12.14–19 (Liebe Christi) und Joh 19,31-37 (Seitenwunde); im Lesejahr C Ez 34,11–16 (Gott als Hirte seines Volkes), Röm 5,5b–11 (Liebe Gottes, ausgegossen in unser Herz) und Lk 15,3–7 (Gleichnis vom verlorenen Schaf).

Herz Mariä

Die Verehrung des Herzens der Gottesmutter Maria steht mit der Herz-Jesu-Verehrung in einem inneren und äußeren Zusammenhang: Der Oratorianer Johannes Eudes feierte seit 1646 mit seiner Ordensgemeinschaft neben dem Herz-Jesu-Fest auch ein Herz-Mariä-Fest. Unter Pius VII. wurde es zu Beginn des 19. Jahrhunderts von der Kirche anerkannt, aber erst unter Pius XII. – unter dem Einfluß der Marienerscheinungen in Fátima (Portugal) von 1917 – für die ganze Kirche im Jahre 1944 als verbindlich eingeführt. Man feierte es zunächst am 22. August, dem Oktavtag von Mariä Himmelfahrt. Der neue römische Kalender übernahm das Fest als nichtgebotenen Gedenktag *(Unbeflecktes Herz Mariä)* und legte es auf den Samstag nach dem Herz-Jesu-Fest, also auf den dritten Samstag nach Pfingsten.

Trinitatissonntage

In der Reform der evangelischen Leseordnung (Lutherisches Lektionar, 1978) hat man versucht, den Sonntagen nach Trinitatis ein deutlicheres Profil zu verleihen: die Lesungen an den einzelnen Sonntagen sollten inhaltlich in gewisser Weise zusammenstimmen (Prinzip der *Konsonanz*). Dabei ging man zumeist vom überlieferten Sonntagsevangelium aus (als *rector*) und ordnete ihm die beiden anderen Lesungen (aus Altem Testament und Epistel) zu. Dadurch erhielten die Sonntage einen thematischen Akzent. Eine besondere Rolle spielen dabei die großen, einprägsamen Gleichniserzählungen einiger Trinitatissonntage.

Sonntag	Lesungen AT	Epistel	Evangelium	Thematischer Akzent
1.	Dtn 6,4–9	1 Joh 4,16b–21	Lk 16,19–31	Lazarus; Gottes- und Bruderliebe
2.	Jes 55,1–3b(3c–5)	Eph 2,17–22	Lk 14,(15)16–24	Großes Abendmahl; Einladung an alle
3.	Ez 18,1–4.21–24. 30–32	1 Tim 1,12–17	Lk 15,1–7(8–10)	Verlorenes Schaf; Annahme der Sünder
4.	Gen 50,15–21	Röm 14,10–13	Lk 6,36–42	Vergebungsbereitschaft
5.	Gen 12,1–4a	1 Kor 1,18–25	Lk 5,1–11	Großer Fischzug; Erwählung und Nachfolge
6.	Jes 43,1–7	Röm 6,3–8(9–11)	Mt 28,16–20	Taufe
7.	Ex 16,2–3.11–18	Apg 2,41a.42–47	Joh 6,1–15	Speisung durch Jesus; Manna; Brotbrechen
8.	Jes 2,1–5	Eph 5,8b–14	Mt 5,13–16	Salz und Licht
9.	Jer 1,4–10	Phil 3,3–11 (12–14)	Mt 25,14–30	Anvertraute Talente; Einsatz für das Reich Gottes
10.	2 Kön 25,8–12	Röm 11,25–32	Lk 19,41–48	Zerstörung Jerusalems; Israel und Kirche
11.	2 Sam 12,1–10. 13–15a	Eph 2,4–10	Lk 18,9–14	Pharisäer und Zöllner; Gerechtigkeit aus Glauben

Sonntag	Lesungen AT	Epistel	Evangelium	Thematischer Akzent
12.	Jes 29,17–24	Apg 9,1–9(10–20)	Mk 7,31–37	Heilung des Taubstummen; Bekehrung zu Christus
13.	Gen 4,1–16a	1 Joh 4,7–12	Lk 10,25–37	Barmherziger Samariter
14.	Gen 28,10–19a	Röm 8,(12–13) 14–17	Lk 17,11–19	Dankbarer Samariter; Gotteskindschaft
15.	Gen 2,4b–9 (10–14)15	1 Petr 5,5c–11	Mt 6,25–34	Gegen den Geist der Sorge; Gottvertrauen
16.	Klg 3,22–26. 31–32	2 Tim 1,7–10	Joh 11,1(2)3. 17–27(41–45)	Auferweckung des Lazarus; Macht Jesu über den Tod
17.	Jes 49,1–6	Röm 10,9–17(18)	Mt 15,21–28	Kanaanäische Frau; Glaube
18.	Ex 20,1–17	Röm 14,17–19	Mk 12,28–34	Doppelgebot der Liebe
19.	Ex 34,4–10	Eph 4,22–32	Mk 2,1–12	Heilung; Sündenvergebung
20.	Gen 8,18–22	1 Thess 4,1–8	Mk 10,2–9(10–16)	Eheliche Liebe
21.	Jer 29,1.4–7. 10–14	Eph 6,10–17	Mt 5,38–48	Feindesliebe

Sonntag	Lesungen AT	Epistel	Evangelium	Thematischer Akzent
22.	Mi 6,6–8	Phil 1,3–11	Mt 18,21–35	Schurkischer Knecht; Vergebungsbereitschaft
23.	Gen 18,20–21. 22b–33	Phil 3,17(18–19) 20–21	Mt 22,15–22	Steuermünze; Verhältnis zur Welt
24.	Pred 3,1–14	Kol 1,(9–12) 13–20	Mt 9,18–26	Totenerweckung; ewiges Leben
Drittletzter	Hi 14,1–6	Röm 14,7–9	Lk 17,20–24 (25–30)	Kommen des Reiches Gottes; Gericht
Vorletzter	Jer 8,4–7	Röm 8,18–23 (24–25)	Mt 25,31–46	Weltgericht
Bußtag	Jes 1,10–17	Röm 2,1–11	Lk 13,(1–5)6–9	Buße; Gericht
Letzter Sonntag	Jes 65,17–19 (20–22)23–25	Offb 21,1–7	Mt 25,1–13	Wiederkunft Christi; neuer Himmel und neue Erde

Kapitel 12

Ende des Kirchenjahres

In die *Michaeliszeit*, die zur eigentlichen *Endzeit des Kirchenjahres* überleitet, fallen die *Herbstquatember* und das *Erntedankfest*, das *Reformationsgedenken* am 31. Oktober, *Allerheiligen* am 1. November und *Allerseelen* am 2. November. Der letzte Sonntag des Kirchenjahres wird von evangelischen Christen als *Ewigkeitssonntag*, von katholischen Christen als *Christkönigssonntag* begangen.

Michaelis (29. September)

Gottesdienstliche Feier

Evangelische Christen begehen am 29. September den *Tag des Erzengels Michael und aller Engel.* Das Fest erfreut sich – ähnlich wie der Tag Johannes' des Täufers am 24. Juni – einer gewissen Popularität und wird nicht selten gottesdienstlich gefeiert. Die Lutherische Agende sieht vor: „Wenn der Michaelistag nicht am 29. September begangen wird, so wird er auf den vorhergehenden Sonntag verlegt ... Wenn der Michaelistag auf einen Sonntag fällt oder verlegt wird, tritt sein Proprium an die Stelle des Sonntagspropriums." Man liest als Epistel den Bericht der Johannesoffenbarung über den Kampf Michaels und seiner Engel mit dem Drachen (Offb 12,7–12a). Das Evangelium Lk 10,17–20 berichtet von der Macht, die die Jünger Jesu in seinem Auftrag über die bösen Geister besitzen („Ich sah den Satan vom Himmel fallen wie einen Blitz"). Die Lutherische Agende hat eine eigene Michaelispräfation.

Die katholische Kirche feiert am gleichen Tag das Fest der *Erzengel Michael, Gabriel und Rafael.* Bei der Neuordnung des Kirchenjahres hat man die Feste der Erzengel Gabriel und Rafael, die früher am 24. März und 24. Oktober gefeiert wurden, mit dem Michaelisfest vereint. Auch hier steht der Kampf der Engel gegen die Macht des Bösen thematisch im Mittelpunkt, ergänzt durch den Gedanken ihrer Schutzfunktion für die Menschen (Tagesgebet). Die *Präfation von den Engeln* thematisiert die *Verehrung Gottes durch die Verehrung der Engel.*

Geschichtliches

In der christlichen Überlieferung zählen Michael („Wer ist wie Gott", Jud 9, Offb 12,7), Gabriel (Lk 1,19.26) und Rafael (Tob 12,15) zu den Erzengeln, einer besonders hervorgehobenen Gruppe unter den Boten Gottes. Dem Erzengel Michael wurden bereits zu Beginn des 5. Jahrhunderts in Italien viele Kirchen geweiht, u.a. die Michaeliskirche an der Via Salaria in Rom mit dem Kirchweihfest am 29. oder 30. September. Eine Erscheinung Michaels auf dem Berg Gargano in Süditalien am 8. Mai 492 sorgte für eine schnelle Ausbreitung seiner Verehrung. Früher beging man zur Erinnerung daran am 8. Mai das *Fest der Erscheinung des heiligen Erzengels Michael.* Michael galt als der Schutzpatron der Kirche Roms und des *Heiligen Römischen Reiches Deutscher Nation* (deshalb der „deutsche Michel"!).

Schutzengelfest (2. Oktober)

In Spanien und Frankreich entstand im 16. Jahrhundert ein eigenes Schutzengelfest, das seit 1667 in den habsburgischen Landen am 1. Sonntag im September, in der übrigen Christenheit am 1. Oktober begangen wurde. Pius X. legte es für die ganze Kirche verbindlich auf den 2. Oktober. Der neue Kalender übernahm es als gebotenen Gedenktag.

Erntedank, Herbstquatember

In der ersten Oktoberwoche begeht man in der katholischen Kirche die Herbstquatember. Sie können inhaltlich unter das Thema *Erntedank* gestellt werden. Das *Erntedankfest* kann nach örtlicher Gewohnheit am letzten Sonntag im September oder am ersten Sonntag im Oktober gefeiert werden. In Diasporagemeinden soll darauf geachtet werden, daß es am selben Tag wie in der evangelischen Gemeinde gefeiert wird. Das neue Meßbuch enthält ein Formular *Zum Erntedank,* dessen Gebete den Dank für die Ernte und das tägliche Brot (Tagesgebet 1), die Früchte der Erde und das Walten der göttlichen Vorsehung (Tagesgebet 2) sowie die Bitte um die Früchte der Gnade und die ewigen Güter (Tagesgebet 2, Schlußgebet) zum Ausdruck bringen. Das neue *Benediktionale* (Buch der Segnungen) hat ein Formular für die *Segnung der Erntegaben.*

In den evangelischen Gemeinden begeht man das *Erntedankfest* in der Regel am Sonntag nach *Michaelis* bzw. am ersten Sonntag im Oktober. Die reformatorischen Kirchenordnungen hatten zunächst unterschiedliche Bestimmungen hinsichtlich des Termins getroffen: Manche verbanden den Dank für die Ernte mit dem *Michaelistag,* andere legten ihn auf den *Bartholomäustag* (24. August), auf den Sonntag nach *Ägidii* (1. September) oder nach *Martini* (11. November). Dem Erntedankfest kommt heute noch ein hoher Stellenwert im Bewußtsein evangelischer Gemeinden zu. Es ist Brauch, Altar und Altarraum mit Erntegaben zu schmücken (Getreidegarben; Brot und Weintrauben u. a.) und – seit jüngster Zeit – den Tag mit Familiengottesdiensten (= Gottesdienste in freierer Form unter aktiver Beteiligung der Familien, einschließlich der Kinder) zu begehen. Nach der neuen Leseordnung liest man 2 Kor 9,6–15 (Kollekte für Jerusalem, verglichen mit Aussaat und Ernte) und Lk 12,[13–14]15–21 (Gleichniserzählung vom reichen Kornbauern).

Reformationsgedenken (31. Oktober)

Am 31. Oktober begeht die evangelische Christenheit das Gedächtnis der Reformation: Der Überlieferung nach schlug Martin Luther, damaligem akademischem Brauch folgend, am Vortag des Allerheiligenfestes 1517 seine 95 Thesen zu Ablaß und Buße an die Tür der Schloßkirche zu Wittenberg, mit dem Ziel, eine Disputation unter Wittenberger Gelehrten herbeizuführen. Dieses Ereignis wird vielfach als eigentlicher Beginn der reformatorischen Bewegung angesehen. Die ersten Anfänge einer Jahresfeier zum Reformationsgedächtnis finden sich schon im Reformationsjahrhundert. Einzelnen Kirchenordnungen zufolge wurde als allgemeiner Gedenktag entweder der 10. November, der Geburtstag Luthers, oder der 18. Februar, sein Todestag, begangen; auch der *Tag der Übergabe der Augsburgischen Konfession* (25. Juni) wurde in diesem Sinne gefeiert. Kurfürst Georg II. von Sachsen ordnete 1667 an, den Tag des Thesenanschlages am 31. Oktober als Gedenktag der Reformation zu begehen. Dieser Termin setzte sich in den meisten Landeskirchen durch.

In der Lutherischen Agende, im Lektionar und in der Erneuerten Agende trägt der Tag die Bezeichnung *Gedenktag der Reformation*. Man liest Röm 3,21–28 („... daß der Mensch gerecht wird ohne die Werke des Gesetzes, allein durch den Glauben"). Evangelium ist die alte Perikope auf den Allerheiligentag Mt 5,2–10[11–12] (Seligpreisungen). Der Tag hat so Texte und Motive des unmittelbar folgenden Allerheiligenfestes an sich gezogen. Wo er nicht Feiertag ist, kann er am darauffolgenden Sonntag begangen werden.

Allerheiligen (1. November)

Nach Auskunft der Agenden und Leseordnungen gilt *Allerheiligen* am 1. November noch als ein ökumenisches Fest: Die Lutherische Agende von 1955, das Lektionar von 1978 und die Erneuerte Agende bieten für den Tag ein eigenes Proprium mit

Lesungen aus Offb 7,9–12(13–17) und Mt 5,2–10(11–12) unter der Überschrift *Gedenktag der Heiligen* an. Die katholische Kirche begeht *Allerheiligen* als Hochfest mit zwei neutestamentlichen Lesungen (Offb 7,2–4.9–14; 1 Joh 3,1–3), dem Evangelium von den Seligpreisungen (Mt 5,1–12a) und einer eigenen Präfation *Das himmlische Jerusalem, unsere Heimat.*

Das Fest hat seinen Ursprung im Osten. Dort beging man schon im 4. Jahrhundert zu verschiedenen Terminen ein Gedächtnis aller Märtyrer. Noch heute gilt im byzantinischen Ritus der Sonntag nach Pfingsten als der *Sonntag aller Heiligen.* In der ostsyrischen Liturgie feierte man das Fest am Freitag nach Ostern. Ein Allerheiligenfest am 1. November ist zuerst für England und Irland in der Mitte des 8. Jahrhunderts bezeugt. Vielleicht hängt seine Entstehung mit der Errichtung einer Kapelle zu Ehren aller Heiligen in St. Peter in Rom unter Gregor III. (731–741) zusammen. Unter Gregor IV. (828–844) setzte es sich auch auf dem Festland durch.

Allerseelen (2. November)

Die katholische Kirche begeht am 2. November den *Gedenktag aller verstorbenen Gläubigen.* Der Tag besitzt einen hohen liturgischen Rang: Fällt er auf einen Sonntag, verdrängt er das betreffende Sonntagsproprium. Der Abt Odilo von Cluny führte im Jahre 998 eine Gedächtnisfeier für die Verstorbenen der ihm untergebenen Klöster ein. Die Feier am 2. November verbreitete sich rasch über das ganze Abendland. Im 15. Jahrhundert wurde es bei den spanischen Dominikanern üblich, daß jeder Priester an diesem Tag drei Messen feierte. Im 18. Jahrhundert wurde dieses Privileg allen Priestern in Spanien, Portugal und Lateinamerika gewährt und unter Benedikt XV. 1915 auf die Gesamtkirche ausgedehnt. Dementsprechend enthält das Meßbuch drei Meßformulare. Sie thematisieren recht einheitlich die in der Auferstehung Jesu Christi begründete Hoffnung auf Vollendung der in Christus Entschlafenen. Vier *Präfationen von den Verstorbenen* stehen zur Auswahl *(Die Hoff-*

nung der Gläubigen; Der eine, der für alle starb; Christus, die Auferstehung und das Leben; Der Mensch in Gottes Hand).

Martin (11. November)

In die Endzeit des Kirchenjahres fällt der Gedenktag des Bischofs Martin von Tours, der sich bei evangelischen wie katholischen Christen einer ungebrochenen Popularität erfreut.

Martin wurde um 316/17 im heutigen Szombathely in Ungarn geboren, war zunächst Soldat, ließ sich taufen und wurde als Schüler des Hilarius von Poitiers 371 zum Bischof von Tours gewählt. Er starb am 8. November 397. Der Überlieferung nach teilte er während seiner Soldatenzeit am Stadttor von Amiens seinen Mantel mit einem frierenden Bettler.

Für evangelische Christen ist der 11. November zugleich der Tauf- und Namenstag Martin Luthers. Am 11. November begann vermutlich ursprünglich die achtwöchige Adventszeit als Vorbereitung auf das Fest der Erscheinung am 6. Januar *(Martinsfasten).* Im weltlichen Bereich war *Martini* ein wichtiger Vertrags-, Abgaben- und Markttermin. Der Brauch, den Tag bzw. seinen Vorabend mit Lichter- und Lampionumzügen zu begehen, breitet sich gegenwärtig aus und stellt vielerorts ein bedeutsames Stück ökumenischen, evangelische und katholische Christen verbindenden Brauchtums dar. Das neue Benediktionale enthält ein Formular für die Kinder- und Lichtsegnung am Martinsfest.

Die letzten Sonntage

Drittletzter Sonntag (32. Sonntag im Jahreskreis)

Nach der evangelischen Ordnung bestimmt das Evangelium Lk 17,20–24(25–30) den Charakter dieses Sonntags: Es geht um das unerwartete Kommen des Reiches Gottes. Die Epistel Röm 14,7–9 enthält einen tröstlichen Klang: Christus ist Herr über

Lebende und Tote. Für die Endzeit des Kirchenjahres gibt es eine eigene Präfation: „Durch ihn haben wir, die wir dem Tod verfallen sind, die Hoffnung des ewigen Lebens, zu dem er am Tage des Gerichts auferwecken wird alle, die an ihn glauben."

Nach der katholischen Ordnung handeln die 2. Lesung und das Evangelium im Lesejahr A ebenfalls vom endzeitlichen Kommen Christi und von der Auferweckung der Toten (1 Thess 4,13–18; Mt 25,1–13: Gleichnis von den klugen und den törichten Jungfrauen). Im Lesejahr B nimmt die 2. Lesung (Hebr 9,24–28) auf die Wiederkunft Christi Bezug. Im Lesejahr C thematisieren die 1. Lesung (2 Makk 7,1–2.9–14) und das Evangelium (Lk 20,27–38) die Hoffnung auf die Auferweckung der Toten und das neue Leben in Gottes Reich.

Vorletzter Sonntag (33. Sonntag im Jahreskreis)

Im Mittelpunkt des Gottesdienstes evangelischer Gemeinden steht das Evangelium Mt 25,31–46, das große Gleichnis vom Weltgericht: „Was ihr getan habt einem unter diesen meinen geringsten Brüdern, das habt ihr mir getan." Die Epistel Röm 8,18–23(24–25) artikuliert die Sehnsucht der ganzen Schöpfung nach Erlösung. Als Graduallied singt man die Umdichtung der alten Sequenz aus den Messen für die Verstorbenen *Dies irae, dies illa:* »Es ist gewißlich an der Zeit, daß Gottes Sohn wird kommen ...« (EG 149).

Im Lesejahr A der katholischen Ordnung liest man Spr 31,10–13.19–20.30–31, 1 Thess 5,1–6 (unerwartetes Kommen des Endes „wie ein Dieb in der Nacht") und Mt 25,14–30 (Gleichnis von den anvertrauten Talenten; Gericht). Noch deutlicher kommen im Lesejahr B (Dan 12,1–3; Hebr 10,11–14.18; Mk 13,24–32) und C (Mal 3,19–20a[4,1–2a]; 2 Thess 3,7–12; Lk 21,5–19) endzeitliche Themen zum Zuge. Die Gebete des Tages sprechen von der Treue im Christusdienst (Tages- und Gabengebet) und der Hoffnung auf ewige Gemeinschaft mit Christus (Gabengebet).

Buß- und Bettag

Trotz der Kritik Luthers an den Quatembertagen schrieben evangelische Kirchenordnungen der Reformationszeit Buß- und Bettage vor, die häufig zu den überlieferten Zeiten, mancherorts monatlich, abgehalten wurden. Oft wurden sie auch aus aktuellem Anlaß (Türkengefahr; Bedrängnis während des Dreißigjährigen Krieges usw.) ausgeschrieben. Aus dieser Praxis entwickelten sich regelmäßig gefeierte Buß- und Bettage. Die Eisenacher Konferenz evangelischer Kirchenleitungen befaßte sich 1853 und 1878 mit der Einführung eines allgemeinen Buß- und Bettages am Mittwoch vor dem letzten Sonntag nach Trinitatis, der 1893 von den meisten evangelischen Landeskirchen übernommen wurde. Einzelne Landeskirchen behielten noch weitere Buß- und Bettage bei. So kennt die Evangelisch-Lutherische Landeskirche Sachsens neben dem Herbstbußtag auch einen Frühjahrsbußtag am Mittwoch nach dem Sonntag *Reminiszere*.

Die Buß- und Bettage trugen ursprünglich öffentlichen Charakter: Die gesamte Bevölkerung wurde angesichts von Notständen und Gefahren zu Buße und Gebet aufgerufen. Dieser Charakter ging allmählich weithin verloren und machte einem stärker auf den einzelnen bezogenen Verständnis von Buße und Bitte Platz. Es wurde Brauch, den Tag zum Abendmahlsgang und zur Gewissensprüfung zu nutzen.

Ähnlich wie für Karfreitag sieht die Lutherische Agende auch für den *Buß- und Bettag* eine eigene Liturgie – ohne Abendmahl – vor. In der Regel wird jedoch an diesem Tage ein Abendmahlsgottesdienst gefeiert. Die Erneuerte Agende bringt die Texte des *Aschermittwoch* in Vorschlag. Nach der neuen Leseordnung liest man Röm 2,1–11 (Aufruf zur Buße; kein Ansehen der Person vor Gott) und Lk 13,[1–5]6–9 (Aufruf zur Buße; Gleichnis vom Feigenbaum).

Letzter Sonntag

König Friedrich Wilhelm III. von Preußen bestimmte durch Kabinettsorder vom 17. 11. 1816 den letzten Sonntag des Kirchenjahres zum „allgemeinen Kirchenfest zur Erinnerung an die Verstorbenen". Bei dieser Festlegung spielte das Gedächtnis der in den Befreiungskriegen Gefallenen (Feier am 4. 7. 1816), aber auch die Trauer um die 1810 verstorbene und fast wie eine Märtyrerin verehrte Königin Luise eine Rolle. Dieses „Totenfest" zum Abschluß des Kirchenjahres wurde rasch auch von anderen Landeskirchen übernommen und gewann als *Totensonntag* große Popularität. Es ist üblich, die Friedhöfe zu besuchen und die Gräber zu schmücken. Der Totensonntag ist so in gewisser Weise das evangelische Gegenstück zur Feier von *Allerseelen.* In ihm kommt offensichtlich ein tiefes menschliches Bedürfnis zum Ausdruck.

Freilich ist die Berechtigung eines solchen Tages immer wieder mit theologischen Gründen bestritten worden – schon im 19. Jahrhundert. Die Lutherische Agende von 1955 vermeidet die Bezeichnung *Totensonntag* und spricht statt dessen vom *Letzten Sonntag des Kirchenjahres (Ewigkeitssonntag, Sonntag vom Jüngsten Tage).* Im innerkirchlichen Sprachgebrauch hat sich die Bezeichnung *Ewigkeitssonntag* weitgehend durchgesetzt. Die Erneuerte Agende kennt – wie die Agende von 1955 und das Lektionar – neben dem Formular für den Ewigkeitssonntag ein eigenes Proprium *Am Gedenktag der Entschlafenen*, erklärt jedoch: „Wo es üblich ist, an diesem Sonntag der Entschlafenen zu gedenken, sollte der hierauf bezogene Gottesdienst als zusätzlicher Früh-, Predigt- oder Vespergottesdienst (gegebenenfalls am Vortage) gehalten werden. Mit seinen Texten soll er die Texte des Ewigkeitssonntags im Hauptgottesdienst nicht verdrängen." Weithin ist es Sitte, die Verstorbenen des nun abgeschlossenen Kirchenjahres im Gottesdienst namentlich zu nennen und sie mit ihren Angehörigen in das Gebet einzuschließen. An manchen Orten verbindet sich dieser Brauch mit dem Gottesdienst am *Altjahrsabend (Silvester).*

Nach der neuen Leseordnung liest man Offb 21,1–7 (neuer Himmel – neue Erde) und Mt 25,1–13 (Gleichnis von den zehn Jungfrauen). Die Gebetstexte bitten um das Kommen Christi und des Reiches Gottes. Als Graduallied singt man „Wachet auf, ruft uns die Stimme" (EG 147). Die Lesungen und Gebete am *Gedenktag der Entschlafenen* nehmen demgegenüber stärker auf die individuelle Auferstehungshoffnung Bezug (1 Kor 15,35–38.42–44 a; Joh 5,24–29: Totenauferstehung; Gegenwart des Lebens in Jesus).

Christkönigssonntag

Pius XI. führte 1925 aus Anlaß der 1600-Jahr-Feier des Konzils von Nizäa (325) ein *Christkönigsfest* ein, ein *Ideenfest,* das den Gedanken der Königsherrschaft Christi in den Mittelpunkt stellte. Ursprünglich wurde das Fest (voller Titel: *Hochfest unseres Herrn Jesus Christus, des Königs des Weltalls)* jeweils am letzten Sonntag im Oktober (also unmittelbar vor *Allerheiligen*) begangen, im Zuge der Kalenderneuordnung jedoch auf den Letzten Sonntag im Jahreskreis verlegt. Das deutsche Meßbuch ordnet es mit der Bezeichnung *Christkönigssonntag* in recht glücklicher Weise in die Reihe der Sonntage ein, womit sich auch ein gewisser Bezug zum *Ewigkeitssonntag* evangelischer Christen ergibt.

Das Fest hat eine eigene Präfation *Christus als Priester und König:* „Du hast deinen eingeborenen Sohn, unsern Herrn Jesus Christus, mit dem Öl der Freude gesalbt zum ewigen Priester und König der Schöpfung ... Wenn einst die ganze Schöpfung seiner Herrschaft unterworfen ist, wird er dir, seinem Vater, das ewige, alles umfassende Reich übergeben." Tages- und Schlußgebet preisen Christus als Haupt und König der neuen Schöpfung; das Gabengebet bittet um Eintracht und Frieden für alle Völker. Man liest (A) Ez 34,11–12.15–17 (Gott als Hirte), 1 Kor 15,20–26.28 (Herrschaftsübergabe durch Christus an den Vater) und Mt 25,31–46 (Weltgericht); im Lesejahr B Dan 7,13–14 (Kommen des Menschensohnes), Offb 1,5–8 (Christus – Herrscher über die Könige der Erde) und Joh 18,33 b–37 (Jesus vor Pilatus: „Ich bin ein König"); im Lesejahr C 2 Sam 5,1–3 (David wird König), Kol 1,12–20 (Christus – Herr der Schöpfung und Haupt der Kirche) und Lk 23,35–43 („Jesus, denk an mich, wenn du mit deiner Königsmacht kommst!").

Dritter Teil

Der Weihnachtsfestkreis

Kapitel 13

Das Weihnachtsfest

Der Weihnachtsfestkreis

In den ersten drei Jahrhunderten kannte die Christenheit außer dem Osterfest keine Jahresfeste. Erst im 4. Jahrhundert begann man in Rom, den 25. Dezember als Geburtsfest Christi zu feiern. Etwas früher setzte sich im Osten und in manchen Gebieten des Abendlandes der 6. Januar als Fest der Erscheinung Christi (*Epiphanie*) durch. In der weiteren Entwicklung macht sich dann das Bedürfnis bemerkbar, das Heilsgeschehen historisierend zu entfalten und die einzelnen Stationen der Christusgeschichte in jeweils eigenen Festen zu begehen. Dabei lassen sich deutliche Parallelen zur Ausgestaltung des Osterfestkreises erkennen: Auch dem Weihnachts- bzw. dem Erscheinungsfest wurde eine eigene Vorbereitungszeit (*Advent*) vorangestellt, es erhielt eine eigene Festwoche (*Oktav*) und eine darüber hinaus reichende Festzeit (Weihnachtszeit). Als Schlußfest der Weihnachtszeit – entsprechend zu Pfingsten – gilt in der Tradition die Feier der *Darstellung des Herrn (Lichtmeß)* am 2. Februar. Auch der Gottesdienst in der Christnacht läßt gewisse Parallelen zu dem der Osternacht erkennen.

Im Unterschied zu Ostern und Pfingsten haben Weihnachten und Epiphanie jedoch keinen Anhalt am jüdischen Festkalender. Sie folgen auch nicht wie Ostern dem Mondjahr, sondern dem Sonnenjahr, haben also ein festes Datum und durchbrechen den für Ostern maßgeblichen Sieben-Tage-Rhythmus des *Wochenpassa* (die Abfolge der *Sonntage*). Diese unterschiedliche kalendarische Verankerung der beiden Festkreise führt zu den bekannten Schwierigkeiten bei der Gliederung des Kirchenjahres im ganzen: Oster- und Weihnachtskreis sind jedes

Jahr neu in unterschiedlicher Weise gegeneinander „verschoben“.

Namen

In den ältesten lateinischen Quellen heißt das Fest *Geburtstag (dies nativitatis, natalis) unseres Herrn Christus,* wovon in den heutigen romanischen Sprachen z.B. *Natale, Navidad, Noël* herrühren. *Weihnachten* (geweihte Nacht, heilige Nacht), *Christmas* (englisch), *kerstmis* (niederländisch) sind Bezeichnungen, die sich in den germanischen Sprachen durchgesetzt haben. Im byzantinischen Ritus spricht man vom Fest der *Menschwerdung unseres Herrn, Gottes und Heilandes Jesus Christus.*

Biblischer Hintergrund

Vorgeschichte

Die Berichte über die Geburt und Kindheit Jesu gehören nach Meinung der Ausleger des Neuen Testaments nicht zu den ältesten Überlieferungsstücken der Evangelien. Dennoch haben gerade die Kindheitsgeschichten des Lukasevangeliums Einfluß auf die Chronologie des Weihnachtsfestkreises und einiger Folgefeste genommen. Der eigentlichen Kindheitsgeschichte Jesu gehen Berichte über die Geburt Johannes’ des Täufers voraus: Dem hochbetagten Priester Zacharias wird während seines Tempeldienstes die Geburt eines Sohnes angekündigt (Lk 1,5–25). Als Elisabet, seine ebenfalls hochbetagte Frau, im sechsten Monat schwanger ist, erscheint der Maria in Nazaret der Engel Gabriel und sagt ihr die Geburt eines Sohnes an (1,26–38). Maria besucht Elisabet und bleibt drei Monate bei ihr (1,39–56). Elisabet bringt einen Sohn zur Welt, der den Namen Johannes erhält (1,57–66). In diese „Vorgeschichten“ sind einige der schönsten poetischen Stücke des Neuen Testaments verwoben:

so der Gruß des Engels an Maria, das *Ave Maria,* 1,28–33; die Lobpreisung der Elisabet, die sich in der späteren Tradition mit diesem Gruß verbindet, 1,42; der Lobgesang der Maria, das *Magnificat,* 1,46–55; der Lobgesang des Zacharias, das *Benedictus,* 1,67–79.

Geburt Jesu

Lk 2,1–20 erzählt die Geburtsgeschichte: Wegen einer Steuererfassung unter dem Kaiser Augustus müssen Josef und die schwangere Maria nach Betlehem, dem Stammort Josefs, wandern. Das Kind kommt dort unter ärmlichen Verhältnissen zur Welt; seine Wiege ist eine Futterkrippe. Engel verkündigen das Ereignis Hirten auf dem Feld (hier hat der Lobgesang der Engel, das *Gloria in excelsis,* seinen Platz). Die Hirten suchen das Kind in der Krippe auf und breiten die Botschaft von ihm aus. Nach acht Tagen wird das Kind, der jüdischen Sitte gemäß, beschnitten und erhält seinen Namen (2,21). Ebenfalls gemäß jüdischer Sitte wird das Kind vierzig Tage nach seiner Geburt nach Jerusalem gebracht und dort im Tempel „dargestellt" (2, 22–38; hier singt Simeon seinen Lobgesang, das *Nunc dimittis,* 2,29–32). Die Geschichte vom zwölfjährigen Jesus im Tempel (2,41–52) schließt die lukanischen Kindheitserzählungen ab.

Kindheit Jesu nach Matthäus

Zu Beginn erscheint dem Josef im Traum ein Engel, der ihn über Maria, seine Verlobte, unterrichtet: Sie hat vom Heiligen Geist ein Kind empfangen (1,18–24). Die Geburt Jesu wird nur kurz erwähnt (1,25). Breiten Raum nehmen die Berichte über die Weisen aus dem Morgenland und die Heimtücke des Königs Herodes (2,1–12), über die Flucht der Eltern mit dem Kind nach Ägypten (2,13–15), über den Kindermord in Betlehem (2, 16–18) und die Rückkehr der Familie nach Nazaret (2,19–23) ein. Die Angaben zur Regierungszeit des Herodes (2,1) und zum Erscheinen des Sterns, dem die Weisen folgten (2,2), haben immer wieder Anlaß zu Spekulationen über das Datum der Geburt Jesu gegeben.

Fleischwerdung des Wortes

Auch das Johannesevangelium beginnt mit einem „weihnachtlichen" Text, in dem der Gedanke der Fleischwerdung des göttlichen Wortes, des *logos,* unter deutlichem Bezug auf das Kommen Jesu entfaltet wird (*Prolog* des Johannesevangeliums, 1,1–18). Geschichten über Geburt und Kindheit Jesu fehlen hier jedoch ebenso wie im Markusevangelium.

Geschichtliches

Über den Ursprung des Weihnachtsfestes gibt es zwei Hypothesen:

Die Berechnungshypothese

Sie geht davon aus, daß christliche Theologen durch Berechnungen verschiedenster Art auf den 25. Dezember als Geburtsdatum Jesu gekommen sind. Nach manchen Überlieferungen galt der 25. März als erster Tag der Schöpfung. Mit diesem Tag brachte man sowohl den Tod Jesu als auch seine Empfängnis bzw. – nach anderer Überlieferung – seine Geburt in Zusammenhang (Beginn der Neuschöpfung der Welt!). War Jesus am 25. März empfangen, konnte der Tag seiner Geburt auf den 25. Dezember festgelegt werden. Die Daten sind in den alten Texten jedoch nicht einheitlich; sie haben allesamt einen spekulativen Hintergrund: Manche legten die Geburt (nicht die Empfängnis!) Jesu in den Frühling und verbanden sie mit seinem Todestag am 14. Nisan; in anderen Gegenden galt der Monat Mai (insbesondere der 20. Mai) als Geburtsmonat Jesu. Auch der 28. März wurde als Geburts- und Todestag genannt.

Die religionsgeschichtliche Hypothese

Hier geht man davon aus, daß das Geburtsfest Jesu am 25. Dezember mit dem Fest des unbesiegten Sonnengottes (*natale solis invicti*) zusammenhängt, das der römische Kaiser Aurelian im Jahre 274 eingeführt und in die Nähe der Wintersonnenwende auf den 25. Dezember gelegt hatte. Christen haben – so nimmt man an – dieses Fest verchristlicht, indem sie am gleichen Tag die Geburt Jesu feierten. Sie konnten dabei an biblische Aussagen anknüpfen: Mal 3,20 nennt den kommenden Erlöser „Sonne der Gerechtigkeit"; im Johannesevangelium wird Christus mehrfach als „Licht der Welt" beschrieben (8,12; 1,9). Es ist denkbar, daß die Verchristlichung des Sonnengottfestes zur gleichen Zeit erfolgte, als auch der *Herrentag* als *Tag der Sonne* staatlicher Ruhe- und Feiertag wurde.

Ausbreitung des Festes

Vermutlich haben beide Faktoren – Versuche, das Geburtsdatum Jesu zu berechnen, und die Verchristlichung des Sonnenfestes – bei der Entstehung und Durchsetzung des Weihnachtsfestes zusammengewirkt. Die rasche Ausbreitung des Festes im Abendland mag auch mit dem Kampf der Reichskirche gegen den Arianismus zusammengehangen haben, da man so die Gottmenschheit Christi gottesdienstlich feiern und den arianischen Irrlehren entgegensetzen konnte. In den Kirchen des Ostens begann das Weihnachtsfest sich erst seit dem Ende des 4. Jahrhunderts neben dem Fest der Epiphanie durchzusetzen. Noch später fand das Fest in Ägypten, Jerusalem und Palästina Aufnahme. Ein armenisches Lektionar von 415 sieht für den 25. Dezember das Gedächtnis von Jakob und David vor; noch heute feiert die armenische Kirche die Geburt Jesu nicht am 25. Dezember, sondern am 6. Januar.

Weihnachtliche Messen

Eigentümlich für die Feier des Weihnachtsfestes in Rom und später im ganzen Abendland sind die drei weihnachtlichen Messen um Mitternacht, in der Morgenfrühe und am Tage. Der Brauch hängt mit den römischen Gewohnheiten zusammen: Ursprünglich kannte man hier nur die Eucharistiefeier am Tag selber, die vom Papst um die gewohnte Stunde um 9 Uhr in St. Peter gehalten wurde. Im 5. Jahrhundert kam eine Messe um Mitternacht in der Kirche Santa Maria Maggiore hinzu. Dafür war vermutlich das Jerusalemer Vorbild maßgebend: Man versammelte sich dort nämlich in der Nacht zum 6. Januar in der Geburtskirche zu Betlehem zu einer Eucharistiefeier und zog anschließend in Prozession nach Jerusalem zurück. Da man in einer unterirdischen Kapelle von Santa Maria Maggiore eine Nachbildung der Krippe bzw. Krippenreliquien aufbewahrte, lag es nahe, den Jerusalemer Brauch nachzuahmen. Seit dem 6. Jahrhundert pflegte der Papst auf seinem Weg von Santa Maria Maggiore nach St. Peter in der Kirche der heiligen Anastasia einzukehren und dort eine weitere Messe zu zelebrieren – wahrscheinlich ein Akt der Freundlichkeit gegenüber dem byzantinischen Statthalter in Rom und dessen Hofstaat, denn in den Ostkirchen genoß die heilige Anastasia, deren Tag ebenfalls am 25. Dezember begangen wurde, hohe Verehrung.

Der Brauch, zu Weihnachten drei Messen zu feiern, wurde von den Mystikern des Mittelalters auf die „dreifache Geburt" Jesu bezogen: Es gehe zu Weihnachten um die Geburt des Sohnes aus dem Vater vor aller Zeit und Welt; um die Geburt des Gottessohnes aus der Jungfrau Maria, also um das Geheimnis der Fleischwerdung des Wortes; schließlich um die Geburt Gottes durch den Heiligen Geist in der Seele des einzelnen.

Aufgliederung der Themen

Die wechselseitige Übernahme des Erscheinungs- und des Weihnachtsfestes durch die Kirchen von Rom und Byzanz hatte einen Austausch bzw. eine Aufgliederung der jeweiligen Festinhalte zur Folge: In Rom hatte sich – wie in Nordafrika – mit dem Weihnachtsfest zunächst auch die Erinnerung an die Anbetung der Weisen und den Kindermord von Betlehem verbunden – Themen, die hier später dem Erscheinungsfest zugewiesen wurden. Im Osten dagegen wurde nach der Übernahme des Weihnachtsfestes die Taufe Jesu immer ausschließlicher zum bestimmenden Inhalt von Epiphanie. In den Mittelpunkt des Weihnachtsfestes rückte hier das Geheimnis der Gottmenschheit Jesu, wie es von den großen Konzilien der alten Kirche umschrieben worden war. Es wurde allmählich nach dem Vorbild seines älteren „Rivalen“, des Erscheinungsfestes, immer reicher ausgestaltet: Nach byzantinischem Ritus wird das Weihnachtsfest mit einer Nachtwache eröffnet, die mit ihren alttestamentlichen Lesungen deutlich an die Osternacht erinnert. Aus dem Neuen Testament liest man Hebr 1,1–12 und Lk 2,1–20. Im Morgengottesdienst des Festtages wird Mt 1, 18–25 zu Gehör gebracht. Gal 4,4–7 und Mt 2,1–12 geben das Thema für die Eucharistiefeier an.

Bedeutung

Offenbarung Gottes in Jesus Christus

Geburtstag bzw. Geburtsfest meint in der Sprache der Antike mehr als die bloße Erinnerung an die Geburt eines Menschen. Der Ausdruck konnte – zumal da, wo er auf Herrscher und Götter Anwendung fand – auch die Bedeutung von Verherrlichung, Offenbarung, Machtentfaltung, Vergöttlichung in sich aufnehmen. Er gewann so teil an der Bedeutungsfülle der griechischen Begriffe *epiphaneia* und *theophaneia:* Hierunter verstand man in der Antike „sowohl die sichtbare Erscheinung eines Gottes wie auch den feierlichen Besuch des als Gottheit verehrten Herrschers in den Städten seines Reiches“ (A. Adam, S. 122). Sollte bei der Entstehung des Weihnachtsfestes das heidnisch-römische Fest des „unbesiegten Sonnengottes“ Pate gestanden haben, so darf man annehmen, daß die Christen das Geburtsfest Christi von Anfang an in solchem weiteren Sinne und nicht nur als Gedächtnistag des historischen Ereignisses der Geburt Jesu begangen haben. Weihnachten partizipiert am theologischen Gehalt des Erscheinungsfestes: An beiden Tagen feiern Christen die Offenbarung Gottes in Jesus Christus, sein Kommen in die Welt in Gestalt eines von einer Frau geborenen, Leid, Vergänglichkeit und Tod unterworfenen Menschen. Sie feiern zugleich die Selbstentäußerung und -erniedrigung Gottes als Erweis und Bestätigung seiner göttlichen Macht: So wie der antike Herrscher in seiner *epiphaneia* seine Macht entfaltete, zeigte und bestätigte, so beweist und offenbart Gott in der *epiphaneia* seines Sohnes seine schöpferische, rettende Macht über diese Welt.

Der wunderbare Tausch

Die Menschwerdung Gottes trägt ihren Sinn nicht in sich: Sie zielt auf die Erlösung der Menschen und der ganzen Schöpfung aus der Macht der Sünde und des Todes. Gott wurde Mensch, damit Menschen Kinder Gottes werden: Auf diese Formel hat christliche Theologie das weihnachtliche Festgeheimnis gebracht. Man spricht vom „wunderbaren Tausch", der sich hier vollzog: Gott entäußerte sich in seinem Sohn seiner Hoheit, legte die Attribute seiner Gottheit ab und nahm statt dessen Schmerz, Vergänglichkeit und Tod auf sich. „... in unser armes Fleisch und Blut verkleidet sich das ewig Gut", heißt es bei Martin Luther (EG 23; GL 130). Sinn solcher Selbstentäußerung Gottes ist die Heimholung, die Versöhnung der Menschen:

Er äußert sich all seiner Gewalt,
wird niedrig und gering
und nimmt an sich eins Knechts Gestalt,
der Schöpfer aller Ding'.

Er wechselt mit uns wunderlich:
Fleisch und Blut nimmt er an
und gibt uns in seins Vaters Reich
die klare Gottheit dran.

Er wird ein Knecht und ich ein Herr;
das mag ein Wechsel sein!
Wie könnt' es doch sein freundlicher,
das herze Jesulein! (EG 27; GL 134)

Menschlichkeit Gottes

Gerade die sehr menschlichen Umstände der Geburt Jesu, von denen Lukas berichtet, haben die fromme Phantasie immer wieder beschäftigt; gewinnt doch hier die abstrakte Rede von der *Menschwerdung Gottes* konkrete Gestalt. Die Faszination, die bis heute für viele Menschen von Weihnachten ausgeht, hängt nicht zuletzt damit zusammen, daß der Einbruch göttlicher Wirklichkeit in durchaus vorstellbare, auch erfahrbare alltäglich-menschliche Gegebenheiten und Geschehnisse erzählt, besungen und gefeiert wird. Zugleich stellt der Gedanke des „wunderbaren Tausches“ von Gott und Mensch die Verbindung zum Osterfest her: In der Geburt Jesu begann sein Weg zum Kreuz, nahm das Opferleiden seinen Anfang.

Mutter Gottes

Es ist kein Wunder, daß sich die fromme Phantasie schon früh mit der Mutter Jesu befaßte, von der ja auch die Evangelien erzählen. Dies gehört zunächst durchaus zum Bereich des Menschlichen, der den anschaulichen, erfahrbaren Hintergrund für das göttliche Handeln bildet: Daß Jesus wie jeder andere Mensch auch eine Mutter hat, die ihn empfängt, austrägt, gebiert, ernährt und pflegt, macht unübersehbar deutlich, wie nah Gott hier den Menschen kommt, wie menschlich er sich mit ihnen verbindet.

Licht der Welt

Von Beginn an ist schließlich dem Weihnachtsfest die Lichtthematik eigen: Die *Menschwerdung Gottes* wird veranschaulicht und interpretiert durch das Gleichnis vom Licht, das in die Welt kommt (Joh 1,4f.7.9; 3,19ff; 8,12; 9,5 u.ö.) und die Finsternis vertreibt: „Das ewig Licht geht da herein, gibt der Welt ein' neuen Schein; es leucht' wohl mitten in der Nacht und uns des Lichtes Kinder macht“ (Martin Luther; EG 23; GL 130).

Gottesdienstliche Feier

Katholische Praxis

Nach dem neuen Meßbuch beginnt die gottesdienstliche Feier von *Weihnachten (Hochfest der Geburt des Herrn)* mit der Vigilmesse vom Vorabend *(Am Heiligen Abend)*. Während das Meßformular für den Morgen des 24. Dezember noch adventliche Züge trägt, kreisen die Texte der Abendmesse (sie wird am Abend des 24. Dezember vor oder nach der Vesper gefeiert) bereits um weihnachtliche Themen: Während das Tagesgebet noch vom Warten auf „das Fest unserer Erlösung" spricht, nehmen Gaben- und Schlußgebet bereits das Thema „Menschwerdung" auf. Als Evangelium wird der Stammbaum Jesu und die Ankündigung der Geburt an Josef (Mt 1,1–25; Kurzfassung 1, 18–25) gelesen.

Es folgen die drei Weihnachtsmessen *In der Heiligen Nacht, Am Morgen* und *Am Tage*. Dazu heißt es: „An Weihnachten können alle Priester drei Messen zelebrieren oder dabei konzelebrieren; jedoch nur zur jeweils entsprechenden Zeit." In der nächtlichen Messe liest man Jes 9,1–6 („Denn ein Kind ist uns geboren, ein Sohn ist uns geschenkt"), Tit 2,11–14 („Die Gnade Gottes ist erschienen, um alle Menschen zu retten") und Lk 2, 1–14, den ersten Teil der lukanischen Geburtsgeschichte. Das Tagesgebet nimmt die Lichtthematik auf: „Herr, unser Gott, in dieser hochheiligen Nacht ist uns das wahre Licht aufgestrahlt..." Das Gabengebet thematisiert den „wunderbaren Tausch", durch den wir Christus gleichgestaltet werden. Evangelium in der Morgenmesse ist der zweite Teil der lukanischen Geburtsgeschichte, der vom Kommen der Hirten zur Krippe handelt (Lk 2,15–20). Man liest Jes 62,11–12 („Sagt der Tochter Zion: Siehe, dein Heil kommt") und Tit 3,4–7 („Erschienen ist die Güte und Menschenliebe Gottes, unseres Retters"). Tages-, Gaben- und Schlußgebet thematisieren die Fleischwerdung des göttlichen Wortes und die Gottmenschheit Christi. Die Tagesmesse hat ihr Zentrum im Evangelium von der Menschwerdung des Wortes (Joh 1,1–18). Man liest Jes 52,7–10 („Alle Enden der Erde schauen das Heil unseres Gottes“) und Hebr 1,1–6 (Erhöhung des Sohnes). Die Gebete nehmen das Thema des „wunderbaren Tausches“ auf und stellen eine Beziehung zwischen der Geburt Jesu und der Wiedergeburt der Glaubenden her: „Laß uns teilhaben an der Gottheit deines Sohnes, der unsere Menschennatur angenommen hat“ (Tagesgebet).

Während des Glaubensbekenntnisses kniet man zu den Worten *hat Fleisch angenommen* bzw. *empfangen durch den Heiligen Geist* nieder. Die drei weihnachtlichen Präfationen stehen unter der Thematik *Christus, das Licht, Die Erneuerung der Welt durch den menschgewordenen Sohn Gottes* und *Der wunderbare Tausch.*

Evangelische Praxis

Im evangelischen Bereich beginnt die Feier des Weihnachtsfestes in der Regel mit der Christvesper am Heiligen Abend. Der Brauch reicht bis in die Reformationszeit zurück: Um „unordentlichen“ Sitten zur nächtlichen Stunde entgegenzusteuern, ersetzte man den Mitternachtsgottesdienst durch die Vesper am Vorabend. Die Christmette, die nach damaliger Übung dem nächtlichen Gottesdienst voranging, verlegte man auf den frühen Morgen des Weihnachtstages. In manchen Gebieten – z.B. im Erzgebirge, in anderen mittel- und süddeutschen Regionen – steht bis heute die Christmette in der Frühe des Festtages im Zentrum evangelischer Weihnachtsfeier. Sie kann zusätzlich zur Christvesper am Vorabend begangen werden, diese aber auch ersetzen. Für beide Tagzeitengottesdienste bietet Band II der Lutherischen Agende (1960) Ordnungen an: Man liest in der Christvesper die Weissagungen aus Mi 5,1–3, Jes 9,5–6a, Jes 11,1–2 und (in drei Abschnitten) die lukanische Geburtsgeschichte Lk 2,1–20. In der Christmette liest man statt dessen Jer 23,5–6, Ez 37,24–28 und Mt 1,18–25. Außerdem gibt es ein Formular für eine *Vigil am Christabend* mit Lesungen aus Gen 2 und 3, Mi 5,1–3, Jes 9,5–6a, Jes 11,1–2, Jer 31,31–34, Lk 2, 1–10. Die neue Ordnung der Lese- und Predigttexte sieht u.a. Tit

2,11–14 und Lk 2,1–14(15–20) für die *Christvesper* vor. Das Proprium kann ausgetauscht werden mit dem der *Christnacht* (Röm 1,1–7; Mt 1,[1–17]18–21[22–25]). Es ist bemerkenswert, daß in immer mehr evangelischen Gemeinden Weihnachten wieder mit einem Gottesdienst in der Christnacht begangen wird.

Eine Eigenheit evangelischer Weihnachtsfeier, die ihre Wurzeln ebenfalls in der Reformationszeit hat, ist ihre Ausdehnung auf einen zweiten (früher sogar dritten) Weihnachtsfeiertag. Die Festoktav nach der katholischen Ordnung wird durch das Gedenken an die sog. *comites Christi* (lat. *Begleiter des Christuskindes:* 26. Dezember Stephanus, 27. Dezember Evangelist Johannes, 28. Dezember Unschuldige Kinder) bestimmt. Die Lutherische Agende von 1955 schloß sich im Prinzip an diese Ordnung an. Sie übernahm ebenso die drei Weihnachtsmessen in der Nacht, in der Frühe und am Tage, gab aber den beiden zuletzt genannten die Bezeichnungen *Heiliges Christfest I* und *Heiliges Christfest II*, um damit zu verdeutlichen, daß das zweite Formular sowohl am 25. als auch am 26. Dezember verwendet werden kann. In der Praxis läuft dies darauf hinaus, daß der 26. Dezember als 2. Weihnachtsfeiertag begangen wird und das Formular *Christfest II* (die alte Messe *Am Tage*) das Gedächtnis des Erstmärtyrers Stephanus verdrängt. Die neue Ordnung der Lese- und Predigttexte erklärt – wie die Erneuerte Agende – die beiden Formulare *Christfest I* und *II* für austauschbar: Das erste Formular hat die Lesungen Tit 3,4–7 und Lk 2,[1–14] 15–20; das zweite Formular schlägt Hebr 1,1–3[4–6] und Joh 1,1–5[6–8]19–14 vor.

Brauchtum

Die Fülle volkstümlichen Brauchtums zu Weihnachten zeigt seine große Popularität.

Krippendarstellungen

Sehr beliebt waren von jeher Weihnachtskrippen – figürliche Darstellungen des Christuskindes in der Krippe, seiner Eltern, der Engel, Hirten und Könige und auch der Tiere, die fromme Phantasie dem Kind beigesellte. Der Brauch reicht bis in die alte Kirche zurück. Die eigentlichen Krippendarstellungen kamen freilich erst im 13. Jahrhundert auf, als allgemein das Interesse am historischen (auch am menschlichen) Detail der Jesusgeschichte wuchs und neue Frömmigkeitshaltungen und -praktiken freisetzte. 1223 hielt Franz von Assisi in Greccio eine Krippenfeier, die zum Vorbild für ähnliche Gestaltungen und Feiern auch an anderen Orten wurde. Im 16. Jahrhundert breiteten sich die Krippendarstellungen rasch aus. Sie wurden zunächst in den Kirchen aufgestellt, vom 18. Jahrhundert an auch in das Familienbrauchtum übernommen.

Eine andere Form der Verehrung des Christuskindes drückt sich in den Statuen des Jesuskindes aus, die man – oft prächtig geschmückt – auf die Altäre stellte (vgl. das Prager Jesulein). Im Bornkindl – einer besonders im Erzgebirge verbreiteten Darstellung des Christuskindes – fand dieser Brauch seine evangelische Entsprechung.

Kindelwiegen und Krippenspiele

Im Zusammenhang damit steht auch der Brauch des *Kindelwiegens:* Eine Wiege mit einer Puppe, die das Christuskind darstellt, wird am Altar aufgestellt und gewiegt. Dabei werden Lieder gesungen, die nach Inhalt und Rhythmus den Vorgang beschreiben: „Josef, lieber Josef mein, hilf mir wiegen mein Kindelein...“ Das Kindelwiegen ist nicht Bestandteil der Liturgie selbst, sondern wird vor oder nach der Christmette praktiziert.

Uneingeschränkter, ja wachsender Popularität erfreuen sich die *Krippenspiele.* Sie haben sich parallel zu den Passions- und Osterspielen entwickelt, diese vermutlich zunächst nachgeahmt. Wie diese hatten sie ihren Sitz im Gottesdienst, dramatisierten bzw. dialogisierten Gehalte der Liturgie, verselbständigten sich dann und wanderten schließlich aus dem Gottesdienst aus. Ihre Anfänge liegen im 11. und 12. Jahrhundert. Die ersten umfangreicheren, vom Gottesdienst losgelösten Weihnachtsspiele sind aus dem 13. Jahrhundert überliefert. Sie stellten nicht nur die Ereignisse um die Geburt Jesu, die Anbetung der Hirten und der Weisen dar, sondern gelegentlich auch den Kindermord von Betlehem sowie die Flucht der Heiligen Familie nach Ägypten.

Die Geschichte von der Flucht nach Ägypten wurde mancherorts am *Eselsfest* szenisch dargestellt (oft am 14. Januar). Man ahmte in liturgischen Gesängen und Akklamationen den Ruf des Esels nach und sang nach der Entlassung ein dreifaches *Ia.* In eine ähnliche Kategorie gehören auch die Narrenfeste, die sich seit dem 11. Jahrhundert im Umkreis des Weihnachtsfestes entwickelten (mit Rollentausch, Meßparodien u. ä.).

Eine Form des Weihnachtsspiels ist in mancher Hinsicht der *Quempas,* der seinen liturgischen Ort in der Christmette hat. Schüler- bzw. Kindergruppen verteilen sich an vier Stellen in der Kirche und singen im Wechsel – jeder Chor eine Zeile – den lateinischen oder deutschen Text des *Quem pastores laudavere* (*Den die Hirten lobeten sehr*); die Gemeinde fällt nach jeder Quempas-Strophe mit einem anderen Gesang *(Heut sein die lieben Engelein* oder erst mit *Gottes Sohn ist Mensch geborn)* ein (EG 29).

Weihnachtsgeschenke

Das Sichbeschenken zu Weihnachten hat seinen Ursprung in Kinder- und Familienbescherungen am Nikolaustag (6. Dezember). Um 1535 regte Martin Luther an, die Nikolausbescherung auf Weihnachten zu verlegen. Die Gaben brachte nun nicht mehr der heilige Nikolaus, sondern der *heilige Christ* (später verniedlicht zum *Christkind*).

Weihnachtsbaum

Im Weihnachtsbaum bzw. Christbaum verbindet sich die Lichtsymbolik des Weihnachtsfestes mit der Symbolik des Lebens (Lebensbaum, immergrüne Zweige). Die Baumsymbolik reicht weit zurück: Schon in vorchristlicher Zeit spielten Bäume eine wichtige religiöse Rolle – als Symbole für das Leben, als Sitz von Gottheiten usw. In der christlichen Tradition hat der *Paradiesesbaum* seinen Platz, aber auch der *Baum des Kreuzes*, an dem Christus gestorben ist. Es ist denkbar, daß sich der Christbaum aus dem *Paradiesesbaum* entwickelt hat, wie er – geschmückt mit den *Früchten des Lebens* – bei Mysterienspielen Verwendung fand. Der Brauch, den Christbaum mit Äpfeln, Nüssen, allerhand Gebäck usw. zu schmücken, hängt vermutlich mit dieser Tradition zusammen. Beim Kerzenschmuck des Christbaums handelt es sich möglicherweise um eine Übertragung österlichen Brauchtums, obwohl auch eine eigenständige Entwicklung denkbar ist.

In manchen Gegenden findet man anstelle des Weihnachtsbaumes oder neben ihm die *Weihnachtspyramide* mit Darstellungen der Geburt Jesu und anderer Szenen aus dem Alten und Neuen Testament.

Weihnachtslieder

Die Popularität des Weihnachtsfestes drückt sich in zahllosen Liedern aus, die das Festgeheimnis auf oft sehr volkstümliche, in späterer Zeit gelegentlich auch sentimentale Weise besingen. Rundgänge, bei denen man Weihnachtslieder singt, gehören ebenfalls zum Brauchtum des Weihnachtsfestes. In der Kirchenmusik wurde die Weihnachtsgeschichte ähnlich wie die Passionsberichte immer wieder vertont (vgl. das Weihnachtsoratorium von Johann Sebastian Bach).

Kapitel 14

Die Adventszeit

Namen

Das lateinische Wort *adventus* (= Ankunft) kann die gleiche Bedeutungsfülle wie das griechische *epiphaneia* (= Erscheinung) an sich ziehen: Es wurde gebraucht von der Ankunft der Gottheit im Tempel, vom ersten offiziellen Besuch eines Herrschers nach Antritt seiner Herrschaft, von der Thronbesteigung eines Kaisers. Christen verwendeten das Wort sowohl zur Bezeichnung der Ankunft Christi unter den Menschen (also für seine „Erscheinung im Fleisch") als auch zur Bezeichnung seiner erhofften Wiederkunft (griechisch *parousia*).

Biblischer Hintergrund

Die Vielschichtigkeit der Inhalte, die sich mit der Feier des Advents verbinden, wird bestimmt von den biblischen Texten. Advent ist Vorbereitungszeit auf das Weihnachtsfest; deshalb spielt hier die Vorgeschichte der Geburt Jesu in Mt 1,1–25 und Lk 1,5–80 naturgemäß eine Rolle. Im lukanischen Bericht steht dabei die Gestalt Johannes' des Täufers besonders im Mittelpunkt: Er ist der Vorläufer und Wegbereiter Jesu. Dieser Gedanke wird an den Sonntagen der Adventszeit entfaltet: Johannes predigt in der Wüste und ruft zur Umkehr angesichts des nahen Gerichts auf. Er verkündet „den, der da kommen soll". Wer dem Ruf folgt, läßt sich von ihm taufen (Mt 3,1–12; Mk 1, 2–8; Lk 3,1–18). Von Herodes wegen unvorsichtiger Äußerungen ins Gefängnis geworfen (Mt 14,1–12; Mk 6,14–29; Lk 3, 19–20; 9,7–9), kommen ihm offenbar Zweifel am Auftrag und

Verhalten Jesu: „Bist du es, der kommen soll, oder sollen wir auf einen anderen warten?“ (Mt 11,1–19; Lk 7,18–35). Ein Täuferbild eigener Art entwirft das Johannesevangelium: Bereits im Prolog (1,15) wird Johannes als Zeuge für Jesus ins Feld geführt. Nach seinem Auftrag befragt, verweist er auf Jesus, als dessen Vorläufer er sich versteht (1,19–28) und den er als „Gottes Lamm, das die Sünde der Welt trägt“, kennzeichnet (1, 29–36). Aus dem Kreis um Johannes beruft Jesus seine ersten Jünger (1,37–42). Der Bericht über das letzte Zeugnis des Johannes (3,22–36; vgl. auch 4,1–4) setzt offenbar eine Konkurrenzsituation zwischen der Johannesjüngerschaft und dem Kreis um Jesus voraus.

Durch den endzeitlichen Bedeutungsaspekt von *Advent* geraten bei der Frage nach dem biblischen Hintergrund der Adventszeit auch alle jene Texte in den Blick, die von der endzeitlichen Ankunft bzw. Wiederkunft des Messias, von den Schrecken des Endes, dem Endgericht und der endgültigen Aufrichtung des Reiches Gottes sprechen (vgl. die Texte der katholischen Leseordnung für den 1. Adventssonntag Mt 24,37–44; Mk 13,33–37; Lk 21,25–28.34–36). Der herrscherliche Klang von *adventus* wird gegenwärtig, wenn nach der evangelischen Ordnung am 1. Adventssonntag das Evangelium vom Einzug Jesu in Jerusalem (Mt 21,1–9) gelesen wird.

Geschichtliches

Fastenzeit vor dem Epiphaniefest

Das erste sichere Zeugnis für die Begehung einer Adventszeit stammt von Bischof Perpetuus von Tours († 490): Er forderte für die Zeit vom 11. November bis Weihnachten ein dreimaliges Fasten in der Woche. Dahinter verbirgt sich vermutlich ein älterer Brauch: Die gesamte Zeit zwischen dem 11. November und dem Erscheinungsfest am 6. Januar, also insgesamt acht Wochen, wurde ursprünglich als Fastenzeit begangen. Folgte man der östlichen Sitte, nach der an den Samstagen und Sonntagen auch während der Fastenzeit *nicht* gefastet wurde, kam man auf genau 40 Fastentage in der genannten Zeitspanne. Der Brauch stand wahrscheinlich in Zusammenhang mit der Taufvorbereitung: Vor allem im Osten wurde Epiphanie – neben der Osternacht – zum zweiten großen Tauftermin des Jahres. Entsprechend zur Vorbereitungszeit auf das Osterfest und die österliche Taufe schuf man nun auch für diejenigen, die zu Epiphanie zur Taufe anstanden, eine durch Fasten- und Bußübungen ausgezeichnete Vorbereitungszeit. Der ursprüngliche Beginn dieser Vorbereitungszeit am 11. November verdeutlicht, daß das – von uns heute so genannte – Ende des Kirchenjahres und die dann folgende Adventszeit ihrem Ursprung, ihrem Gehalt und ihrer Gestaltung nach zusammenhängen und mit dem 1. Adventssonntag eigentlich gar kein thematisch neuer Abschnitt beginnt. Der endzeitliche Akzent, den die letzten Sonntage des Kirchenjahres tragen, ist durchaus auch im Advent noch präsent.

Dauer und Abgrenzung der Adventszeit

Fließend waren Dauer und Abgrenzung der Adventszeit zunächst in Rom und im übrigen Abendland: Hier sind in unterschiedlicher Weise sechs, fünf und vier Adventssonntage bezeugt. Manches spricht dafür, daß es in Rom ursprünglich sechs Adventssonntage gab, und zwar fünf Sonntage mit einem eigenen Formular und einen Sonntag, der auf den Quatembersamstag im Dezember folgte und deshalb zunächst ohne eigene Eucharistiefeier war. Während diese Ordnung an den römischen Pfarrkirchen eingehalten wurde, beging die päpstliche Liturgie nur drei eigengeprägte Adventssonntage, dazu jenen vierten, auf den Quatembersamstag folgenden, zunächst „leeren" Sonntag. Dieser Brauch setzte sich schließlich auch an den anderen Kirchen durch. Der „leere" Sonntag erhielt nun ebenfalls ein eigenes Formular, so daß man auf eine Zahl von vier Adventssonntagen kam.

Inhaltliche Akzente

Unterschiedlich sind auch die inhaltlichen Akzente, die man mit dem Advent verband: Während in Rom selbst die Erwartung der Menschwerdung Christi, also das weihnachtliche Motiv, dominierte, scheinen in Gallien und anderen Gebieten – möglicherweise unter dem Einfluß irischer Missionare – endzeitliche Gedanken bestimmend gewesen zu sein. Hier stand der Gedanke der Buße angesichts der Wiederkunft des Herrn im Vordergrund und führte zur Ausgestaltung der Adventszeit als Bußzeit (violette Farbe, Wegfall des *Gloria in excelsis*). Eine frühe römische Leseordnung verband das Thema der Wiederkunft Christi mit dem Vorläufermotiv (Johannes der Täufer) und dem Motiv des Einzugs Jesu in Jerusalem.

Vorweihnachtszeit im Osten

In den östlichen Kirchen ist eine eigentliche Adventszeit als Vorbereitungszeit auf das Weihnachtsfest dem Namen und der Sache nach nicht bekannt. Jedoch beginnt am 15. November hier eine vierzigtägige Fastenzeit *(Philippsfasten).* An den beiden Sonntagen vor Weihnachten begeht man den Sonntag der *Vorväter* (von Abraham und den Patriarchen bis zu Josef, dem Verlobten Marias) und den *Sonntag der Väter* (Gedächtnis der leiblichen Vorfahren Jesu). Am 20. Dezember beginnt die Vorfeier des Weihnachtsfestes. Von da an zeigen auch die Tagzeitengottesdienste ein deutliches vorweihnachtliches Gepräge.

Bedeutung

Doppelter Akzent

Nach der neuen Grundordnung des katholischen Kirchenjahres wird die Adventszeit durch die Vorbereitung auf das Geburtsfest Christi und durch den Gedanken an seine endzeitliche Wiederkunft bestimmt: „Die Adventszeit hat einen doppelten Charakter: Sie ist einerseits Vorbereitungszeit auf die weihnachtlichen Hochfeste mit ihrem Gedächtnis des ersten Kommens des Gottessohnes zu den Menschen. Andererseits lenkt die Adventszeit zugleich durch dieses Gedenken die Herzen hin zur Erwartung der zweiten Ankunft Christi am Ende der Zeiten. Unter beiden Gesichtspunkten ist die Adventszeit eine Zeit hingebender und freudiger Erwartung" (Art. 39).

Ankunft Gottes unter den Menschen

Die Bedeutung, die Christen der Adventszeit beilegen, drückt sich in ihren Adventsliedern aus. Die Erwartung, die in ihnen zur Sprache kommt, richtet sich auf das Kommen des Gottessohnes in diese Welt, wobei das Motiv der Geburt Jesu noch in auffälliger Weise zurücktritt bzw. in einen größeren Zusammenhang eingeordnet wird: *Advent* wird in diesen Liedern als *Ankunft, Erscheinung, Offenbarung* der Menschenfreundlichkeit Gottes verstanden. Ein Bild, das immer wieder zu ihrer Beschreibung dient, ist die Geschichte vom Einzug Jesu in Jerusalem. Hier wirkt ohne Zweifel das alte Evangelium vom 1. Adventssonntag nach: „Dein König kommt in niedern Hüllen, ihn trägt der lastbarn Eslin Füllen, empfang ihn froh, Jerusalem..." (EG 14). Beliebt sind die Metaphern von Tor und Tür, Psalm 24 entlehnt („Macht hoch die Tür, die Tor macht weit, es kommt der Herr der Herrlichkeit..."; EG 1; GL 107), vom ankommenden Schiff („Es kommt ein Schiff, geladen bis an sein höchsten Bord..."; EG 8; GL 114) und vom Schleier, den Gott selbst zerreißt („O Heiland, reiß die Himmel auf...; Reiß ab vom Himmel Tor und Tür...", EG 7; GL 105).

Wiederkunft Christi und Ankunft im Herzen

Ebenso findet die Erwartung der *Wiederkunft* Christi ihren Niederschlag in den Adventsliedern: „Ihr lieben Christen, freut euch nun, bald wird erscheinen Gottes Sohn..." (EG 6). Sie führt zu einer ernsten, bußbereiten Haltung, die sich an der Gestalt des Johannes und seiner Bußpredigt orientiert: "Mit

Ernst, o Menschenkinder, das Herz in euch bestellt..." (EG 10; GL 113). Der Glaubende weiß auch um die Ankunft Christi hier und jetzt – in der feiernden Gemeinde, im Herzen der Glaubenden selbst. „Zieh in mein Herz hinein vom Stall und von der Krippen..." (EG 10; GL 113); „Komm, o mein Heiland Jesu Christ, meins Herzens Tür dir offen ist..." (EG 1; GL 107); „Er kommt auch noch heute und lehret die Leute..." (EG 5).

Die Adventszeit ist also in vielfältiger Weise eine Zeit der Erinnerung und der Erwartung, der Bereitung und der Buße. Ihr Sinn wird verkürzt, richtet man sie lediglich auf das historische Ereignis der Geburt Jesu aus.

Gottesdienstliche Feier

Adventssonntage

Der *1. Sonntag im Advent* (so die evangelische Bezeichnung; das neue Meßbuch spricht vom 1. Adventssonntag) besitzt nach der evangelischen und der katholischen Ordnung einen sehr unterschiedlichen Charakter: In evangelischen Gemeinden liest man das alte (römische!) Evangelium vom Einzug Jesu in Jerusalem (Mt 21,1–9). Die Epistel gedenkt freilich der Wiederkunft Christi: „Die Nacht ist vorgerückt, der Tag aber nahe herbeigekommen"(Röm 13,8–12[13–14]). Der Sonntag ragt insofern aus der Reihe der übrigen Adventssonntage heraus, als an ihm noch das *Gloria in excelsis* gesungen wird. In letzter Zeit hat sich vielfach der Brauch eingebürgert, den Sonntag mit Familiengottesdiensten zu begehen.

Die katholische Ordnung stellt den 1. Adventssonntag unter das Thema der *Wiederkunft* Christi. Die Evangelien in den drei Lesejahren sind Mt 24,37–44 (Ankunft des Menschensohnes), Mk 13,33–37 („Wacht!") und Lk 21,25–28.34–36 (Zeichen des Endes). Auch in den anderen Lesungen dominiert dieses Thema (Röm 13,11–14; 1 Kor 1,3–9; 1 Thess 3,12–4,2). Das Gloria schweigt bereits vom Beginn der Adventszeit an. Besonders reich sind die Präfationen (I: *Das zweimalige Kommen Christi;* II: *Das Warten auf den Herrn einst und heute;* III: *Die Geschenke des kommenden Herrn;* IV: *Adams Sünde und Christi Gnade;* V: *Der Herr ist nahe).*

Die Thematik von Wiederkunft Christi und Gericht bestimmt den *2. Sonntag im Advent* nach der evangelischen Ordnung. Evangelium ist Lk 21,25–33 (Zeichen des Endes), Epistel Jak 5,7–8 („Seid geduldig, liebe Brüder, bis der Herr kommt"). Die katholische Ordnung stellt an diesem Tage die Bußpredigt des Johannes nach den Berichten der drei ersten Evangelien in den Mittelpunkt (Mt 3,1–12; Mk 1,1–8; Lk 3,1–6).

Der *3. Adventssonntag* besitzt in der katholischen Ordnung – ähnlich wie der 1. Adventssonntag in der evangelischen – ein besonderes Gepräge. Dem Anfangswort der Introitusantiphon (bzw. des Eröffnungsverses) verdankt der Sonntag seinen Namen *Gaudete:* „Freut euch im Herrn zu jeder Zeit! Noch einmal sage ich: Freut euch! Denn der Herr ist nahe" (Phil 4,4–5). An diesem Sonntag können – wie am 4. Fastensonntag, *Lätare* – rosafarbene Gewänder statt der violetten getragen werden. Thematisch ist der Sonntag wieder durch die Gestalt Johannes' des Täufers bestimmt. Die Frage des Täufers an Jesus (Mt 11,2–11), sein Zeugnis für Jesus (Joh 1,6–8.19–28) und sein Hinweis auf den „Stärkeren", der nach ihm kommt (Lk 3,10–18), bilden den Inhalt der jeweiligen Evangelienlesungen. Das Tagesgebet nimmt auf das bevorstehende Weihnachtsfest Bezug: „Allmächtiger Gott, sieh gütig auf dein Volk, das mit gläubigem Verlangen das Fest der Geburt Jesu erwartet..." Auch die evangelische Ordnung stellt an diesem Sonntag die Gestalt des Täufers in den Mittelpunkt; Evangelium ist Mt 11,2–6(7–10).

Am *4. Adventssonntag* rückt sowohl die katholische als auch die evangelische Ordnung die Vorgeschichte der Geburt Jesu in den Mittelpunkt. In evangelischen Gemeinden liest man das *Magnificat,* den Lobgesang der Maria, gegebenenfalls ergänzt durch den Bericht über den Besuch Marias bei Elisabeth (Lk 1, [39–45]46–55[56]). Die Epistel Phil 4,4–7 („Freut euch in dem Herrn allewege"), die die katholische Ordnung dem vorhergehenden Sonntag zuordnet, fügt sich hier gut ein. Das Leseangebot für katholische Gottesdienste ist auf Grund des Dreijahreszyklus vielfältiger: Man liest die Ankündigung der Geburt Jesu an Josef (Mt 1,18–24), die Botschaft des Engels an Maria (Lk 1, 26–38) und die Geschichte vom Besuch Marias bei Elisabet (Lk 1,39–47). Der Eröffnungsvers nimmt das *Rorate*-Thema auf: „Tauet, ihr Himmel, von oben! Ihr Wolken, regnet herab den Gerechten! Tu dich auf, o Erde, und sprosse den Heiland hervor!“ Tages- und Gabengebet nehmen ausdrücklich auf die Botschaft des Engels an Maria Bezug.

Adventskranz

Die Herkunft des Adventskranzes ist noch nicht eindeutig geklärt. Nach Meinung mancher Autoren handelt es sich um einen relativ jungen Brauch, der von Kreisen der evangelischen Jugendbewegung zwischen den beiden Weltkriegen verbreitet wurde. Nach anderen geht der Adventskranz auf Johann Hinrich Wichern (1808–81) zurück, der ihn zuerst bei Adventsandachten im „Rauhen Haus“ zu Hamburg und ab 1860 im Waisenhaus Tegel (Berlin) verwendete. Die Tannenzweige weisen auf den Christbaum und damit auf Weihnachten hin, die vier Kerzen stellen die vier Adventssonntage dar. Seit alters her gilt der Kranz (lat. *corona* = *Krone*) als Mittel der Auszeichnung, der Huldigung, der Krönung. Insofern paßt er als Zeichen gut zum „königlichen“ Bedeutungsaspekt von *adventus,* wie denn auch das bekannte Adventslied *Macht hoch die Tür* (EG 1; GL 107) zwischen der königlichen *Ankunft* Christi und den Zweigen beim Einzug Jesu in Jerusalem eine Verbindung herstellt: “...die Zweiglein der Gottseligkeit steckt auf mit Andacht, Lust und Freud; so kommt der König auch zu euch...“

Werktage im Advent

Das neue Meßbuch bietet auch für die Werktage im Advent eigene Formulare und wertet dadurch die Zeit im ganzen liturgisch auf. Dabei wird die Woche vor Weihnachten besonders hervorgehoben: Jedem Tag wird ein eigenes Proprium zugeordnet, das nur durch das Sonntagsproprium verdrängt werden kann. Inhaltlich stehen diese Tage ganz im Zeichen der Vorbereitung auf Weihnachten. Als Hallelujaverse dienen die sog. *O-Antiphonen* zum *Magnificat* aus den Tagzeitengottesdiensten dieser vorweihnachtlichen Tage: „Sie verbinden eine preisende Anrede des erwarteten Messias mit einer flehentlichen Bitte um sein Kommen. Im Lateinischen beginnen sie mit dem vokativen O" (z.B. *O Weisheit, O Morgenstern;* A. Adam/R. Berger, S. 369f).

Eine große Rolle spielen in der Adventsfrömmigkeit katholischer Christen die *Rorate-Messen* an den Werktagen dieser Zeit (nach dem Anfangswort der Introitusantiphon: „Tauet, ihr Himmel, von oben"). Es handelt sich dabei um Votivmessen zu Ehren der Gottesmutter Maria, die ursprünglich an den Samstagen, später auch an den anderen Werktagen des Advents und heute bis zum 16. Dezember gefeiert werden. Nach dem Evangelium von der Verkündigung des Engels an Maria (Lk 1,26–38) werden sie auch *Engelmessen* (oder *Engelamt*) genannt. Entstanden sind sie aus der „Güldenen Messe" (*Missa aurea*) des Mittwochs im Dezemberquatember.

Die *Winterquatember* hatten nach der alten Ordnung ihren Platz am Mittwoch (hier die Lesungen und Gesänge der *Rorate-Messe*!), Freitag und Samstag der 3. Adventswoche. Jetzt hat man sie im deutschsprachigen Raum auf die 1. Adventswoche verlegt. Das deutsche Meßbuch enthält hierfür ein Formular, das auf die adventliche Thematik abgestimmt ist (mit dem Eröffnungsvers *Tauet, ihr Himmel*).

Mariä Erwählung (8. Dezember)

In die Adventszeit fällt das für katholische Frömmigkeit bedeutsame *Hochfest der ohne Erbsünde empfangenen Jungfrau und Gottesmutter Maria.* Seit dem 7. Jahrhundert feierte man im Osten am 9. Dezember das Fest *Empfängnis der heiligen Anna,* das über Unteritalien zunächst nach England und Frankreich gelangte und unter Papst Sixtus IV. 1476 als Fest der *Empfängnis der unbefleckten Jungfrau Maria* offiziellen Rang erhielt. Clemens XI. verordnete seine Feier 1708 für die ganze Kirche. Nach der Verkündigung des Dogmas von der unbefleckten Empfängnis Marias durch Pius IX. im Jahre 1854 stieg es weiter in seiner Bedeutung. Festinhalt ist der Glaube, „daß Maria durch ein einzigartiges Gnadenprivileg des allmächtigen Gottes... von jedem Makel der Erbschuld bewahrt worden ist" (Pius IX., Bulle *Ineffabilis Deus*). Dieser Gedanke wird auch im Tagesgebet ausgesprochen: „Großer und heiliger Gott, im Hinblick auf den Erlösertod Christi hast du die selige Jungfrau Maria schon im ersten Augenblick ihres Daseins vor jeder Sünde bewahrt..."

Heiligentage

Einige Heiligentage im Advent müssen hier wegen des Brauchtums, das sich mit ihnen verbindet, erwähnt werden:

Am 4. Dezember begeht man den Tag der *heiligen Barbara*, einer jungfräulichen Märtyrerin aus Nikomedien (um 306), die der Legende nach von ihrem eigenen Vater den Gerichten ausgeliefert wurde. Sie gilt als Patronin der Bergleute und gehört zum Kreis der *Vierzehn Nothelfer*. Zweige, am Barbaratag gepflückt, blühen bis Weihnachten auf.

Von besonderer Bedeutung ist der Tag des *heiligen Nikolaus* am 6. Dezember. Nikolaus, Bischof von Myra in der 1. Hälfte des 4. Jahrhunderts, gilt als Helfer in Schwierigkeiten aller Art, insbesondere jedoch als Freund der Kinder. Seit dem 6. Jahrhundert in Myra und Byzanz verehrt, verbreitete sich sein Kult im 10. Jahrhundert auch in Deutschland und anderen europäischen Ländern. Der Legende nach erweckte Nikolaus Schüler vom Tode – Anlaß, ihn zum Patron der Schüler und der Schule werden zu lassen. Bei Schulfesten wurde ein Kinderbischof bzw. Kinderabt gewählt und eingekleidet, der über die Erwachsenen Gericht hielt und sie durch einen „Knecht" bestrafen oder belohnen ließ. Später kehrte sich in den Nikolausspielen, die sein Leben darstellten, das Verhältnis um: Nikolaus kommt, verhört die Kinder, belohnt und bestraft sie. In solcher Funktion – oft auch zum „Weihnachtsmann" heruntergekommen –

ist er heute noch lebendig. Der rote, pelzbesetzte Mantel, den er als „Weihnachtsmann" trägt, ist vielleicht letztes Überbleibsel seines Bischofsornats. Der bischöfliche „Knecht Ruprecht" hat sich verselbständigt, wird vielfach auch mit dem „Weihnachtsmann" identifiziert. Im älteren Brauchtum fanden am 6. Dezember maskierte Umzüge und Umgänge statt (Klausentreiben und Klausenjagen, Klausenumzüge mit einem oder mehreren „Kläusen" usw.).

Der Tag der *heiligen Luzia* am 13. Dezember, einer jungfräulichen Märtyrerin aus Syrakus, der Legende nach von ihrem Bräutigam den Behörden ausgeliefert, ist besonders in Italien und Skandinavien reich mit Brauchtum ausgestattet. Lichtbräuche weisen auf die bevorstehende Wintersonnenwende hin.

In anderen Gegenden gilt der 21. Dezember, der Tag des *Apostels Thomas,* als Beginn der *Zwölf Nächte.* Der Thomastag wird nach dem katholischen Kalender jetzt am 3. Juli begangen, an dem der Überlieferung zufolge die Übertragung seiner Gebeine nach Edessa erfolgte. Die Lutherische Agende von 1955, das Lektionar von 1978 und die Erneuerte Agende halten den 21. Dezember als Tag des heiligen Thomas fest: Als „ungläubiger" Thomas, der zunächst an der Auferstehung Jesu zweifelt, dann aber vom Herrn selbst überzeugt wird (Joh 20,24–29), ist er nicht nur in die biblische Überlieferung, sondern auch in den allgemeinen Sprachgebrauch eingegangen. Der Legende nach soll er später in Persien und Indien das Evangelium verkündet haben und dort als Märtyrer gestorben sein. Die *Thomaschristen* in Indien führen sich auf ihn zurück.

Kapitel 15

Die Weihnachtszeit

Nach dem neuen römischen Kalender von 1969 reicht die Weihnachtszeit vom 25. Dezember bis zum Sonntag nach Erscheinung (Fest der Taufe Jesu). Als einziges Fest neben Ostern hat Weihnachten eine eigene Festwoche (*Oktav*) behalten. Oktavtag ist der 1. Januar, zugleich *Hochfest der Gottesmutter Maria.* Die Heiligen, deren Feste unmittelbar nach Weihnachten begangen werden (26. Dezember Stephanus, 27. Dezember Apostel und Evangelist Johannes, 28. Dezember Unschuldige Kinder), gelten als *comites Christi,* als Ehrengefolge des Christuskindes. Am Sonntag in der Weihnachtswoche bzw. am 30. Dezember (wenn der 25. Dezember und der 1. Januar auf einen Sonntag fallen) begeht man das *Fest der Heiligen Familie.* Fällt in den Abschnitt vom 2. bis 5. Januar ein Sonntag, wird er als *2. Sonntag nach Weihnachten* begangen.

Die lutherische Ordnung unterscheidet sich nur unwesentlich hiervon. Sie kennt den *Tag des Erzmärtyrers Stephanus* am 26. Dezember, den *Tag des Apostels und Evangelisten Johannes* am 27. Dezember, den *Tag der Unschuldigen Kinder* am 28. Dezember. Für den 1. Januar existiert ein doppeltes Proprium: Er kann als *Neujahrstag* oder als *Tag der Beschneidung und Namengebung Jesu* begangen werden (so in der neuen Leseordnung und der Erneuerten Agende, in der es heißt: „Wenn der 1. Januar als 'Neujahrstag' gefeiert wird, können die Texte des Tages der Beschneidung und Namengebung Jesu einem Gottesdienst der folgenden vier Tage zugewiesen werden.“). Für den *Altjahrsabend* (Silvester) gibt es ebenfalls ein eigenes Formular.

Stephanus (26. Dezember)

Nach der Apostelgeschichte (6,1–8,2) wurde Stephanus in die Gruppe der sieben Diakone berufen, die sich um die Versorgung der griechisch sprechenden Witwen in der Jerusalemer Gemeinde kümmern sollte. Vermutlich gingen dem Spannungen zwischen dem aramäisch und griechisch sprechenden Teil der Jerusalemer Gemeinde voraus, die man mit einer eigenen Gemeindeleitung für die Hellenisten zu beheben hoffte. Doch brach über die genannte Gemeindegruppe eine Verfolgung herein, Stephanus wurde verhaftet, bekannte sich in einer großen Predigt vor dem Hohen Rat zu Christus und wurde von seinen Anklägern gesteinigt.

Ein Fest des heiligen Stephanus, im Osten schon im 4. Jahrhundert bezeugt, breitete sich im Westen im 5. Jahrhundert aus. Den Fund seiner Reliquien in Jerusalem datiert man auf das Jahr 415; seitdem sind ihm an vielen Orten Kirchen und Kapellen geweiht.

In der Meßfeier liest man den Bericht über seine Wirksamkeit und sein Martyrium (Apg 6,8–10; 7,54–60; evangelisch: [6,8–15]7,55–60) und die Ansage kommender Verfolgungen (Mt 10,17–22; evangelisch: Mt 10,16–22). Im Tagesgebet erscheint Stephanus als Vorbild der Feindesliebe. Das Schlußgebet stellt den Bezug zur Geburt Christi und zum Weihnachtsfest her. Auch die Präfation wird von Weihnachten genommen.

Johannes (27. Dezember)

Der Apostel und Evangelist Johannes gilt als Verfasser des Johannesevangeliums (vgl. Joh 21,24), der Johannesbriefe und der Johannesoffenbarung. Man identifiziert ihn mit dem Sohn des Zebedäus und Bruder des Jakobus (vgl. Mt 4,21; 10,2; 20,20; 26,37; 27,56; Mk 1,19f; 3,17; 10,35; Lk 5,10; Joh 21,2), der zum engsten Jüngerkreis um Jesus und später zu den „Säulen“ der Gemeinde in Jerusalem gehörte (Gal 2,9). Manche meinen, ihn auch in dem „Jünger, den Jesus lieb hatte“ (Joh 13,23; 19,26; 20,2; 21,7.20) erkennen zu können, dem Jesus vor seinem Tod seine Mutter anvertraute (Joh 19,25–27) und der Zeuge des Lanzenstichs wurde (Joh 19,34f). Nach der Überlieferung wirkte Johannes später in Ephesus und wurde unter Kaiser Domitian auf die Insel Patmos verbannt, wo er die Offenbarung schrieb. Nach seiner Rückkehr nach Ephesus soll er dort das Evangelium und die Briefe geschrieben haben und um das Jahr 100 n. Chr. gestorben sein. In Ephesus verehrte man schon um 200 n. Chr. sein Grab.

Das Fest – ursprünglich verbunden mit dem Gedenken an seinen Bruder Jakobus – reicht im Osten bis in das 4. Jahrhundert zurück. Der Legende nach hat er, um einen heidnischen Priester zu bekehren, ohne Schaden einen Becher vergifteten Weins getrunken. An diese Legende wie an heidnisch-germanische Trankopfersitten knüpfte die Segnung und Austeilung des *Johannisweins* an. Das neue *Benediktionale* enthält hierfür ein Formular. Das Wort, das bei der Spendung gesprochen wird („Trinke die Liebe des heiligen Johannes“), weist zurück auf die alten Bezeichnungen *Johannisminne, Minnetrinken* (= in liebender Erinnerung trinken). Daneben gibt es eine *Stephansminne,* die bereits aus der Zeit Karls des Großen bezeugt ist. Hier lautet die Spendeformel: „Trinke die Stärke (das Feuer, den Geist) des heiligen Stephanus.“

Lesungen für die Festmesse sind 1 Joh 1,1–4: der Schreiber als Ohren- und Augenzeuge der Jesusgeschichte (evangelisch 1 Joh 1,1–4[5–10]) und Joh 20,2–8: Johannes am Grab Jesu (evangelisch Joh 21,20–24): Weissagung Jesu über den „Jünger, den er lieb hatte“. Die Gebete sprechen vom Geheimnis des ewigen Wortes, das Fleisch geworden ist, und stellen damit den Bezug zu Weihnachten her.

Unschuldige Kinder (28. Dezember)

König Herodes vermutete in dem neugeborenen Kind zu Betlehem, von dem ihm die Weisen aus dem Osten berichteten, einen gefährlichen Anwärter auf seinen Thron (Mt 2,1–12). Deshalb befahl er, alle Jungen unter zwei Jahren in Betlehem zu töten (Mt 2,16–18). Ein Fest der *Unschuldigen Kinder* wird in einem nordafrikanischen Kalendarium aus dem Jahre 505 erwähnt. Als Evangelium liest man Mt 2,13–18. Die neutestamentliche Lesung führt die am Vortag begonnene Bahnlesung aus dem 1. Johannesbrief weiter. Die evangelische Leseordnung hat die Epistel Offb 12,1–6(13–17). Mit dem Fest haben sich zahlreiche Volksbräuche verbunden, z.B. das Schülerbischofsspiel. Das neue *Benediktionale* sieht am Stephanstag, am Fest der Heiligen Familie oder zum Fest der Unschuldigen Kinder eine Kindersegnung vor.

Thomas Becket (29. Dezember)

Thomas Becket wurde 1118 in London geboren, 1155 zum Lordkanzler, 1162 zum Erzbischof von Canterbury berufen. Nach langjährigen Streitigkeiten mit König Heinrich II. wurde er durch vier Edelleute, die dem König einen Gefallen erweisen wollten, am 29. Dezember 1170 während der Vesper in der Kathedrale von Canterbury ermordet.

Heilige Familie (Sonntag in der Weihnachtsoktav)

Fällt ein Sonntag in die Weihnachtsoktav, wird an ihm das Fest der *Heiligen Familie* begangen (sonst am 30. Dezember) – ein verhältnismäßig junges Fest, das zur Gruppe der Ideenfeste gehört. Die Verehrung der Heiligen Familie verbreitete sich im 19. Jahrhundert von Kanada aus. In Papst Leo XIII. (1878–1903) fand sie einen einflußreichen Förderer. Ab 1893 konnte das Fest von Diözesen und Ordensgemeinschaften, die dies wünschten, am 3. Sonntag nach Erscheinung begangen werden. Von Pius X. im Jahre 1911 vorübergehend ausgesetzt, wurde es 1921 unter Benedikt XV. erneut eingeführt und auf den 1. Sonntag nach Erscheinung gelegt. Bei diesem Fest geht es um die „Idee“ der *christlichen Familie*, die an der Familie Jesu ihr Vorbild hat. Als Evangelium liest man in den drei Lesejahren die Geschichte von der Flucht der Heiligen Familie nach Ägypten und ihrer Rückkehr nach Nazaret (Mt 2,13–15.19–23), den Bericht über die Darstellung des Jesuskindes im Tempel (Lk 2,22–40) und die Geschichte vom zwölfjährigen Jesus im Tempel (Lk 2,41–52). Sowohl in der alttestamentlichen (Sir 3,2–6.12–14) als auch in der neutestamentlichen Lesung (Kol 3,12–21: eine der neutestamentlichen *Haustafeln*) geht es um das Verhältnis von Eltern und Kindern bzw. um die christliche Lebensweise in der Familie. Zusätzliche Lesungen sind Gen 15,1–6; 21,1–3; Hebr 11,8.11–12.17–19 (B) und 1 Sam 1,20–22.24–28; 1 Joh 1,1–2.21–24 (C). Im Tagesgebet heißt es: „Herr, unser Gott, in der Heiligen Familie hast du uns ein leuchtendes Vorbild geschenkt ...“

In evangelischen Gemeinden liest man am *1. Sonntag nach dem Christfest* Lk 2,(22–24)25–38(39–40), die Geschichte von der Darstellung im Tempel, vom Lobgesang des Simeon und der Lobpreisung der Prophetin Hanna. Epistel ist 1 Joh 1,1–4 (der Schreiber als Ohren- und Augenzeuge des Heils).

Silvester (31. Dezember)

Silvester, seit 314 Bischof von Rom, erlebte das Ende der Verfolgungszeit und wurde Zeuge der Konstantinischen Wende, mit der das Christentum in die Rolle der Reichsreligion hineinwuchs. Er starb am 31. Dezember 335. Die Legende verbindet seinen Namen mit der Taufe Kaiser Konstantins.

Altjahrsabend

In evangelischen Gemeinden gehört ein Gottesdienst am Abend des 31. Dezember (neuerdings immer häufiger auch in der Nacht) zur festen Praxis. Die Lesungen Röm 8,31b–39 („Ist Gott für uns, wer kann gegen uns sein?“) und Lk 12,35–40

(Gleichnis von den Knechten, die auf ihren Herrn warten) bringen – verstärkt durch die Situation des Jahreswechsels – ein endzeitliches Element in die Weihnachtszeit ein. Der Gottesdienst kann auch nach der Ordnung der Vesper oder der Andacht (nach der Lutherischen Agende Band II, 1960) begangen werden.

Wochentage in der Weihnachtsoktav

In den Werktagsmessen am 29., 30. und 31. Dezember wird die 1. Lesung als Bahnlesung dem 1. Johannesbrief entnommen (2,3–11; 2,12–17; 2,18–21). Als Evangelien sind die Berichte über die Darstellung Jesu im Tempel (Lk 2,22–35), über den Lobpreis der Prophetin Hanna, die Rückkehr der Familie Jesu nach Nazaret (Lk 2,36–40) und der Prolog des Johannesevangeliums (1,1–18) vorgesehen.

Neujahr (1. Januar)

Biblischer Hintergrund

Bei Lukas (2,21) heißt es in einer kurzen Notiz: „Und als acht Tage um waren und man das Kind beschneiden mußte, gab man ihm den Namen Jesus, wie ihn der Engel genannt hatte, bevor das Kind im Mutterleib empfangen war."

Geschichtliches

Seit 153 v. Chr. fand in Rom in den ersten Januartagen der staatliche Ämterwechsel statt. Dies führte zu einer allmählichen Vorverlegung des Jahresbeginns vom 1. März auf den 1. Januar, die im Zuge der Kalenderreform unter Julius Cäsar im Jahre 46 v. Chr. bestätigt wurde. Man beging die ersten Tage des Januar mit ausgelassenem Treiben, Festgelagen und verteilte Geschenke. Der neue Termin zog Bräuche der am 17. Dezember begangenen *Saturnalien* und des alten Jahresbeginns an sich, denen die Kirche durch Bußgottesdienste und Fastenaufrufe entgegenzusteuern suchte: „Jene mögen Neujahrsgeschenke machen, ihr sollt Almosen geben; jene mögen ausgelassene Lieder singen, ihr sollt euch hinziehen lassen zum Wort der Schrift; jene mögen ins Theater eilen, ihr in die Kirche; jene mögen sich berauschen, ihr sollt fasten" (Augustin). Die Konzilien von Tours (567) und Toledo (633) ordneten für die ersten drei Januartage Bußgottesdienste und Fastenübungen an. Es ist anzunehmen, daß es auch in Rom solche Neujahrsgottesdienste gab; ein altes Meßformular unter der Überschrift „Zum Fernhalten vom Götzendienst" deutet darauf hin. In der altspanischen Liturgie wurde in einer *Messe zum Jahresbeginn* Christus als der Herr der Zeit verkündet.

Noch vor dem 7. Jahrhundert wurde es in Rom üblich – vermutlich unter byzantinischem Einfluß –, am 1. Januar ein Marienfest zu feiern: *Natale sanctae Mariae,* wobei *natale* als Gedenktag überhaupt, nicht nur als Geburtsfest im engeren Sinn verstanden werden muß. Vielleicht verfolgte diese Festlegung ebenfalls das Ziel, dem ausgelassenen Neujahrstreiben zu begegnen. Als die beiden byzantinischen Marienfeste *Verkündigung Mariens* (25. März) und *Himmelfahrt Mariens* (15. August) in Rom übernommen wurden, verlor das Marienfest am 1. Januar seine Bedeutung, so daß dieser Termin als Oktavtag von Weihnachten frei wurde.

In Spanien und Gallien beging man seit dem 6. Jahrhundert am 1. Januar das *Fest der Beschneidung des Herrn,* das im 13./14. Jahrhundert von Rom übernommen und unter dem Titel *Fest der Beschneidung des Herrn und Oktav von Weihnachten* in der katholischen Kirche bis zur jüngsten Reform gefeiert wurde. Die Kalenderreform von 1969 wandelte es wieder in ein Marienfest um: Am 1. Januar begeht man das *Hochfest der Gottesmutter Maria,* an dem auch der *Namengebung Jesu* gedacht werden soll. Ein eigenes *Fest des Namens Jesu* gibt es nun nicht mehr. Papst Innozenz XIII. hatte dieses Fest, dessen Wurzeln bis in das 15. Jahrhundert zurückreichen, im Jahre 1721 auf den

2. Sonntag nach Erscheinung gelegt. Unter Pius X. erhielt es 1913 seinen Platz am Sonntag zwischen dem 1. Januar und 6. Januar, also am 2. Sonntag nach Weihnachten. Fiel dieser aus, wurde es am 2. Januar gefeiert. Im neuen deutschen Regionalkalender erscheint der 1. Januar unter der Bezeichnung *Neujahr, Oktavtag von Weihnachten, Namengebung des Herrn, Hochfest der Gottesmutter Maria.* („Hochfest" ist nach der Neuordnung Bezeichnung für die ranghöchsten Feste; daneben gibt es „Feste", „gebotene" und „nichtgebotene Gedenktage".)

Gottesdienstliche Feier

Luther polemisierte sehr heftig gegen die Feier des Neujahrstages („... das Neujahr auszuteilen auf der Kanzel") und forderte, statt dessen über die Beschneidung und den Namen Jesu zu predigen. Für ihn begann das neue Jahr mit Weihnachten: „... des freuet sich der Engel Schar und singet uns solch neues Jahr", heißt es in einem seiner bekanntesten Weihnachtslieder (EG 24). Dennoch hielt sich in den lutherischen Kirchen der Gottesdienst am Neujahrstag. Die Lutherische Agende von 1955 versuchte dem sowohl durch die Bezeichnung *Tag der Beschneidung und Namengebung des Herrn* als auch durch die Auswahl der Lesungen entgegenzusteuern: Evangelium ist der kurze Abschnitt Lk 2,21, Epistel Gal 3,23–29 (das Gesetz erzieht auf Christus hin). Die neue Leseordnung hat – wie die Erneuerte Agende – zwei Formulare, von denen dem unter der Bezeichnung *Neujahrstag* der Vorrang eingeräumt wird. Es nimmt mit seinen Lesungen Jak 4,13–15 (Ungewißheit der Zukunft; Orientierung am Willen Gottes) und Lk 4,16–21 (Jesus in Nazaret: „... ein Gnadenjahr des Herrn zu verkündigen") eindeutig auf den Jahresbeginn Bezug. Das Formular ist austauschbar mit dem für den *Tag der Beschneidung und Namengebung des Herrn* (Gal 3,26–29; Lk 2,21).

Nach der katholischen Ordnung liest man Num 6,22–27 und Gal 4,4–7. Das Evangelium Lk 2,16–21 verbindet die Berichte vom Besuch der Hirten beim Kind in der Krippe, vom Nachsinnen Marias über das Geschehene und Gehörte mit dem von der Beschneidung und Namengebung Jesu. Die Gebete thematisieren die Mutterschaft Mariens und die Geburt Christi. Tages- und Gabengebet nehmen – wenn auch nur in Gestalt von eingeklammerten Zusätzen – auf den Beginn des neuen Jahres Bezug. Das neue Meßbuch enthält darüber hinaus ein Meßformular *Zum Jahresbeginn,* das freilich nicht am 1. Januar (wann aber dann sonst?) genommen werden darf.

Sowohl die evangelische als die katholische Kirche stehen vor dem Problem, wie sie in ihren Gottesdiensten auf den Beginn des bürgerlichen Jahres, die Ängste und Hoffnungen der Menschen reagieren sollen. Der katholische Theologe H. Auf der Maur meint dazu: „Eine bedeutende pastorale Chance ist ... die Feier von Neujahr, wenn es als solches gefeiert wird. Die Feier eines künstlich rekonstruierten, seit über tausend Jahren abgestorbenen Festes dürfte weit an der Erlebnissituation heutiger Menschen vorbeigehen“ (S. 176).

Zweiter Sonntag nach Weihnachten

Er fällt aus, wenn zwischen dem 1. und 6. Januar kein Sonntag begangen wird. Evangelium ist nach der katholischen Ordnung der Prolog des Johannesevangeliums (1,1–18), der ebenfalls in der dritten Weihnachtsmesse gelesen wird. Nach der neuen evangelischen Leseordnung liest man am *2. Sonntag nach dem Christfest* das Evangelium Lk 2,41–52, die Geschichte vom zwölfjährigen Jesus im Tempel (die in der katholischen Kirche dem *Fest der Heiligen Familie* zugeordnet wird).

Werktage nach Neujahr

In den Gottesdiensten der Werktage nach Neujahr (2. bis 5. Januar) wird die Bahnlesung aus dem 1. Johannesbrief fortgesetzt (2,22–28; 2,29–3,6; 3,7–10; 3,11–21). Die Evangelien werden dem 1. Kapitel des Johannesevangeliums entnommen (1,19–28; 1,29–34; 1,35–42; 1,43–51).

Basilius der Große und Gregor von Nazianz (2. Januar)

Der gebotene Gedenktag beider Bischöfe und Kirchenlehrer wird am 2. Januar begangen. Basilius wurde 330 in Cäsarea in Kappadozien geboren. Nach einem asketischen Leben wurde er 370 Erzbischof von Cäsarea. Er engagierte sich im Kampf gegen die Lehre des Arius und starb am 1. Januar 379. Gregor, 330 in Arianz bei Nazianz geboren, beeinflußte Basilius, teilte dessen asketisches Leben, gilt „als der erste große Vertreter eines christlichen Humanismus". Er starb 390 in seinem Geburtsort.

Kapitel 16

Erscheinung des Herrn (Epiphanie)

Namen

In den griechischen Quellen heißt das Fest *epiphaneia* oder *theophaneia* (Erscheinung, Gotteserscheinung), in latinisierter Fassung *Epiphanie.* Im evangelischen Bereich ist, wie bei anderen Fest- und Tagesbezeichnungen auch, die Genitivfassung *Epiphanias* gebräuchlich (eigentlich: Fest bzw. Tag der Erscheinung; vgl. *Trinitatis, Septuagesimae, Michaelis* u.a.) Das neue deutsche Meßbuch führt die Bezeichnung *Erscheinung des Herrn.* Die Erneuerte Agende spricht vom *Fest der Erscheinung des Herrn (Epiphanias).* Sehr gebräuchlich ist die volkstümliche Bezeichnung *Heilige Drei Könige* oder einfach *Dreikönige, Dreikönigstag.*

Biblischer Hintergrund

In den östlichen Kirchen hatte Epiphanie als das ältere Geburtsfest Christi zunächst – wie Weihnachten auch – die Geburts- und Kindheitsgeschichten des Matthäus- und Lukasevangeliums zum Hintergrund. Im Westen verband man besonders die Geschichte von den Weisen aus dem Morgenland (Mt 2,1–12) mit dem Fest: Geleitet von einer kosmischen Erscheinung (Stern? Sternenkonstellation? Komet?), die sie im Sinne damaliger astrologischer Vorstellungen auf die Geburt eines neuen Königs beziehen, kommen die Weisen (wörtlich: Magier) nach Jerusalem. Von Herodes dazu veranlaßt, finden die jüdischen Schriftgelehrten Betlehem als Geburtsort des Christus heraus.

Die Weisen (von einer Dreizahl ist nicht die Rede, und von „Königen" schon gar nicht!) gehen nach Betlehem, finden das Kind, beten es an und bringen ihm Gold, Weihrauch und Myrrhe (ähnlich wie Weihrauch ein aus dem Harz eines in Südarabien heimischen Balsamstrauches gewonnenes Produkt).

Darüber hinaus prägten einige weitere biblische Texte das Fest, z.B. der Bericht über die Taufe Jesu durch Johannes (Mt 3,13–17; Mk 1,9–11; Lk 3,21f; Joh 1,32–34): Jesus kommt zum Jordan, um sich von Johannes taufen zu lassen; dieser wehrt zuerst ab, fügt sich aber dann doch. Bei bzw. nach der Taufe Jesu öffnet sich der Himmel, in Gestalt einer Taube kommt der Geist Gottes auf ihn herab, und eine Stimme sagt: „Dies ist mein lieber Sohn, an dem ich Wohlgefallen habe." Die Taufe Jesu trägt solchermaßen den Charakter einer *Epiphanie,* einer Gotteserscheinung; bei Markus tritt sie geradezu an die Stelle der Geburts- und Kindheitsgeschichten.

Ebenso ereignet sich in der Geschichte von der Hochzeit zu Kana (Joh 2,1–12) eine solche *Epiphanie*: Auf Bitten seiner Mutter verwandelt Jesus Wasser in Wein. Das Geschehen wird in Vers 11 interpretiert: „Das ist das erste Zeichen, das Jesus tat .., damit offenbarte er seine Herrlichkeit. Und seine Jünger glaubten an ihn." Schließlich gehören auch die Berichte über die Speisungswunder Jesu (Speisung der Fünftausend: Mt 14,13–21; Mk 6,31–44; Lk 9,10–17; Joh 6,1–13; Speisung der Viertausend: Mt 15,32–39; Mk 8,1–10) hierher – in ihnen gibt sich Jesus in seiner ihm von Gott verliehenen königlichen Herrlichkeit zu erkennen.

Geschichtliches

Im heidnischen Ägypten feierte man in der Nacht vom 5. zum 6. Januar die Geburt des Sonnengottes *Aion* aus der Jungfrau *Kore*. Dem folgte am Tage der Gang zum Nil, um heilbringendes Wasser zu schöpfen. Sonnen- und Nilkult gingen in diesem Fest eine Verbindung miteinander ein.

Vermutlich knüpfte schon im 3. Jahrhundert die christlichgnostische Sekte der Basilidianer an diesen Brauch an: Am 6. Januar (oder 10. Januar) feierte sie in einem nächtlichen Gottesdienst die Taufe Jesu im Jordan, die sie als die eigentliche Zeugung und Geburt des Christus verstand. Auch das Motiv der heiligen Hochzeit (Verschmelzung der menschlichen Natur Jesu mit dem Göttlichen Wort, dem *logos*) spielte eine Rolle.

Wahrscheinlich hat die Kirche in Ägypten zu Beginn des 4. Jahrhunderts das Fest der Basilidianer übernommen bzw. ihm ein eigenes entgegengesetzt. Die Ursprünge des Epiphaniefestes liegen jedenfalls in Ägypten, genauer in Alexandria. Das Fest hatte hier zunächst sowohl die Taufe Jesu als auch seine Geburt zum Inhalt.

Auch das erste Zeichen Jesu – die Verwandlung von Wasser in Wein auf der Hochzeit zu Kana – gehörte zu den Festinhalten. Als man später von den westlichen Kirchen das Weihnachtsfest übernahm, wanderte das Motiv der Menschwerdung Gottes vom 6. Januar auf den 25. Dezember. Der 6. Januar stand jetzt vornehmlich im Zeichen von Jesu Taufe. An das Fest schloß sich ein vierzigtägiges Fasten (zum Gedächtnis des Fastens Jesu nach seiner Taufe; vgl. Mt 4,1–11; Mk 1,12f; Lk 4,1–13) an.

In der 2. Hälfte des 4. Jahrhunderts breitete sich das Fest rasch in den Kirchen des Ostens wie des Westens aus und gelangte über Gallien, Spanien und Norditalien auch nach Rom, wo es dem hier bereits heimischen Weihnachtsfest zur Seite trat. In Jerusalem feierte man am 6. Januar ursprünglich die Geburt Jesu mit einem Nachtgottesdienst in Betlehem und einer Prozession von dort nach Jerusalem. Erst als man vom Westen das Weihnachtsfest übernahm, wurde auch hier das Motiv der Taufe Jesu dem Erscheinungsfest zugeordnet. Ähnliches gilt für Kleinasien und Byzanz, wo der 6. bzw. 7. Januar schließlich zum großen Tauftag der Gemeinden wurde. In Gallien standen – nachdem das Motiv der Geburt Jesu vom 25. Dezember übernommen worden war – die Anbetung der Weisen, die Taufe Jesu und die Hochzeit zu Kana im Mittelpunkt. In Spanien und Norditalien wurden diesem Motivkreis auch die Speisungswunder Jesu zugeordnet.

In Rom wurde der Motivkomplex *Weise – Taufe – Kana* schließlich auseinandergefaltet: Am 6. Januar stand die Anbetung der Weisen (Mt 2,1–12) im Mittelpunkt, am Oktavtag von Epiphanie (13. Januar) gedachte man der Taufe Jesu, am Sonntag darauf der Hochzeit zu Kana. So wurde der 6. Januar in einem engeren Sinn zum Tag der „Heiligen Drei Könige“: Ist Mt 2,1–12 nur von Weisen allgemein die Rede, so wurde ihre Zahl schon von Origenes (185–254) auf Grund der dreifachen Gaben auf drei festgesetzt. Später wurden sie zu Königen, deren Namen man zu kennen glaubte: Balthasar (Bithisarea), Melchior (Melichior) und Caspar (Gathaspa). Am 23. Juli 1164 wurden ihre angeblichen Reliquien von Mailand nach Köln überführt. Das hatte einen starken Aufschwung ihrer Verehrung zur Folge. Der 6. Januar gewann dadurch im Abendland immer stärker den Charakter eines Heiligenfestes.

Bedeutung

Königsherrschaft Christi

Steht zu Weihnachten der Gedanke der *Erniedrigung*, des Abstiegs im Vordergrund, betont die Feier von Epiphanie demgegenüber den herrscherlichen Aspekt dieses Vorgangs: Es ist wirklich Gott, der Herr, der sich in Jesus der Menschheit zuwendet und seine Königsherrschaft über die Welt aufrichtet. So kann man davon sprechen, daß Epiphanie „das eigentliche Christkönigsfest der Liturgie sei“ (A. Adam, S. 124). Die dem Erscheinungsfest zugeordneten Texte zeigen das auf ihre Weise: Die Magier kommen, um den „neugeborenen König der Juden“ (Mt 2,2) anzubeten; sie huldigen ihm mit königlichen Geschenken. Die Berufung zum Sohn in der Taufe bedeutet Herrschaftsübertragung, Krönung; die Wein- und Brotwunder zeigen seine königliche Macht. All dies drückt sich in den Liedern aus, die das Festgeheimnis besingen: „O König aller Ehren, Herr Jesu, Davids Sohn, dein Reich soll ewig währen, im Himmel ist dein Thron ...“ (EG 71); „Jesus ist kommen, der König der Ehren ...“ (EG 66).

Licht der Heiden

Das Lichtmotiv ist wohl von Anfang an mit dem Fest verbunden („O Jesu Christe, wahres Licht, erleuchte, die dich kennen nicht, und bringe sie zu deiner Herd', daß ihre Seel auch selig werd'"; EG 72 GL 643). Mit ihm verknüpfte man den Missionsgedanken, der besonders in evangelischen Gemeinden eine Rolle spielt. Der Stern, der die Weisen zum Christuskind leitet, wird ebenfalls vielfach in diesem Sinne gedeutet („Wie schön leuchtet der Morgenstern", EG 70, GL 554; „Auf, Seele, auf und säume nicht", EG 73.) Der „Wunderstern" bringt Licht, Klarheit und Freude auch in das Leben des einzelnen Glaubenden.

Gottesdienstliche Feier

Festmesse

In der für das *Hochfest Erscheinung des Herrn* vorgesehenen Messe liest man Jes 60,1–6 (die Herrlichkeit Gottes über dem Zion; Völker und Könige kommen und bringen ihre Schätze), Eph 3,2–3a.5–6 (Berufung der Heiden zu Miterben und Gliedern des Leibes Christi) und Mt 2,1–12 (die Weisen aus dem Osten). Tages- und Gabengebet nehmen auf die Anbetung der Weisen und ihre Gaben Bezug. Das Schlußgebet stellt das Lichtmotiv in den Mittelpunkt. Das Fest hat eine eigene Präfation *Christus als Licht der Völker.*

Die Lutherische Agende von 1955 hatte als Epistel Jes 60, 1–6 und (als Ausnahme) zwei Evangelien, die beide verlesen werden sollten: Mt 2,1–12 (die Weisen) und Mt 3,12–17 (Taufe Jesu). Die neue Leseordnung hat nur noch Mt 2,1–12. Auch alttestamentliche Lesung und Epistel stimmen mit der katholischen Ordnung überein.

Im byzantinischen Ritus wird das Fest mit einem Abendgottesdienst am 5. Januar und einer sich anschließenden Nachtwache eröffnet. Die Evangelien des Vigilgottesdienstes (Lk 3,1–18) und der Liturgie des Festtages (Mt 3,13–17) stellen die Taufe Jesu in den Mittelpunkt. Die alttestamentlichen Lesungen der Vigil verweisen auf die Lesungen, die zu Ostern in Jerusalem gehalten wurden. Die Festzeit schließt am 2. Februar mit dem Gedenken an die Darstellung Jesu im Tempel (ursprünglich am 14. Februar als Abschluß einer vierzigtägigen Fastenzeit nach dem 6. Januar).

Werktage nach dem 6. Januar

Das Fest hat zwar keine eigentliche Festwoche mehr. Dennoch erhalten die Tage vom 6. bis 12. Januar im neuen Meßbuch eigene Formulare. Die neutestamentlichen Lesungen setzen die Bahnlesung aus dem 1. Johannesbrief fort. Die Evangelien haben den Beginn der Wirksamkeit Jesu (Mt 4,12–17.23–25), die Speisung der Fünftausend (Mk 6,34–44), den Seewandel Jesu (Mk 6,45–52), Jesu Predigt in Nazaret (Lk 4,14–22 a), die Heilung eines Aussätzigen (Lk 5,12–16) und das letzte Zeugnis des Johannes von Jesus (Joh 3,22–30) zum Thema.

Fest der Taufe Jesu

Am Sonntag nach dem 6. Januar begeht die katholische Kirche das *Fest der Taufe des Herrn.* Man liest verteilt über die drei Lesejahre die Berichte über die Taufe Jesu nach Mt 3,13–17, Mk 1,7–11 und Lk 3,15–16.21–22. Alttestamentliche Lesungen sind Jes 42,1–4.6–7; Jes 55,1–11; Jes 40,1–5.9–11; als 2. Lesung ist Apg 10,34–38, 1 Joh 5,1–9 oder Tit 2,11–14; 3,4–7 vorgesehen. Das Fest hat eine eigene Präfation: *Die Offenbarung des Geheimnisses Jesu am Jordan.*

Auch nach der evangelischen Ordnung steht am *1. Sonntag nach Epiphanias* die Taufe Jesu im Mittelpunkt (Mt 3,13–17). Epistel ist Röm 12,1–3(4–8).

Sonntage nach Epiphanias

Die neue katholische Ordnung hat die Sonntage nach Epiphanie abgeschafft. Dennoch hat nicht nur der 1. Sonntag (Taufe Jesu), sondern auch der 2. Sonntag im Jahreskreis eine gewisse Prägung vom Erscheinungsfest her behalten: Im Lesejahr A liest man den Bericht über die Erwählung (Taufe) Jesu nach Johannes (1,29–34); im Lesejahr C steht die Geschichte von der Hochzeit zu Kana im Mittelpunkt. Dieses Evangelium bestimmt auch das Proprium des *2. Sonntags nach Epiphanias* nach der evangelischen Ordnung (Joh 2,1–11). Der *3. Sonntag nach Epiphanias* steht hier im Zeichen des Hauptmanns von Kapernaum, der Jesus um die Heilung seines Knechtes bittet; das „Machtmotiv" klingt dabei deutlich an (Mt 8,5–13). Am *4. Sonntag nach Epiphanias* begegnet das gleiche Motiv in der Geschichte von der Stillung des Sturms durch Jesus (Mk 4,35–41). Am seltenen *5. Sonntag nach Epiphanias* liest man das Gleichnis vom Unkraut unter dem Weizen (Mt 13,24–30).

Letzter Sonntag nach Epiphanias (Verklärung Jesu)

Nach der evangelischen Ordnung wird der *6. (letzte) Sonntag nach Epiphanias* immer begangen. In gewisser Weise hat hier das *Fest der Verklärung Jesu* (6. August) seinen Platz im evangelischen Festkalender gefunden: Man liest den Bericht über die Verklärung Jesu auf dem Berg (Mt 17,1–19), der deutliche Parallelen zu den Berichten über die Taufe Jesu aufweist und ebenso wie diese von einer *Theophanie,* einer Gotteserscheinung, handelt („Dies ist mein lieber Sohn, an dem ich Wohlgefallen habe; auf den sollt ihr hören"). Auch die Epistel 2 Kor 4,6–10 nimmt noch einmal Klänge des Erscheinungsfestes auf („Licht soll aus der Finsternis hervorleuchten").

Die katholische Kirche begeht das *Fest der Verklärung des Herrn* am 6. August. Bereits im 5. Jahrhundert im Osten gefeiert, tauchte es im 10. Jahrhundert erstmals im fränkisch-römischen Bereich auf. Die Entstehung des Festes hängt vermutlich mit einer Kirchweihe auf dem Berg Tabor zusammen, der in der Überlieferung als Berg der Verklärung gilt. In der Festmesse liest man in den drei Lesejahren die Berichte über die Verklärung Jesu (Mt 17,1–8; Mk 9,2–10; Lk 9,28b–36). Auch die neutestamentliche Lesung 2 Petr 1,16–19 nimmt darauf Bezug. Am 6. August segnete man in Rom frische Trauben und andere Erstlingsfrüchte des Feldes. Dieser Brauch wird heute noch in der russisch-orthodoxen Kirche gepflegt, doch steht er vermutlich in keinem Zusammenhang mit der Verklärung Jesu.

Heiligentage nach Epiphanie

Bekehrung des Apostels Paulus (25. Januar)

Das Fest der Bekehrung des Apostels Paulus ist ein ökumenisches Apostelfest, das nicht nur von katholischen Christen gefeiert wird, sondern auch Bestandteil evangelischer Kalendarien und Leseordnungen ist. Hier liest man als Epistel den Bericht über die Bekehrung des Paulus Apg 9,1–19a (katholisch: 9,1–22 oder 22,3–16) und das Evangelium vom Lohn der Nachfolge Mt 19,27–39. Das Fest tauchte zuerst in der gallisch-fränkischen Liturgie auf; sein Termin hängt vermutlich mit dem dort üblichen Petrusgedächtnis am 18. Januar zusammen, dessen Oktavtag es ist.

Blasius (3. Februar)

Der Bischof und Märtyrer Blasius von Sebaste († um 316) gilt als Helfer bei Halskrankheiten. Für den Blasiussegen bietet das neue Benediktionale ein Formular: Kerzen werden gesegnet und angezündet, die der Priester dem Gläubigen kreuzweise mit den Worten vor den Hals hält: „Auf die Fürsprache des heiligen Blasius bewahre dich der Herr vor Halskrankheiten und allem Bösen“.

Valentin (14. Februar)

Eine gewisse Bedeutung im Volksbrauchtum besitzt der Valentinstag, der nicht im neuen Regionalkalender enthalten ist: Valentin, Bischof von Terni (nicht zu verwechseln mit Valentin von Rätien, dessen Tag am 7. Januar begangen wird), starb um 268 den Märtyrertod. Er gilt als Helfer bei Epilepsie und Ohnmachtsanfällen. Sein Tag ist ebenso der Tag der Liebes- und Brautleute, die aus diesem Anlaß Geschenke tauschen. Nach altem östlichen Brauch endete am 14. Februar das vierzigtägige Fasten nach Epiphanie.

Brauchtum

Ankündigung von Festdaten

Zum kirchlichen Brauchtum am Epiphaniefest gehört die Sitte, nach der Evangelienlesung das Datum des kommenden Osterfestes und anderer beweglicher Feste zu verkünden. Der Brauch wird heute noch in Köln und Turin geübt.

Wasserweihe

Auch eine Wasserweihe zu Epiphanie ist überliefert. Sie geht vermutlich auf östliche Riten zurück, die Pilger in das Abendland mitbrachten. Die *Jordanweihe (Große Wasserweihe)*, bei der ein Kreuz ins Wasser gesenkt wird, gehört im Osten zu den Höhepunkten der Epiphaniefeier. Sie ist vermutlich mit den Taufen an diesem Tag in Verbindung zu bringen. Auch von Flußsegnungen (z.B. einer „Salbung“ des Jordan, bei der Schiffsleute Salböl in den Fluß gießen und ihm danach geweihtes Wasser entnehmen) und einem Wasserschöpfen um Mitternacht ist die Rede. Im Westen breitete sich die Wasserweihe vom 11. Jahrhundert an aus. Im Zusammenhang mit der Segnung von Salz, Kreide und Weihrauch sieht sie auch das neue Benediktionale vor (Weihwassersegnung). Weniger verbreitet ist die Segnung von Gold, Myrrhe und Edelsteinen. Die gesegneten Gegenstände sollen Schutz auf Reisen gewähren und vor Krankheiten schützen.

Haussegnung

Einer großen Beliebtheit unter katholischen Christen erfreut sich die Haussegnung zu Epiphanie: Die Räume werden mit Weihwasser und Weihrauch gesegnet; über die Türbalken wird die Formel 19 + C + M + B + 94 (bzw. die jeweilige Jahreszahl) mit Kreide geschrieben (deshalb die Segnung von Kreide!). Die Buchstaben werden entweder als Namen der Heiligen Drei Könige gedeutet (Caspar, Melchior, Balthasar) oder auf die lateinische Formel *Christus mansionem benedicat* (= Christus segne das Haus) bezogen.

Dreikönigsspiele und Sternsingen

Die Dreikönigsspiele, die in großer Vielfalt überliefert sind, hatten vermutlich ihren Sitz ebenfalls in der Liturgie: Drei Geistliche traten als Magier bzw. Könige auf, zogen zum Kind in der Krippe, huldigten ihm und überreichten ihm die Gaben. Liturgisch wurde dies dargestellt in Gestalt einer Prozession zum Ambo (Lesepult), an dem das Festevangelium verlesen wurde, und einer anschließenden Prozession zum Altar, wo der Liturg die Gaben in Empfang nahm.

Zum Brauchtum um Epiphanie gehört auch das Sternsingen: Unter Gesang ziehen Gruppen von Kindern (oder von Erwachsenen), als Könige verkleidet, von Haus zu Haus und bitten um Gaben. Das neue Benediktionale enthält ein Formular für die Segnung und Aussendung der Sternsinger.

Zwölf Nächte

Die geheimnisvolle *Zeit der Zwölften* oder *Zwölf Nächte* beginnt am 25. oder am 29. Dezember, zuweilen auch schon am 13. Dezember. In diesen *Rauhnächten* (die wichtigsten sind die zum 25. und 29. Dezember, 1. und 6. Januar) erreicht nach altem Glauben die dämonische Macht der Finsternis ihren Höhepunkt. Ihr muß mit Lärm und Maskenumzügen begegnet werden. An manchen Orten spielt dabei die Gestalt der Perchta (Berchta), einer Frauenfigur aus der germanischen Mythologie, eine Rolle (Perchtenläufe, Perchtenspringen). Auf germanische Vorstellungen geht auch die Furcht vor dem „wilden Jäger" (bzw. der „wilden Jagd") zurück, der in diesen Nächten unterwegs ist; vielerorts gilt es auch heute noch als gefährlich, während dieses Zeitraums Wäsche zu waschen und zum Trocknen aufzuhängen. Seit alter Zeit haben um Neujahr und Epiphanie allerhand Deute- und Beschwörungsbräuche ihren Platz (Orakel, Bleigießen, Neujahrs- oder Dreikönigszauber). Dreikönigsgebäck mit einer eingebackenen Bohne oder Krone wird gebacken und ausgeteilt, um den *Bohnenkönig* zu krönen. Älter noch ist die Vorstellung, daß die „armen Seelen" durch Backwerk in besonderer Gestalt versöhnt werden können. In vielen Familien wird am 6. Januar der Weihnachtsbaum geplündert.

Kapitel 17

Folgefeste

Wie dem Osterfestkreis können auch dem weihnachtlichen Festkreis bestimmte Folgefeste zugeordnet werden. Es handelt sich um solche Tage, die in einer gewissen, zum Teil chronologisch bestimmten Beziehung zur Geburt Christi und dem für den 25. Dezember angenommenen Geburtsdatum stehen.

Es ist bemerkenswert, daß ein Großteil dieser Tage ökumenischen Charakter trägt und von evangelischen Christen zumindest dann begangen wird, wenn sie auf einen Sonntag fallen. Sie gelten hier nicht als Marien- oder Heiligenfeste, sondern als Christusfeste (Herrenfeste); ein Verständnis, das sich durchaus auch in den Benennungen dieser Tage im neuen Meßbuch wiederfinden läßt.

Darstellung des Herrn (2. Februar)

Namen

In den ältesten Quellen ist nur vom *Vierzigsten Tag der Geburt unseres Herrn Jesus Christus* die Rede (er fiel, da der 6. Januar als Geburtstag galt, auf den 14. Februar). Später hieß der Tag *Fest der Begegnung* (griechisch *hypapante)* oder *Fest der Reinigung* (im Westen bis zur jüngsten Reform: *Reinigung Mariens).* Das neue Meßbuch entschied sich für die Bezeichnung *Darstellung des Herrn.* Wegen der Lichterprozession, die an diesem Tage abgehalten wird, sind auch die Namen *Lichtmeß, Candlemas* (englisch), *Chandeleur* (französisch) üblich geworden.

Biblischer Hintergrund

Das Ereignis, das am 2. Februar gefeiert wird, wird in Lk 2,22–39 beschrieben: Nach den Vorschriften des Alten Testaments gilt eine Frau vierzig Tage nach der Geburt eines Knaben und achtzig Tage nach der Geburt eines Mädchens als unrein (Lev 12,1–8) und muß danach ein Schaf und eine Taube (oder auch zwei Tauben) dem Priester als Reinigungsopfer übergeben. Darüber hinaus gilt ein erstgeborener Knabe als Eigentum Gottes; er muß vor Gott gebracht („dargestellt") und durch ein Geldopfer ausgelöst werden (vgl. Ex 13,2; 13,12; Num 18,16). Als die Eltern Jesu das Kind in den Tempel bringen, begegnen sie dabei dem alten Simeon und der Prophetin Hanna, die beide im Kind den Erlöser Israels erkennen und Gott dafür preisen (Lobgesang des Simeon: *Nunc dimittis,* Lk 2,29–32). Deshalb wird das Fest gelegentlich auch *Tag des heiligen Simeon* genannt.

Geschichtliches

Nach dem Bericht der Pilgerin Egeria feierte man in Jerusalem den 40. Tag nach Epiphanie am 14. Februar mit einer Prozession und einer Eucharistiefeier. Wo sich der 25. Dezember als Geburtsfest Christi durchsetzte, wurde die Feier vorverlegt auf den 2. Februar. Aus Rom ist eine Lichterprozession um den genannten Zeitpunkt bekannt, die womöglich älter ist und eine heidnische Sühne- und Reinigungsprozession abgelöst hat. Im 8. Jahrhundert verbreitete sich das Fest von Rom aus im gallisch-fränkischen Raum.

Gottesdienstliche Feier

Nach katholischem Brauch findet an diesem Tag eine Kerzenweihe und Lichterprozession statt: man zieht mit brennenden Kerzen, die zuvor mit Gebet und Weihwasser gesegnet wurden, von einer Nebenkapelle oder einem anderen Ort zur Kirche. Dabei singt man den Lobgesang des Simeon. Eine zweite, einfachere Form der Feier sieht vor, daß die Gläubigen sich mit den Kerzen zu deren Segnung bereits in der Kirche befinden. Die nachfolgende Eucharistiefeier hat eine eigene Präfation *Christus kommt in seinen Tempel.* Man liest das Evangelium von der Darstellung Jesu (Lk 2,22–40). Die beiden anderen Lesungen sind Mal 3,1–4 und Hebr 2,14–18.

Das evangelische Formular kennt weder Kerzensegnung noch -prozession. Lesungen sind Hebr 2,14–18 und Lk 2,22–24(25–35).

Brauchtum

Von den zu Lichtmeß gesegneten Kerzen erwartet man Schutz und Hilfe in vielen Nöten (z.B. bei Gewittern, Epidemien, in der Sterbestunde). Im allgemeinen Bewußtsein erlangte der Tag früher auch dadurch Bedeutung, daß an ihm die Dienstboten ihre Stellen wechselten.

Verkündigung des Herrn (25. März)

Namen

In den ältesten griechischen Zeugnissen heißt das Fest *Verkündigung (euangelismos) der Gottesmutter.* Die Bezeichnung wurde im lateinischen Sprachgebiet übernommen *(annuntiatio* – Verkündigung, Ankündigung) und ging von hier in zahlreiche moderne Sprachen ein *(Annonciation, Annuntiation of the Blessed Virgin Mary, Maria Boodschap).* Der volkstümliche deutsche Name lautet *Mariä Verkündigung.* Die Bezeichnung *Verkündigung des Herrn* im neuen Meßbuch (wie auch die evangelische Benennung *Tag der Ankündigung der Geburt des Herrn)* unterstreichen, daß der Tag den Charakter eines Christusfestes trägt.

Biblischer Hintergrund

Das Festevangelium Lk 1,26–38 (so auch in der evangelischen Ordnung) erzählt die Geschichte von der Botschaft des Engels an Maria: „Fürchte dich nicht, Maria, du hast Gnade bei Gott gefunden. Siehe, du wirst schwanger werden und einen Sohn gebären, den sollst du Jesus nennen ..." Maria antwortet: „Siehe, ich bin des Herrn Magd; mir geschehe, wie du gesagt hast."

Geschichtliches

Nachdem sich der 25. Dezember als Geburtsfest Jesu auch in den meisten östlichen Kirchen durchgesetzt hatte, kam dort im Laufe des 6. Jahrhunderts ein Fest zur Empfängnis Jesu am 25. März auf, das die abendländische Kirche im 7. Jahrhundert übernahm. Es trat neben ältere Marienfeste bzw. ersetzte sie: Das älteste Marienfest, von dem wir wissen, wurde wohl im Osten noch vor dem Konzil von Ephesus (431) am 26. Dezember als *Gedächtnis der heiligen, immer jungfräulichen Gottesmutter* begangen. Im heutigen griechisch-orthodoxen Festkalender trägt es die Bezeichnung *Synaxis der Gottesmutter.* Es geht vielleicht auf einen Sonntagsgottesdienst zurück, den man in Erinnerung an die Rast Marias auf dem Weg nach Betlehem am dritten Meilenstein nach Jerusalem um den 25. Dezember herum hielt. Auch im Westen gab es schon im 5. Jahrhundert am Sonntag vor Weihnachten eine Feier zum Gedächtnis der Verkündigung und Menschwerdung des Herrn, in Spanien wurde sie noch lange am 18. Dezember begangen.

Gottesdienstliche Feier

Fällt das Hochfest in die Karwoche oder Osterwoche, so wird es am Montag nach *Quasimodogeniti* nachgeholt. Fällt es auf einen Sonntag der Fastenzeit, wird es auf den Samstag vorverlegt. Die Erneuerte Agende schreibt vor: „Fällt der 25. März auf einen Sonntag der Passionszeit, so wird der Tag der Ankündigung der Geburt des Herrn am Vortage oder an einem Werktag der darauffolgenden Woche begangen. Fällt er auf die Tage zwischen Palmsonntag und Ostermontag, wird er in die Woche nach dem 1. Sonntag nach Ostern verlegt und dort an einem geeigneten Werktag begangen.“

Außer dem Festevangelium liest man Jes 7,10–14 und Hebr 10,4–10 (evangelisch: Gal 4,4–7). Das Fest hat eine eigene Präfation *Maria empfängt das ewige Wort.* Zum Glaubensbekenntnis kniet man – wie zu Weihnachten – bei den Worten *hat Fleisch angenommen* bzw. *empfangen durch den Heiligen Geist* nieder.

Mariä Heimsuchung (2. Juli)

Den biblischen Hintergrund dieses Festes bildet der Bericht über den Besuch Marias bei ihrer Verwandten Elisabet (Lk 1,39–45): Als die schwangere Elisabet den Gruß der Maria hört, „hüpft das Kind in ihrem Leibe“. In der Begegnung der beiden schwangeren Frauen wird gleichsam die des zukünftigen Erlösers mit seinem Vorboten und Wegbereiter, dem Täufer Johannes, vorweggenommen. Auf die Seligpreisung der Elisabet hin stimmt Maria ihren Lobgesang, das *Magnificat* (Lk 1,46–55) an.

Der franziskanische Ordensgeneral Bonaventura führte das Fest 1263 für seinen Orden ein. Sein Termin hängt mit dem Geburtsfest des Täufers zusammen; es fällt auf den Tag nach seiner Oktav. Unter Pius V. fand es 1568/70 Aufnahme in den allgemeinen Festkalender. Um eine deutlichere chronologische Abfolge von Verkündigung (25. März), Mariä Heimsuchung und Geburt des Johannes (24. Juni) herzustellen, verlegte der neue römische Generalkalender das Fest auf den 31. Mai. Der deutsche Regionalkalender hält jedoch am alten Termin fest, der auch für die evangelische Ordnung maßgebend bleibt. Hier liest man das Evangelium Lk 1,29–47(48–55)56, als Epistel 1 Tim 3,16. Die katholische Leseordnung sieht für das Fest Zef 3,14–18, Röm 12,9–16b und Lk 1,39–56 vor.

Geburt Johannes' des Täufers (24. Juni)

Biblischer Hintergrund

Den biblischen Hintergrund dieses Hochfestes bildet die Überlieferung von der Geburt des Johannes, seiner Beschneidung und Namengebung: Der Vater des Johannes, Zacharias, der seit jener Erscheinung im Tempel, die ihm die Geburt eines Sohnes ankündigte, die Sprache verloren hat (Lk 1,5–23), schreibt den Namen des Kindes auf eine Tafel: „Er heißt Johannes." Zur großen Verwunderung der Verwandten stimmt er darin mit Elisabet überein, die den gleichen Namen nennt. Als Zacharias die Sprache zurückerhält, stimmt er den nach ihm benannten Lobgesang auf den Gott Israels und den kommenden Erlöser an (das *Benedictus*, Lk 1,57–80). Nach Lk 1,36a ist Elisabet bereits im 6. Monat schwanger, als Maria die Geburt ihres Kindes angekündigt wird. Deshalb legte man den Termin der Geburt des Johannes auf den 24. Juni – sechs Monate vor der Geburt Jesu – fest. Daneben stehen all jene Texte in Beziehung zu dem Fest, in denen von der Wirksamkeit des Johannes, von seinem Verhältnis zu Jesus und von seinem Ende gehandelt wird: Vermutlich beginnt Johannes um das Jahr 27/28 n. Chr. in der Jordansteppe mit seiner Bußpredigt. Er verkündet allen, die zu ihm kommen, ohne Ansehen der Person und des Standes, das kommende Gericht und vollzieht an den Bußfertigen die Wassertaufe im Jordan. Äußerlich fällt er durch seine asketische Kleidung und Lebensweise auf. Er sammelt eine Jüngergemeinde um sich, aus der einige der späteren Jünger Jesu hervorgehen. Er kritisiert den Lebenswandel des Herodes Antipas, der ihn festsetzen und schließlich töten läßt.

Geschichtliches

Johannes der Täufer erfuhr schon in der alten Kirche eine hohe Verehrung. Im Osten feiert man unmittelbar nach Epiphanie am 7. Januar ihm zu Ehren ein Fest. Dieser Termin erklärt sich aus dem Brauch, Heilige, die zu einem Herrenfest in besondere Beziehung gesetzt wurden, tags darauf durch eine eigene Gedächtnisfeier zu ehren. Der 24. Juni als Geburtsfest des Täufers setzte sich zuerst im Westen durch. Daß man den 24. Juni und nicht den 25. Juni (in Entsprechung zum 25. Dezember) wählte, hängt wohl mit der unterschiedlichen Länge der Monate Juni und Dezember zusammen: Man feiert beide Feste jeweils am achten Tag vor dem Beginn des folgenden Monats.

Bedeutung, gottesdienstliche Feier und Brauchtum

Die große Volkstümlichkeit des Johannistages ist vermutlich darauf zurückzuführen, daß es als Fest auf der Höhe des Naturjahres zugleich einem Heiligen gewidmet ist. Das Wort des Johannes „Er muß wachsen, ich aber muß abnehmen" (Joh 3,30) läßt das Geschehen in der Natur als Gleichnis für sein Verhältnis zu Christus erscheinen. Darüber hinaus gerät die Vergänglichkeit irdischen Lebens überhaupt in den Blick: Auf der Höhe des Lebens kündigen sich Tod und Vergehen an; der Blick richtet sich auf Christus, in dem allein Heil und Leben ist.

Nach der katholischen Ordnung ist das Fest durch eine Vorabendmesse ausgezeichnet, die vor oder nach der Vesper am 23. Juni gefeiert wird. Die Tagesmesse am 24. Juni hat die Lesungen Jes 49,1–6, Apg 13,22–26 und Lk 1,57–66.80. Das Fest hat eine eigene Präfation *Johannes als Vorläufer Christi:* „Bis an sein Ende gab Johannes Zeugnis für das Licht und besiegelte mit dem Blut seine Treue." In evangelischen Gemeinden wird der Tag vielfach mit Johannisandachten auf den Friedhöfen begangen. Man liest Apg 19,1–7 und Lk 1,57–67(68–75)76–80. Der Tag soll da, wo er nicht am 24. Juni selbst gefeiert wird, am vorhergehenden oder nachfolgenden Sonntag begangen werden.

Zum Brauchtum des Tages gehören die Johannisfeuer, die nach Ursprung und Bedeutung Sonnenwendfeuer darstellen. Das neue Benediktionale kennt eine Feuersegnung, die unter anderem auch am 24. Juni vollzogen werden kann.

Empfängnis (23. September) und Enthauptung (29. August) Johannes' des Täufers

Neun Monate vor dem 24. Juni feiert man im byzantinischen Ritus das *Fest der Empfängnis Johannes' des Vorläufers.* Im Unterschied zu diesem Fest, das auf den Osten beschränkt blieb, setzte sich das Gedenken an die *Enthauptung Johannes' des Täufers* am 29. August auch im Westen durch. Es nimmt Bezug auf Mt 14,1–12 (Mk 6,14–29; Lk 3,19f; 9,7–9); hier wird der Tod des Johannes auf eine Intrige der Herodias und ihrer Tochter Salome zurückgeführt. Historisch hängt der Gedenktag wohl mit der Weihe der Johanneskirche in Sebaste in Samaria zusammen, wo Johannes der Überlieferung nach bestattet worden ist.

Vorfahren Jesu

Josef (19. März)

Erste Spuren einer Verehrung des heiligen Josef begegnen im 8./9. Jahrhundert in Ägypten. Dort beging man sein Gedächtnis am 20. Juli. Das Fest am 19. März ihm zu Ehren kam im 12. Jahrhundert auf und erfuhr durch den Franziskanerorden im 14. Jahrhundert weite Verbreitung. 1479 wurde es durch Sixtus IV. für die ganze Kirche als verbindlich eingeführt. Als Hochfest des *heiligen Josef, Bräutigam der Gottesmutter Maria,* erscheint es im neuen Meßbuch. Es hat eine eigene Präfation, die auch in den anderen Messen zu Ehren des heiligen Josef Verwendung findet. Man liest 2 Sam 7,4–5a.12–14a.16, Röm 4,13.16–18.22 und Mt 1,16.18–21.24a (alternativ: Lk 2,41–51a). Da das Fest stets in die Fastenzeit fällt, kann es auf einen anderen Termin verlegt werden.

Ein weiteres Josefsfest führte Pius XII. im Jahre 1955 ein: Am 1. Mai, dem Internationalen Tag der Arbeit und der Arbeiter, soll das Hochfest des *heiligen Josef, des Arbeiters,* begangen werden. Der neue Kalender behält es – in Rang und Bedeutung deutlich reduziert – als nichtgebotenen Gedenktag bei.

Joachim und Anna (26. Juli)

Am 26. Juli ist der Gedenktag von Joachim und Anna, die nach einem apokryphen Evangelium aus der 2. Hälfte des 2. Jahrhunderts als die Eltern Marias gelten. Im Zuge wachsender Marienverehrung im Mittelalter verbreitete sich auch ihr Kult. Es entstanden Darstellungen des Marienlebens und der heiligen Sippe, am bekanntesten ist das ikonographische Motiv Anna selbdritt (Anna, Maria, Jesuskind).

Vierter Teil

Der Festkreis der Heiligen

Kapitel 18

Die Wolke der Zeugen

Biblischer Hintergrund

Das Prädikat *heilig* ist im Neuen Testament nicht einzelnen Christen vorbehalten, sondern zeichnet die Gemeinde in ihrer Gesamtheit aus: „Ihr aber seid das auserwählte Geschlecht, die königliche Priesterschaft, das heilige Volk, Gottes eigenes Volk" (1 Petr 2,9a). Als Heilige werden die Glieder der Gemeinde auch von Paulus in seinen Briefen angeredet: „... an alle in Rom, die von Gott geliebt sind, die berufenen Heiligen" (Röm 1,7; vgl. auch 1 Kor 1,2 u.ö.). Der Ausdruck *heilig* hat nichts mit besonderen menschlichen oder gar moralischen Qualitäten zu tun. Er bedeutet einfach: von Gott berufen, seinem Volk eingegliedert zu sein. Heilig wird ein Mensch nicht durch angestrengt frommes Verhalten, sondern durch die Liebe Jesu Christi, die für ihn vor Gott eintritt und ihm den Zugang zum Vater eröffnet: „So seid ihr nun nicht mehr Gäste und Fremdlinge, sondern Mitbürger der Heiligen und Gottes Hausgenossen" (Eph 2,19).

Aber nun gilt: Dieses heilige Volk Gottes ist keine namenlose Masse. Die Heiligen haben Namen, sie kennen einander, sie treten füreinander ein, sie können füreinander „Gehilfen der Wahrheit" (3 Joh 8), „Gehilfen der Freude" (2 Kor 1,24) sein. Sie vermögen einander zu *Vorbildern* des Glaubens, der Liebe, des Leidens zu werden (Phil 3,17; 1 Thess 1,7; 2 Thess 3,9; 1 Tim 4,12; 2 Tim 1,13; Tit 2,7; 1 Petr 5,3; Jak 5,10). Solche *Gemeinschaft der Heiligen* reicht über die Todesgrenze hinweg und schließt all jene ein, die den Lebenden in Glaube und Liebe vorangegangen sind. So ruft der Hebräerbrief die Glaubenszeugen des alten Gottesvolkes namentlich auf und sieht sie auf dem

Weg des neuen Gottesvolkes gegenwärtig: „Weil wir eine solche *Wolke von Zeugen* um uns haben, laßt uns alles ablegen, was uns beschwert ..." (Hebr 12,1). Gegenwärtig auf dem Weg des Gottesvolkes sind erst recht jene *Zeugen* (griech. *martys*, Plural *martyres* = Märtyrer), die mit dem Opfer ihres Lebens Zeugnis (griech. *martyria)* für Christus abgelegt haben (vgl. Offb 17,6; 6,9–11).

Geschichtliches

Märtyrergedenken

Die christliche Heiligenverehrung hat zumindest zum Teil ihre Wurzeln in jüdischen Vorstellungen und Praktiken, und zwar „in der schon vom Judentum ererbten Hochschätzung und privaten Verehrung des Gerechten und Märtyrers" (Th. Klauser; vgl. A. Adam, S. 167). Insbesondere in den Kämpfen der Makkabäerzeit im 2. Jahrhundert v. Chr. hatte sich im Judentum eine eigene Märtyrertheologie herausgebildet, die dem Tod des Blutzeugen eine vorbildhafte, auch sühnende Bedeutung für das ganze Volk zuschrieb. Märtyrer galten zugleich als Fürsprecher vor Gott.

So stand denn am Beginn der christlichen Heiligenverehrung das Gedächtnis der Blutzeugen, die in den periodisch auftretenden Verfolgungen ihr Leben für ihren Christenglauben hingegeben hatten: Man versammelte sich an ihrem Sterbetag an ihrem Grab, las den in der Gemeinde überlieferten Bericht über ihr Leiden und Sterben (die in der alten Kirche weit verbreiteten *Märtyrerakten)* und feierte die Eucharistie und damit zugleich das *Passa Christi*, seinen *Hinübergang* durch den Tod ins Leben. Leben und Sterben des Märtyrers wurden als Teilhabe am Geschick Jesu verstanden; wie er am Tod des Herrn teilhatte, gewann der Blutzeuge auch Teil an seiner Auferstehung. So galt der *Todestag* des Märtyrers zugleich als sein eigentlicher *Geburtstag* zu neuem, bleibendem Leben. Sein Tod vermochte als *Bluttaufe* gegebenenfalls die sakramentale Taufe zu ersetzen:

Konnte schon das Taufsakrament dem einzelnen Glaubenden Anteil am Sterben und Auferstehen Jesu vermitteln, um wieviel mehr jenes Mitsterben mit Christus, wie es sich für den Märtyrer in seinem Lebensopfer vollzog!

Es darf freilich nicht übersehen werden, daß die frühchristliche Märtyrer- und Heiligenverehrung auch im antiken Totenkult ihren Nährboden fand: Hier war es Brauch, daß sich die Familie am Geburtstag ihres Verstorbenen an dessen Grab versammelte und dort ein Totenmahl hielt.

Ausweitung der Märtyrerverehrung

Das Märtyrergedenken blieb zunächst an den Ort des Martyriums und die betreffende Gemeinde gebunden. Der erste von seiner Gemeinde verehrte Märtyrer war vermutlich der Bischof Polykarp von Smyrna († um 155). Über sein Martyrium gibt es einen bemerkenswerten Bericht seiner Gemeinde in Gestalt eines Briefes an die Gemeinde von Philomelium in Phrygien und „alle Gemeinden der heiligen und katholischen Kirche allerorten". Der Austausch von Märtyrerakten unter den Gemeinden schuf die Voraussetzung dafür, daß nun auch Märtyrer fremder Gemeinden in den eigenen Festkalender aufgenommen werden konnten. Da in diesen Fällen deren Grab fehlte, an dem man sich versammeln konnte, griff man zu Reliquien des Heiligen, um dem eigenen Gedenken einen gleichsam gegenständlichen, leibhaften Ansatzpunkt zu geben. Später vermochten dann auch Bilder des Heiligen diese Funktion zu erfüllen.

Es lag in der Tendenz dieser Entwicklung, wenn die Gemeinden in der Folgezeit dazu übergingen, über den Gräbern der Märtyrer feste Altäre zu errichten und Kapellen und Kirchen zu bauen. Die antiken Gesetze kamen dem noch in besonderer Weise entgegen, da sie die Unverletzlichkeit von Grabstätten schützten.

Andere Heilige

Schon bald galt die christliche Heiligenverehrung nicht mehr allein den Märtyrern, sondern auch anderen Verstorbenen. Hier lassen sich verschiedene Gruppen unterscheiden: Wo der Überlieferung nach einer der von Jesus selbst berufenen *Apostel* gewirkt hatte oder begraben lag, bildeten sich schon früh ähnliche Formen gottesdienstlichen Gedächtnisses wie beim Märtyrergedenken heraus. Eine zweite Gruppe waren die *Bekenner*, die zwar nicht den Märtyrertod erlitten hatten, aber doch Verfolgung und Folterung ausgesetzt gewesen waren und ihren Christusglauben öffentlich bekannt hatten. Nach dem Ende der Christenverfolgungen wurden auch bedeutende *Bischöfe* und *Kirchenlehrer* als Heilige verehrt. Eine weitere Gruppe bildeten die *Asketen* und *Jungfrauen*, deren besonderer, von Verzicht geprägter Lebensstil als eine Art freiwilliges, unblutiges Märtyrertum angesehen wurde. *Maria*, die Mutter Jesu, wurde seit dem 4. Jahrhundert der Zahl der solchermaßen verehrten Heiligen beigesellt.

Mittelalter

Für die christliche Frömmigkeit der Frühzeit besaßen die Heiligen eine zweifache Bedeutung: Sie waren zum einen Vorbilder christlichen Glaubens und Lebens, die zur *Nachahmung (imitatio)* aufforderten und anleiteten. Sie galten zum anderen in besonderer Weise als „Freunde Gottes“, von ihm erwählt und zu lebendigen Zeichen und Zeugen seiner Gnade berufen; man konnte und durfte sie deshalb *anrufen* und um ihre *Fürsprache* bei Gott bitten *(invocatio, Anrufung)*. Im Mittelalter freilich wandelten sich Bild und Funktion der Heiligen: Der Gedanke der *Nachahmung* trat immer mehr hinter den Gedanken der *Anrufung* zurück, und die *Fürsprecher* bei Gott wurden zu spezialisierten *Helfern* – zuständig für einzelne Stände, Berufsgruppen, Länder, Orte, bestimmte Gelegenheiten und Nöte. Dazu verbreitete sich ein quantitatives Denken im religiösen Bereich: Man versprach sich von der Mehrung der Heiligenfeste, Heiligenreliquien, Messen zu Ehren der Heiligen, Wallfahrten usw. zusätzliche heilsame und wundertätige Wirkungen. Der Heiligenkult produzierte unzählige Heiligenlegenden, oft ohne jeden historischen Anhalt, und verband sich mit dem Ablaßwesen. Die Fülle der Heiligenfeste überwucherte den liturgischen Kalender und drängte die eigentlichen Christusfeste und -zeiten zurück.

Reformation

Gegen diese Art der Heiligenverehrung erhoben die Reformatoren scharfen Protest. Martin Luther bezweifelte nicht, daß die Engel und Heiligen im Himmel und auf Erden zusammen mit Christus für uns bitten, verwarf aber, „daß wir die Engel und Heiligen anrufen, anbeten, ihnen fasten, feiern, Messe halten, opfern, Kirchen, Altar, Gottesdienst stiften und anderweise mehr dienen und sie für Nothelfer halten und allerlei Hilfe unter sie teilen und jeglichem eine sonderliche zueignen sollten ..., denn das ist Abgötterei, und solche Ehre gehört Gott alleine zu“ (Schmalkaldische Artikel). Sein Protest richtete sich also gegen die Anrufung und gottesdienstliche Verehrung der Heiligen, auch gegen die oben beschriebene „Spezialisierung“ ihrer Funktionen. Die offizielle Bekenntnisschrift der lutherischen Reformation, die Augsburgische Konfession, befaßt sich in einem eigenen Artikel mit dem Dienst der Heiligen: „Vom Heiligendienst wird von den unseren also gelehrt, daß man der Heiligen gedenken soll, auf daß wir unseren Glauben stärken, so wir sehen, wie ihnen Gnade widerfahren, auch wie ihnen durch Glauben geholfen ist; dazu, daß man Exempel nehme von ihren guten Werken, ein jeglicher nach seinem Beruf ... Durch die Schrift aber mag man nicht beweisen, daß man die Heiligen anrufen oder Hilfe bei ihnen suchen soll“ (Art. 21).

Ein besonderes Problem war für die Reformatoren die Fülle der Heiligenfeste. Sie erkannten deutlich die damit verbundenen wirtschaftlichen und sozialen Probleme und versuchten Abhilfe zu schaffen: „Wollte Gott, daß in der Christenheit kein Feiertag wäre als der Sonntag, daß man unserer Frau und der Heiligen Feste alle auf den Sonntag legte. Dann unterblieben durch die Arbeit der Werktage viele böse Untugenden, würden auch die Länder nicht so arm und ausgezehrt. Aber nun sind wir mit vielen Feiertagen geplagt“ (Luther, Von den guten Werken, 1520). Der lutherische Festkanon, der sich im Laufe des 16. Jahrhunderts herausbildete und in den lutherischen Kirchenordnungen seinen Niederschlag fand, umfaßte neben den Christusfesten des Kirchenjahres – einschließlich Beschneidung (1. Januar), Epiphanie (6. Januar), Darstellung (2. Februar), Verkündigung (25. März) und Heimsuchung (2. Juli) – die Tage der Apostel und Evangelisten, den Tag Johannes' des Täufers (24. Juni), Michaelis (29. September), regional auch Maria Magdalena (22. Juli), Allerheiligen (1. November) und eine Reihe kleinerer Feiertage, die auf den folgenden Sonntag verlegt wurden. Die Aposteltage galten als „halbe Feiertage“, an denen Gottesdienst gehalten wurde, die aber nicht allesamt arbeitsfrei waren. Fronleichnam und Mariä Himmelfahrt (15. August) wurden anfangs noch beibehalten, verschwanden dann aber ebenso wie die Masse der Heiligentage. Ausgeschieden wurden alle Heiligen-, Marien- und Aposteltage, für die es keinen biblischen Anhalt gab.

Im reformierten und oberdeutschen Raum entschied man sich teilweise für radikalere Lösungen: Hier behielt man im allgemeinen nur den Sonntag und die großen Christusfeste (Weihnachten, Ostern, Pfingsten; auch Neujahr) bei. Martin Bucer plädierte entschieden dafür, die Feiertage insgesamt abzuschaffen und nur noch den Sonntag zu begehen. Er wünschte, „daß die Christen einen Tag halten wie den anderen, aber alle Tage Gott feiern, das heißt ihn wirken und machen lassen“. Über den Sonntag schrieb er: „Soll man aus sieben Tagen einen feiern, wie es die Liebe erfordert, so ist der Sonntag so gut wie ein anderer, und wenn man leiblich ruht, ist es ja passend, daß man dann auch Gottesdienst halte und das Wort Gottes, Gebet und des Herrn Abendmahl übe.“ Die gottesdienstliche Feier des Sonntags ist nach seiner Meinung also wie die Festsetzung von Feiertagen überhaupt eine Angelegenheit menschlicher Ordnung und Einsicht, die freilich hier dem göttlichen Gebot der Arbeitsruhe am siebten Tag folgt.

Im reformiert-oberdeutschen Bereich wurde zudem die überlieferte Struktur des Kirchenjahres durch einen Vierzeitenrhythmus ergänzt und teilweise überlagert: Zwingli ordnete 1525 an, daß in der Züricher Gemeinde viermal im Jahr Abendmahl gehalten werden sollte, und zwar zu Ostern, Pfingsten, im Herbst und zu Weihnachten. Ähnliche Regelungen setzten sich auch in Genf und in anderen Gebieten durch. Die Beziehungen zum Beginn der vier Jahreszeiten und den Quatembertagen liegen dabei auf der Hand.

Ökumenische Heilige

Die lutherische Reformation hat also die Heiligen nicht „abgeschafft", wie man gelegentlich hören kann. Lebensbeschreibungen der Heiligen, von legendarischem Beiwerk weitgehend gereinigt, wurden nach wie vor verbreitet und von evangelischen Christen gelesen. In solchen Büchern fanden auch die Lebens- und Leidensbeschreibungen evangelischer Märtyrer Aufnahme, deren Zahl im 16. und 17. Jahrhundert nicht gering war. Neue Märtyrer kamen vor allem im 20. Jahrhundert dazu. Ihre Namen sind im *Evangelischen Namenkalender* enthalten. Er erschien erstmals 1963 und liegt inzwischen in einer ökumenisch modifizierten Fassung von 1976 vor. Ein Vergleich mit den neuen katholischen Kalendern durch den evangelischen Theologen Frieder Schulz zeigt eine überraschende ökumenische Übereinstimmung: „Von den Namen sind jetzt gemeinsam: 85 mit dem katholischen Regionalkalender (davon 14 andere Daten), 15 mit katholischen Diözesankalendern (davon 8 andere Daten), 14 mit katholischen Namenstagen im Festkalender der Astronomischen Grundlagen und 24 Datumsfeste und -gedenktage (in der Agende). Somit gibt es im deutschen Sprachgebiet insgesamt 138 gemeinsame Feste und Gedenktage" (S. 17). F. Schulz zieht weitere (anglikanische und nordamerikanisch-lutherische) Kalendarien hinzu und kommt dabei zu einer Liste von etwa 30 Namen von ökumenischem Rang: Basilius – Timotheus – Ignatius – Ansgar – Polykarp – Perpetua und Felizitas –

Thomas von Aquin – Gregor – Patrick – Benedikt – Ambrosius – Justin – Anselm – Katharina von Siena – Athanasius – Gregor von Nyssa – Beda – Bonifatius – Barnabas – Irenäus – Olaf – Laurentius – Bernhard von Clairvaux – Augustin – Chrysostomus – Hieronymus – Franz von Assisi – Monika – Martin – Clemens von Rom – Nikolaus.

Kalenderreform

Die katholische Kirche bemühte sich seit der Reformation um eine Reform ihres Heiligenkalenders. Unter Pius V. wurde von einer Kommission zum erstenmal ein Universalkalender (mit 158 Heiligenfesten) erstellt, für den der alte stadtrömische Kalender die Grundlage bildete, der – altkirchlichem Brauch gemäß – vor allem die römischen Heiligen berücksichtigte. In der Folgezeit kam es bis in unser Jahrhundert hinein zu einer erneuten Überfrachtung des Kalenders, bis dann das II. Vatikanische Konzil eine Wende einleitete. 1969 wurde die neue *Grundordnung des Kirchenjahres und des neuen römischen Kalenders* veröffentlicht. Die Reform basiert auf folgenden Richtlinien: 1. Das Herrenjahr erhält den Vorrang vor dem Heiligenjahr; die Zahl der in den Universalkalender aufgenommenen Heiligenfeste wird drastisch reduziert. 2. Das alte, schon in der frühen Kirche bezeugte Prinzip der Bindung der Heiligenfeier an die Ortskirchen wird erneuert; eine gewisse Dezentralisierung wird angestrebt. Die *Eigenkalender* der Teilkirchen (Bistümer, Diözesen) und Ordensgemeinschaften erhalten ein stärkeres Gewicht. Neben ihnen gewinnen auch gemeinsame Kalender *(Regionalkalender)* für „Provinzen, Regionen, Nationen und noch größere Gebiete“ an Bedeutung. 3. Der Gesichtspunkt der Historizität findet bei der Auswahl der Heiligenfeste Beachtung: Heilige, die nicht historisch bezeugt sind, werden nicht mehr in den neuen Generalkalender aufgenommen; das gilt auch für solche, von denen man außer ein oder zwei dürren Daten nichts historisch Verbürgtes weiß. 4. Um die Universalität des Heiligenkalenders zu gewährleisten, sollen nach Möglichkeit im Generalkalender die Heiligen aller Regionen der Christenheit, aller christlichen Lebensstände, aller Epochen und Ausdrucksformen christlicher Frömmigkeit vertreten sein.

Der *Regionalkalender für das deutsche Sprachgebiet,* von dem wir im folgenden ausgehen, setzt sich zusammen aus dem römischen Generalkalender, der übernommen wurde, und den *Eigenfeiern,* die für das gesamte deutsche Sprachgebiet von Bedeutung sind. Man unterscheidet dem Rang nach *Hochfeste, Feste, gebotene Gedenktage* und *nichtgebotene Gedenktage.* Die Formulare, die das Meßbuch hierfür anbietet, sind lediglich an den Hochfesten und Festen verpflichtend. An den Gedenktagen ist nur das Tagesgebet vom betreffenden Heiligen vorgeschrieben; alle anderen Propriumstexte können auch vom Wochentag genommen werden.

Kapitel 19

Aposteltage

Die Feste und Gedenktage der Apostel und Evangelisten besitzen in der Mehrzahl ökumenischen Rang. Da sie einen biblischen Bezug aufweisen können, wurden sie auch in den Festkanon der lutherischen Kirche übernommen. Ihre Berücksichtigung in der Agende und im Lektionar darf freilich nicht darüber hinwegtäuschen, daß ihnen im gottesdienstlichen Leben und im Bewußtsein evangelischer Gemeinden meist nur eine geringe Bedeutung zukommt. Die liturgischen Bücher unterbreiten hier ein Angebot, das – wenn überhaupt – nur in einem bescheidenen Umfang von den Gemeinden wahrgenommen wird. In besonderer Weise herausgehoben (neben *Johannis* und *Michaelis,* die in einen anderen Zusammenhang gehören) ist lediglich der *Tag der Apostel Petrus und Paulus* am 29. Juni, von dem es in der Lutherischen Agende heißt: „Wenn der 29. Juni auf einen Sonntag fällt, so tritt das Proprium des Gedenktages an die Stelle des Sonntagspropriums." (Lektionar 1978: „Der Gedenktag der Apostel Petrus und Paulus wird, wenn er nicht auf einen Sonntag fällt, am auf den 29. Juni folgenden Sonntag begangen.")

Geschichtlich haben sich die Feste der Apostel auf der gleichen Grundlage wie die Verehrung der Märtyrer und der anderen Heiligen entwickelt. Neben den örtlichen Apostelfesten scheint es im Osten auch ein sehr frühes Fest *aller* Apostel gegeben zu haben.

Die Feste bzw. Gedenktage *Bekehrung des Apostels Paulus* (25. Januar), *Thomas* (3. Juli bzw. 21. Dezember) und *Johannes* (27. Dezember) haben wir bereits im Zusammenhang mit dem weihnachtlichen Festkreis besprochen.

Petri Stuhlfeier (22. Februar)

Das Fest, schon in der Mitte des 4. Jahrhunderts für Rom bezeugt, hängt mit dem antiken Totengedächtnis zusammen: Vom 13. bis 22. Februar beging man die *Parentalia,* bei denen man der verstorbenen Verwandten und Bekannten gedachte und für bestimmte Verstorbene einen Stuhl *(cathedra)* frei hielt. Da der eigentliche Todestag des Petrus unbekannt war, wurde sein Gedächtnis am 22. Februar begangen. Später bezog man die *cathedra* auf den bischöflichen Lehrstuhl des Petrus und beging den Tag der Übernahme des römischen Bischofsamtes durch den Apostel. Ein ähnliches Fest, das am 18. Januar in Gallien gefeiert wurde, übernahm man um das Jahr 600 in Rom. Dadurch kam es zu einer inhaltlichen Verschiebung: Am 22. Februar feierte man hier jetzt die Übernahme des Bischofsamtes durch Petrus in Antiochien, am 18. Januar seine Stuhlbesteigung in Rom. Beide Feste wurden 1558 für die Gesamtkirche vorgeschrieben. In der neueren Reform wurde der Termin am 18. Januar zugunsten des 22. Februars aufgehoben. Das Meßformular für den 22. Februar *(Kathedra Petri)* spricht jetzt in allgemeiner Form vom Auftrag und vom Wirken des Apostels Petrus. Das frühere Fest *Petri Kettenfeier* am 1. August erscheint nicht mehr in den Kalendarien.

Matthias (24. Februar)

Der Name des Apostels Matthias begegnet Apg 1,23.26: Um die Zwölfzahl des Apostelkollegiums nach dem Ausscheiden des Verräters Judas wiederherzustellen, wurde er durch das Los zum Apostel bestimmt. Von ihm erfahren wir nur, daß er zu denen gehörte, „die die ganze Zeit über mit uns gezogen sind, als der Herr Jesus bei uns ein- und ausging". Der Überlieferung zufolge hat er in Äthiopien gewirkt, seine Gebeine sollen durch die Kaisermutter Helena teils nach Rom, teils nach Trier überführt worden sein. Ein Fest zu seinen Ehren ist vermutlich erst um die Jahrtausendwende entstanden. Der römische Generalkalender verlegte es auf den 14. Mai. Der deutsche Regionalkalender hält ebenso wie das Lutherische Lektionar am 24. Februar fest (in Schaltjahren am 25. Februar).

Markus (25. April)

Ein Johannes Markus wird Apg 12,12 in Zusammenhang mit einem Haus erwähnt, das der Jerusalemer Gemeinde als Versammlungsraum diente. Vielleicht ist er durch Barnabas, seinen Vetter (Kol 4,10), mit Paulus bekannt geworden. Er begleitete diese beiden auf der ersten Missionsreise (Apg 12,25), trennte sich in Pamphylien von ihnen und kehrte nach Jerusalem zurück (13,13). Seinetwegen kam es zu einem Zerwürfnis zwischen Paulus und Barnabas (15,37), nach dem letzterer Paulus verließ und sich mit Markus nach Zypern begab (15,39). Nicht nur Kol 4,10, auch 2 Tim 4,11; Phlm 24 und 1 Petr 5,13 findet Markus Erwähnung. Die Überlieferung schreibt ihm die Verfasserschaft des Markusevangeliums zu. Nach einer Legende gründete er die Kirche von Alexandrien und starb dort als Bischof und Märtyrer. Auch mit Aquileja und Lorch wird er in Verbindung gebracht. Seine Reliquien sollen von Alexandrien nach Venedig und auf die Insel Reichenau überführt worden sein. Neuere Exegeten unterscheiden zwischen dem Verfasser des Markusevangeliums und dem gleichnamigen Begleiter von Paulus und Barnabas. Sein Attribut als Evangelist ist ein Löwe.

Philippus und Jakobus (3. Mai)

Der Apostel Philippus wird vor allem im Johannesevangelium mehrfach erwähnt (1,43–46.48; 6,5.7; 12,21 f; 14,8 f): Er stammte aus Betsaida, dem Heimatort der Brüder Petrus und Andreas, wurde von Jesus berufen und führte seinerseits Natanael dem Jüngerkreis zu (vgl. auch Mt 10,3; Mk 3,18; Lk 6,14; Apg 1,13). Der Überlieferung nach hat er später in Phrygien gewirkt.

Jakobus der Jüngere (der „Kleine", Mk 15,40) war ein Sohn des Alphäus (Mt 10,3; Mk 3,18; Lk 6,15; Apg 1,13; Mk 2,14 ist von einem Zöllner Levi, Sohn des Alphäus, die Rede). Manche bringen ihn auch mit Jakobus, dem Sohn der Maria, in Zusammenhang (Mt 27,56; Mk 16,1; Lk 24,10; vgl. auch Mk 15,40). In der alten Kirche wurde er vielfach mit dem Herrenbruder Jakobus (vgl. Mt 23,55; Mk 6,3; Apg 12,17; 15,13; 21,18; 1 Kor 15,7; Gal 1,19; 2,12; 2,19; Jak 1,1; Jud 1) gleichgesetzt. Zu unterscheiden ist er auch von Jakobus dem Älteren, dessen Gedächtnis am 25. Juli begangen wird. Ob er den Jakobusbrief geschrieben hat, ist zweifelhaft. Über sein späteres Leben ist nichts Gesichertes bekannt.

Die gemeinsame Verehrung beider Apostel hängt mit der überlieferten Beisetzung ihrer Reliquien in der Kirche der *Zwölf Apostel* in Rom zusammen. Der Weihetag dieser Kirche am 1. Mai 570 ist zugleich der ursprüngliche Tag ihres Gedächtnisses. Nach der Einführung des Festes *Josef, der Arbeiter* am 1. Mai wurde das Apostelfest zunächst auf den 11. Mai, dann auf den 3. Mai verlegt. Das Lutherische Lektionar von 1978 schließt sich – hierin abweichend von der Agende 1955 – dem neuen Termin an.

Petrus und Paulus (29. Juni)

Biblischer Hintergrund

Das Hochfest der Apostel Petrus und Paulus am 29. Juni ist wohl das bekannteste aller Apostelfeste. Vom biblischen Befund her ist ihre gemeinsame Verehrung keineswegs selbstverständlich, weiß Paulus doch von heftigen Auseinandersetzungen mit Petrus, dem Haupt der Jerusalemer Gemeinde, zu berichten (Gal 2,11–14). Zusammen mit seinem Bruder Andreas gehörte *Simon*, Sohn des Jonas, genannt *Petrus* (der *Fels;* auch *Kephas)* zu den ersten Jüngern, die Jesus berief. Beim Fischen am See Genesaret traf sie der Ruf Jesu: „Folgt mir nach; ich will euch zu Menschenfischern machen!" (Mt 4,18–22; vgl. Mk 1,16–20;

Lk 5,1–11; Joh 1,35–51). Seine besondere Stellung im Jüngerkreis verdankte er der Zusage Jesu: „Du bist Petrus, und auf diesem Felsen will ich meine Gemeinde bauen, und die Pforten der Hölle sollen sie nicht überwältigen" (Mt 16,13–20; Mk 8,27–30; Lk 9,18–21).

Paulus, zunächst erbitterter Feind und Verfolger der Gemeinde (Apg 7,58; 8,1.3; 9,1 f), hatte vor den Toren von Damaskus eine Christusbegegnung, die sein Leben verwandelte (9,3–8); aus dem Verfolger der Gemeinde wurde der Verkünder der Christusbotschaft, der *Heidenapostel,* der das Evangelium über große Teile des römischen Reiches verbreitete und zahlreiche heidenchristliche Gemeinden gründete.

Geschichtliches

Schon früh galten Petrus und Paulus als *Apostelfürsten*, die man zusammen nannte und verehrte. Bereits in der Apostelgeschichte läßt sich die Tendenz erkennen, über historisch bezeugte Gegensätze hinweg die Einheit der Gemeinde auch in der Gemeinsamkeit der beiden Repräsentanten der frühen Christenheit zum Ausdruck zu bringen. Der Überlieferung nach sind beide in Rom während der Verfolgung der dortigen Gemeinde unter Kaiser Nero (54–68 n. Chr.) am gleichen Tag ums Leben gekommen; Petrus wurde gekreuzigt, Paulus enthauptet. Seit der Mitte des 3. Jahrhunderts wird in Rom ihr gemeinsames Gedächtnis am 29. Juni begangen. Ursprünglich gab es drei Gottesdienste an diesem Tag: eine Petrusfeier in St. Peter, eine Paulusfeier an der Straße nach Ostia (St. Paul vor den Mauern) und ein gemeinsames Gedächtnis an der Via Appia, wo man während der Valerianischen Verfolgung im 3. Jahrhundert vorübergehend ihre Gebeine (Häupter?) aufbewahrt haben soll. Vom 4. bis 6. Jahrhundert verbreitete sich das Fest der Apostelfürsten von Rom aus zunächst im Westen, dann auch in den meisten Kirchen des Ostens.

Bei der Neuordnung hat man die Vigil des Festes als Vorabendmesse (am Abend des 28. Juni vor oder nach der Vesper) beibehalten. In der Tagesmesse am 29. Juni liest man Apg 12,1–11; 2 Tim 4,6–8.17–18 und Mt 16,13–19. Die evangelische Ordnung sieht als Epistel Eph 2,19–22 vor. Das Fest hat eine eigene Präfation, in der die *Verschiedene Sendung* der beiden Apostel benannt wird: „Petrus hat als erster den Glauben an Christus bekannt und aus Israels heiligem Rest die erste Kirche gesammelt. Paulus empfing die Gnade tiefer Sehnsucht und die Berufung zum Lehrer der Heiden. Auf verschiedene Weise dienten beide Apostel der einen Kirche, gemeinsam empfingen sie die Krone des Lebens."

Jakobus der Ältere (25. Juli)

Er war ein Sohn des Zebedäus und ein Bruder des Apostels und Evangelisten Johannes, dessen Tag am 27. Dezember begangen wird. Wie sein Bruder gehörte er zum inneren Kreis der Jünger, wo er häufig mit Petrus und Johannes zusammen genannt wird (vgl. Mt 4,21; 10,2; 17,1; Mk 1,19; 3,17; 5,37; 9,2; 14,33; 1,29; 10,35; 10,41; 13,3; Lk 5,10; 9,54; 6,14; 8,51; 9,28; Apg 1,13). Bei der Verfolgung der Gemeinde unter Herodes Agrippa starb er spätestens um 44 n. Chr. den Märtyrertod (Apg 12,2). Über seinem Grab in Jerusalem wurde eine Kirche erbaut. Der Legende nach soll er auch in Spanien gewirkt haben, wo seine Gebeine seit dem 9. Jahrhundert in *Santiago de Compostela* verehrt werden. Der Ort war vom 10. bis zum 15. Jahrhundert das Ziel zahlreicher Wallfahrer aus ganz Europa. In Rom ist ein Fest zu seinen Ehren seit dem 9. Jahrhundert bezeugt. Zahlreiche nach ihm benannte Kirchen und Kapellen künden von seiner Beliebtheit im Volk.

Bartholomäus (24. August)

Von Bartholomäus ist in den Apostellisten des Neuen Testaments die Rede (Mt 10,3; Mk 3,18; Lk 6,14; Apg 1,13). Manche vermuten, daß er mit dem in Joh 1,45–49 und 21,2 genannten Natanael aus Kana in Galiläa identisch ist. Sonst ist über sein Leben wenig bekannt. Er soll in Persien, Indien und Armenien gewirkt und dort den Märtyrertod durch Abziehen der Haut erlitten haben. In der byzantinischen Liturgie feiert man am 28. August die Übertragung seiner Gebeine nach der Insel Lipari und nach Benevent. Ein Teil dieser Reliquien soll um die Jahrhundertwende nach Rom gekommen sein, wo ihm eine Kirche gewidmet wurde. Seine Hirnschale wird in Frankfurt am Main aufbewahrt.

Matthäus (21. September)

Der Apostel und Evangelist Matthäus (vgl. Mt 9,9; 10,3; Mk 3,18; Lk 6,15; Apg 1,13) wird gelegentlich mit dem Zöllner Levi (Mk 2,13–15), dem Sohn des Alphäus, identifiziert. Er gilt als Verfasser des nach ihm benannten Evangeliums und soll später in Äthiopien und Persien gewirkt haben. Von Äthiopien sollen seine Reliquien nach Salerno überführt worden sein, wo Papst Gregor VII. im Jahre 1084 über seinem Grab eine Kirche weihte. Die Ausleger des Neuen Testaments unterscheiden zwischen dem Zöllner Levi, dem Apostel Matthäus und dem Verfasser des Matthäusevangeliums. Als Evangelistensymbol ist ihm ein Engel oder ein Mensch beigegeben.

Lukas (18. Oktober)

Der Evangelist Lukas gilt als Verfasser des Lukasevangeliums und der Apostelgeschichte (vgl. auch 2 Tim 4,11; Phlm 24). Kol 4,14 wird er als Arzt bezeichnet. Er war zeitweilig Begleiter des Paulus auf seinen Missionsreisen. Vielleicht bieten die sog. Wir-Berichte der Apostelgeschichte Auszüge aus seinen Reisetagebüchern. Der Überlieferung nach wurde er als Heide im syrischen Antiochien geboren, wirkte nach dem Tod des Paulus in Griechenland, verfaßte hier die beiden genannten Bücher und fand im Alter von 84 Jahren in Böotien den Tod. Im Jahre 357 wurden seine Gebeine nach Konstantinopel überführt und in der dortigen Apostelkirche beigesetzt. Seit dem 8. Jahrhundert gilt er auch als Maler. Seit dem 9. Jahrhundert wird er in Rom verehrt. Sein Evangelistensymbol ist ein Stier.

Simon und Judas (28. Oktober)

Der Apostel Simon trägt im Neuen Testament die Beinamen *Kananäus* (Mk 3,18; Mt 10,4) und *Zelotes,* der Eiferer (Lk 6,15; Apg 1,13). Vielleicht hat er, bevor er sich Jesus anschloß, der jüdischen Partei der Zeloten angehört. Mit dem Herrenbruder Simon (Mt 13,55; Mk 6,3) ist er kaum identisch. Über sein weiteres Schicksal ist nichts Gesichertes bekannt.

Judas Thaddäus (Mt 10,3; Mk 3,18; an beiden Stellen ist freilich nur von einem *Thaddäus* die Rede) wird als Bruder oder Sohn des Jakobus (Lk 6,16; Apg 1,13) bezeichnet. Auch Joh 14,22 wird er erwähnt („Judas, nicht der Judas Iskariot"). Mit dem Herrenbruder Judas (Mk 6,3; Mt 13,35; vgl. auch Jud 1) hat er vermutlich nichts zu tun. Über sein Leben und Wirken gibt es keine gesicherten Kenntnisse.

Eine gemeinsame Verehrung beider Apostel ist im Osten nicht bekannt. Das Doppelfest gelangte von Gallien erst relativ spät nach Rom.

Andreas (30. November)

Von Andreas, dem Bruder des Simon Petrus, dem Sohn des Jonas, ist Mt 4,18; 10,2; Mk 1,16; 3,18; 1,29; 13,3; Lk 6,14; Joh 1,40.44; 6,8; 12,22; Apg 1,13 die Rede. Wie sein Bruder stammte er aus Betsaida, wohnte und arbeitete mit ihm in Kapernaum am See Genesaret als Fischer. Zusammen mit Petrus gehörte er zu den ersten Jüngern. Nach dem Bericht des Johannes gehörte er zunächst zu den Jüngern Johannes' des Täufers und führte auch seinen Bruder Simon zu Jesus (Joh 1,40f). Der Überlieferung nach verkündete er das Evangelium südlich des Schwarzen Meeres, an der unteren Donau und in Griechenland. Am 30. November 60 wurde er in Patras an einem X-förmigen Kreuz (Andreaskreuz) hingerichtet. Seine Gebeine wurden 356 in der Apostelkirche zu Konstantinopel beigesetzt und 1208 nach Amalfi übertragen. Sein Haupt gelangte 1462 nach Rom und wurde 1964 der Kirche zu Patras zurückgegeben. In Rom weihte man ihm schon im 5. Jahrhundert eine Kirche.

Kapitel 20

Marientage

Die Feste der Gottesmutter Maria sind jünger als die frühen Märtyrer- und Apostelfeste. Die Ursprünge mancher Marienfeste reichen freilich bis ins 4. Jahrhundert zurück. Von einer direkten Anrufung Mariens berichtet als erster Gregor von Nazianz (330 bis 390). Älteste Marienfeste waren wohl die Begleitfeste zu Weihnachten bzw. Epiphanie (Gedächtnis der Gottesmutter am 26. Dezember; römisches Marienfest am 1. Januar). Nach dem Konzil von Ephesus (431), auf dem die Lehre von der Gottesmutterschaft Mariens verkündet wurde, erlebte die Marienverehrung im Osten einen starken Aufschwung.

Die Reformation stand anfangs der Marienverehrung bemerkenswert unbefangen gegenüber. Von Martin Luther sind viele Predigten überliefert, die er an Marientagen gehalten hat. In seinen Schriften finden sich zahlreiche Stellen, die seine große Hochschätzung der Mutter des Herrn zum Ausdruck bringen; sie ist ihm wichtig als Werkzeug und Gefäß der göttlichen Gnade und als Beispiel für die Antwort des Glaubens auf den Anruf Gottes: „Siehe, ich bin des Herrn Magd; mir geschehe, wie du gesagt hast" (Lk 1,38). Doch wandte sich Luther dagegen, „daß man sie (Maria) höher hält, denn man soll ..., daß Christus dadurch verkleinert wird, indem daß man mehr hat die Herzen auf Maria gestellt denn auf Christum selbst" (Predigt am 8. September 1522, dem Fest Mariä Geburt). In der späteren Entwicklung wurde die Marienverehrung immer mehr zu einem unterscheidenden Merkmal der Konfessionen, insbesondere durch die Verkündung der Lehren von der unbefleckten Empfängnis Marias (1854) und ihrer leiblichen Aufnahme in den Himmel (1950).

Einige Marienfeste haben wir bereits in anderem Zusammenhang vorgestellt: so das *Hochfest Mariä Erwählung* am 8. Dezember, das *Hochfest der Gottesmutter Maria* am 1. Januar, den Gedenktag *Unbeflecktes Herz Mariä* am Samstag nach dem Herz-Jesu-Fest. *Darstellung des Herrn* am 2. Februar, *Verkündigung des Herrn* am 25. März und *Mariä Heimsuchung* am 2. Juli gelten wegen ihres Bezuges zu Christus in der evangelischen Tradition (die hier zum Teil auch durch die Bezeichnungen im neuen katholischen Meßbuch bestätigt wird) nicht als Marien-, sondern als Herrenfeste. Wir legen im folgenden die Reihenfolge im Kirchenjahr zugrunde:

Unsere Liebe Frau in Lourdes (11. Februar)

Der Gedenktag *Unserer Lieben Frau in Lourdes* hält die Erinnerung an die Erscheinungen der Gottesmutter in der Grotte von Massabielle bei Lourdes in Frankreich lebendig: Hier erschien vom 11. Februar bis 16. Juli 1858 Maria achtzehnmal dem Mädchen Bernadette Soubirous und gab sich als *Immaculata Conceptio, die Unbefleckte Empfängnis,* zu erkennen. Unter Pius X. wurde anläßlich der fünfzigjährigen Wiederkehr der Erscheinungen ein Fest am 11. Februar eingeführt. Das neue Meßbuch behält es – in seinem Rang deutlich zurückgestuft – als nichtgebotenen Gedenktag bei.

Unsere Liebe Frau auf dem Berge Karmel (16. Juli)

Der Gedenktag *Unserer Lieben Frau auf dem Berge Karmel* am 16. Juli war ursprünglich ein Ordensfest der Karmeliter, die ihren Ursprung auf eine auf dem Berge Karmel in Palästina lebende Einsiedlergruppe zurückführen. Man beruft sich auf eine Vision des Ordensgenerals Simon Stock († 1265), dem am 16. Juli 1251 die Gottesmutter erschien und ein Skapulier (Kleidungsstück in Gestalt eines Tuchstreifens) überreichte. Seit Ende des 14. Jahrhunderts gefeiert, wurde das Fest unter Benedikt XIII. im Jahre 1726 auf die ganze Kirche ausgedehnt. Der neue Kalender behält es als nichtgebotenen Gedenktag bei.

Mariä Himmelfahrt (15. August)

Gottesdienstliche Feier

Das *Hochfest Mariä Aufnahme in den Himmel* ist das bedeutendste der hier zu nennenden Marienfeste und -tage. Wie andere Hochfeste ist es mit einer Vorabendmesse und einer Tagesmesse ausgestattet. In der Tagesmesse liest man Offb 11,19a; 12,1.3–6a.10a.b, die Vision des Sehers Johannes vom Kampf des Drachens mit der Frau und ihrem Sohn. Die 2. Lesung wird 1 Kor 15,20–27a entnommen (Christus ist „von den Toten auferstanden als Erstling derer, die entschlafen sind"). Das Evangelium ist das gleiche wie an Mariä Heimsuchung (Lk 1,39–56). Die Präfation umschreibt das Festgeheimnis wie folgt: „Denn heute hast du die jungfräuliche Gottesmutter in den Himmel erhoben, als erste empfing sie von Christus die Herrlichkeit, die uns allen verheißen ist, und wurde zum Urbild der Kirche in ihrer ewigen Vollendung. Dem pilgernden Volk ist sie ein untrügliches Zeichen der Hoffnung und eine Quelle des Trostes. Denn ihr Leib, der den Urheber des Lebens geboren hat, sollte die Verwesung nicht schauen."

Geschichtliches

Von einem *Tag der Gottesmutter Maria* am 15. August ist bereits im Armenischen Lektionar von Jerusalem (5. Jahrhundert) die Rede. Der Tag wurde als *natale* im Sinne des Märtyrergedenkens begangen: Man feierte den *Heimgang* der Gottesmutter zugleich als ihren *Geburtstag* zum ewigen Leben. Kaiser Maurikios (582–602) schrieb ihn in diesem Sinne für das Reich von Byzanz vor. In Rom gab es ein Fest zum *Heimgang Mariens (Natale Sanctae Mariae)* am 15. August spätestens in der Mitte des 7. Jahrhunderts. Papst Sergius I. (687–701) feierte es mit einer Prozession von der Hadriankirche zur Kirche Santa Maria Maggiore. Das Fest erhielt Vigilfeier und Oktav. Ende des 8. Jahrhunderts tauchte in Rom die Bezeichnung *Aufnahme der heiligen Maria* auf (vermutlich einem gleichnamigen gallischen Marienfest entlehnt). Nach der Verkündung des Dogmas von der leiblichen Aufnahme Marias in den Himmel gewann das Fest weiter an Bedeutung, die auch durch seine Auszeichnung als *Hochfest* im neuen Meßbuch unterstrichen wird. Was nach katholischer Überzeugung den Heimgang Marias vom Heimgang anderer Märtyrer und Heiliger unterscheidet und die Gottesmutter in einzigartiger Weise auszeichnet, kommt im Tagesgebet der Festmesse zum Ausdruck: „Allmächtiger, ewiger Gott, du hast die selige Jungfrau Maria, die uns Christus geboren hat, vor aller Sünde bewahrt und sie *mit Leib und Seele* zur Herrlichkeit des Himmels erhoben."

Für Mariä Himmelfahrt sieht das neue Benediktionale eine Kräuterweihe vor. Sie dürfte im 10. Jahrhundert entstanden sein, um heidnische Bräuche abzuwehren bzw. zu verchristlichen. Die geweihten Kräuter (oft in Form von Kräutersträußen) werden im Hause aufbewahrt und sollen bei allerhand Gefahren (Feuer, Gewitter usw.) Schutz gewähren.

Maria Königin (22. August)

Bei diesem Datum handelt es sich um den ehemaligen Oktavtag von Mariä Himmelfahrt. Das Fest entstand im 19. Jahrhundert aus verschiedenen teilkirchlichen Feiern, wurde von Papst Pius XII. im Jahre 1965 für die ganze Kirche vorgeschrieben, jedoch auf den 31. Mai festgesetzt. Das neue Meßbuch behält es als gebotenen Gedenktag am 22. August: „Durch ihre Aufnahme bei Gott ist Maria die Königin des Himmels und der Erde" (Meßbuch).

Mariä Geburt (8. September)

Das Fest *Mariä Geburt* am 8. September steht in einem chronologischen Zusammenhang mit dem Fest *Empfängnis der heiligen Anna,* das im Osten seit dem 5. Jahrhundert am 9. Dezember begangen wird, und dem *Hochfest Mariä Erwählung* am 8. Dezember. Vermutlich geht es auf das Weihefest der Kirche der heiligen Anna in Jerusalem im 5. Jahrhundert zurück. An dieser Stelle soll das Geburtshaus Marias gestanden haben. In Rom ist das Fest erst aus dem 7. Jahrhundert bezeugt. Wie das Fest Mariä Himmelfahrt wurde es von Papst Sergius I. (687–701) mit einer Prozession ausgezeichnet.

Das Fest hat eine eigene Präfation: „Du hast sie (Maria) aus allen Menschen erwählt und gesegnet vor allen Frauen. In ihr leuchtete auf die Morgenröte der Erlösung, sie hat uns Christus geboren, die Sonne der Gerechtigkeit." Evangelium ist Mt 1,1–16.18–23 (Stammbaum Jesu; Botschaft des Engels an Josef). Lesungen sind Mi 5,1–4a bzw. Röm 8,28–30. Das Gabengebet hebt die immerwährende, unverletzte Jungfräulichkeit Marias hervor: „... Seine (Jesu) Geburt hat die Jungfräulichkeit der Mutter nicht gemindert, sondern geheiligt."

Mariä Namen (12. September)

Im 16. Jahrhundert in Spanien entstanden, wurde das Fest zur Erinnerung an den Sieg über die Türken bei Wien im Jahre 1683 durch Innozenz IX. auf die ganze Kirche ausgedehnt. Während der römische Generalkalender das Fest als Dublette zu *Mariä Geburt* strich, behielt es der deutsche Regionalkalender „wegen des historischen Bezuges zum Sprachgebiet und der Verwurzelung im Volk" bei (Meßbuch).

Schmerzen Mariens (15. September)

Ein Fest zum *Gedächtnis der Schmerzen Mariens* entstand im Mittelalter auf dem Hintergrund der zunehmenden Marienverehrung *(Schmerzensreiche Mutter, Mater dolorosa).* Unter Benedikt XIII. erlangte es 1721 als *Fest der sieben Schmerzen der seligen Jungfrau Maria* gesamtkirchliche Geltung. Es wurde am Freitag vor dem Palmsonntag begangen. Der Servitenorden feierte am 3. Sonntag im September ein ähnliches Fest, das Pius VII. Anfang des 19. Jahrhunderts für die ganze Kirche vorschrieb und das Pius X. 1913 auf den Oktavtag von *Mariä Geburt,* den 15. September, legte. Im Zuge der Kalenderreform wurde lediglich der 15. September als gebotener Gedenktag beibehalten.

Unsere Liebe Frau vom Rosenkranz (7. Oktober)

Den Sieg über die Türken in der Seeschlacht bei Lepanto am 7. Oktober 1571 schrieb man den Wirkungen des Rosenkranzgebets zu, einer im Mittelalter entstandenen Gebetsform, die im 15./16. Jahrhundert weite Verbreitung erfuhr (sie besteht aus 15 Gesätzen, das heißt Gebetsreihen, mit je einem *Vaterunser,* zehn *Ave Maria* und einem *Ehre sei dem Vater;* jedes *Gesätz* betrachtet ein Geheimnis aus dem Leben Jesu und seiner Mutter). Darum ordnete Pius V. für den ersten Jahrestag des Sieges ein Marienfest an. Gregor XIII. gestattete 1573 allen Kirchen, die über einen eigenen Rosenkranzaltar verfügten, ein Rosenkranzfest am 1. Sonntag im Oktober. Nach dem Sieg über die Türken bei Peterwardein im Jahre 1716 wurde das Fest auf die ganze Kirche ausgedehnt. 1913 wurde es von Pius X. wieder auf sein ursprüngliches Datum zurückverlegt. Im neuen Meßbuch erscheint es als gebotener Gedenktag. Der Oktober – neben dem Mai ebenfalls Marienmonat – gilt als Rosenkranzmonat, in dem das gemeinsame oder private Rosenkranzgebet besonders empfohlen wird.

Unsere Liebe Frau von Jerusalem (21. November)

Dieser gebotene Gedenktag geht auf das Weihefest der Jerusalemer Kirche *Sancta Maria Nova* am 21. November 543 zurück. Die Ostkirche feiert an diesem Tag den *Tempelgang der Gottesmutter (Einführung der Gottesmutter in den Tempel).* Im früheren römischen Meßbuch trug das Fest die Bezeichnung *Dar-*

stellung Mariens (Fest Mariä Opferung). Der Name geht auf ein apokryphes Evangelium zurück, nach dem die dreijährige Maria in den Tempel gebracht und von den Tempeljungfrauen erzogen wird. Im Osten wird ein solches Fest mit dem genannten Festinhalt schon im 8. Jahrhundert begangen. Im Westen begegnet das Fest wenig später in England. Papst Sixtus V. schrieb es 1585 für die ganze Kirche vor. Die Bezeichnung des Festes im neuen Meßbuch verrät das Bemühen, den legendären Festinhalt zurücktreten zu lassen.

Nicht in den neuen Kalender übernommen wurden das *Fest der Mutterschaft der allerseligsten Jungfrau Maria* am 11. Oktober (zur Erinnerung an das Konzil von Ephesus 431 im Jahre 1931 von Pius XI. eingeführt) und das *Fest der allerseligsten Jungfrau Maria von der Erlösung der Gefangenen* am 14. September (eingeführt zum Gedächtnis der Ordensgründung der Mercedarier, die sich dem Loskauf christlicher Gefangener aus den Händen der Sarazenen gewidmet hatten).

Kapitel 21

Kreuzerhöhung und Kirchweihfeste

Kreuzerhöhung (14. September)

Nach der Überlieferung hat die Kaisermutter Helena am 14. September 320 in Jerusalem das Kreuz Christi aufgefunden und daraufhin die Doppelkirche (Auferstehungs- und Martyriumskirche) auf dem Hügel Golgota in Jerusalem errichten lassen, als deren Weihedatum der 13. September 335 tradiert ist. Bei dem Kreuzfest am 14. September handelt es sich vermutlich ursprünglich um ein Begleitfest zu dem Kirchweihfest am 13. September, denn es ist der Brauch bezeugt, am folgenden Tag das Kreuz feierlich dem Volk zu zeigen und zur Verehrung darzubieten (deshalb *exaltatio crucis*, lat. = Kreuzerhöhung, Kreuzerhebung). Nach dem Armenischen Lektionar von Jerusalem (5. Jahrhundert) feierte man am 13. September die Weihe der Auferstehungskirche und am 14. September die der Martyriumskirche (Kreuzeskirche) mit dem erwähnten Ritus der Darstellung und Verehrung des Kreuzes. Die Existenz einer Kreuzesreliquie in Jerusalem ist mit Sicherheit erst durch Kyrill von Jerusalem im Jahre 347/348 bezeugt. Die Pilgerin Egeria berichtet um 381/384 von den Feiern zur Erinnerung an die Weihe der Auferstehungs- und Martyriumskirche und erwähnt auch die Auffindung des Kreuzes. Ein Hinweis auf eine Kreuzverehrung an diesem Tage fehlt freilich in ihrem Bericht.

Das Fest *Kreuzerhöhung* am 14. September verbreitete sich zunächst im Osten, wobei auch der Ritus der Kreuzerhebung Nachahmung fand. In Rom läßt es sich erst Ende des 7. Jahrhunderts nachweisen, wo es mit einem – vielleicht noch älteren – gallischen Kreuzfest am 3. Mai konkurrierte, das wiederum auf der Überlieferung beruhte, das Kreuz Christi sei bereits unter Papst Eusebius (um 309) aufgefunden worden. Es wird auch die These vertreten, das Kreuzfest am 3. Mai habe sich ursprünglich auf die Rückführung der von den Persern entführten Kreuzesreliquie durch Kaiser Heraklius im Jahre 628 bezogen; später habe man die geschichtlichen Zusammenhänge vertauscht und am 3. Mai die Kreuzauffindung durch Helena, am 14. September aber die Rückführung durch Heraklius gefeiert. Das *Fest der Auffindung des heiligen Kreuzes* am 3. Mai, wie es das alte römische Meßbuch kannte, ist unter Papst Johannes XXIII. im Jahre 1960 aus dem Festkalender gestrichen worden. Im neuen Meßbuch erscheint nur noch das Fest der *Kreuzerhöhung* am 14. September mit einer eigenen Präfation: „Denn du hast das Heil der Welt auf das Holz des Kreuzes gegründet. Vom Baum des Paradieses kam der Tod, vom Baum des Kreuzes erstand das Leben." Lesungen sind Num 21,4–9 (die eherne Schlange, als Hinweis auf das Kreuz Christi), Phil 2,6–11 (Erniedrigung Christi „bis zum Tode am Kreuz") und Joh 3,13–17.

Kirchweihfeste

Drei römische Kirchweihfeste haben wegen ihrer überregionalen Bedeutung Eingang in den neuen Kalender gefunden:

Am 5. August ist der Weihetag der Kirche Santa Maria Maggiore, die im 4. Jahrhundert auf dem Esquilin-Hügel in Rom errichtet und nach dem Konzil von Ephesus 431 von Papst Sixtus III. der Gottesmutter geweiht wurde. Nach einer mittelalterlichen Legende hat ein Schneefall mitten im Sommer den Standort der Kirche gekennzeichnet (deshalb auch Maria Schnee, Maria im Schnee). 1568 wurde das Fest in das römische Brevier und den allgemeinen Kalender übernommen. Der neue Kalender führt es als nichtgebotenen Gedenktag.

Am 9. November begeht man den Weihetag der Lateranbasilika in Rom. Die Kirche wurde unter Kaiser Konstantin im Jahre 324 erbaut und zu Beginn des 10. Jahrhunderts zusätzlich dem Evangelisten Johannes und dem Täufer Johannes gewidmet (deshalb auch *St. Johann im Lateran).* Sie gilt als „Mutter und

Haupt aller Kirchen der Hauptstadt und des Erdkreises“ (Inschrift unter Papst Clemens XII., 1730–1740).

Am 18. November ist der Weihetag der Basiliken *St. Peter und St. Paul* zu Rom. Über den Gräbern der beiden Apostel hatte schon Kaiser Konstantin Kirchen erbauen lassen. Die Basilika *St. Paul vor den Mauern* brannte 1823 nieder und wurde nach dem Wiederaufbau 1854 durch Pius IX. neu geweiht. Hier wie bei der Weihe des neuerbauten *Petersdomes* im Jahre 1626 wurde das ursprüngliche (seit dem 12. Jahrhundert bezeugte) Weihegedächtnis am 18. November beibehalten.

Neben diesen Kirchweihfesten von allgemeiner Bedeutung spielen in den Diözesankalendern die Weihefeste der jeweiligen Bischofskirchen eine wichtige Rolle. Das Weihegedächtnis der bischöflichen Kathedralkirche wird im gesamten Bistum begangen. Die Kirchweihfeste der einzelnen Kirchen kommen hinzu: Wo der Weihetermin einer Kirche bekannt ist, wird er an dem betreffenden Ort jeweils als Hochfest begangen, andernfalls wird in jeder Diözese ein für alle gemeinsames Kirchweihfest festgesetzt.

Kapitel 22

Ökumenische Heilige

Es ist nicht möglich, im Rahmen dieses Buches alle Heiligen des römischen Generalkalenders und des Regionalkalenders für das deutsche Sprachgebiet mit ihren Lebensbeschreibungen vorzustellen (vgl. dazu die Veröffentlichungen von J. Torsy und H. Weisbender). Wir beschränken uns im folgenden auf eine Auswahl „ökumenischer" Heiliger, deren Liste F. Schulz zusammengestellt hat, und ergänzen sie durch einige wenige weitere Namen. Basilius der Große und Gregor von Nazianz, Martin und Nikolaus wurden bereits in anderem Zusammenhang vorgestellt, ebenso Barbara, Luzia, Thomas Becket, Silvester, Blasius, Valentin, Josef und Joachim und Anna.

Timotheus und Titus, Bischöfe, Apostelschüler (26. Januar)

Timotheus (vgl. Apg 16,1; 17,14f; 18,5; 19,22; 20,4; Röm 16,21; 1 Kor 4,17; 16,10; 2 Kor 1,1.19; Phil 1,1; 2,19; Kol 1,1; 1 Thess 1,1; 3,2.6; 2 Thess 1,1; 1 Tim 1,2; 1,18; 6,20; 2 Tim 1,2; Phlm 1), der Empfänger zweier Paulusbriefe, Freund, Begleiter und Mitarbeiter des Paulus, stammte aus Lystra in Lykaonien von einem heidnischen Vater und einer judenchristlichen Mutter. Er wurde von Paulus beschnitten, bevor er ihn auf seine Reise mitnahm. In sechs neutestamentlichen Briefen wird er als „Mitbriefsteller" genannt. Nach der Überlieferung teilte er die Gefangenschaft des Paulus, kehrte nach dessen Tod nach Ephesus zurück und wirkte dort als Bischof. Seine Reliquien gelangten 356 von Ephesus nach Konstantinopel und später zur Kirche S. Giovanni in fonte in Rom.

Titus (vgl. 2 Kor 2,13; 7,6; 7,13 f; 8,6.16.23; 12,18; Gal 2,1.3; 2 Tim 4,10; Tit 1,4), der Empfänger des Titusbriefes, Freund und Helfer des Paulus, begleitete diesen als Heidenchrist zum Apostelkonzil nach Jerusalem und wurde entgegen der Forderung der Judaisten von Paulus nicht beschnitten. Er wirkte für Paulus in Korinth, kehrte der Überlieferung zufolge nach Kreta zurück und starb dort im Alter von 94 Jahren als Bischof.

Thomas von Aquin, Ordenspriester, Kirchenlehrer (28. Januar)

Er wurde wahrscheinlich 1225 bei Neapel geboren und war vornehmer Herkunft; 1239 war er Student in Neapel, um 1243/1244 trat er dem Dominikanerorden bei, von 1248 bis 1252 war er Schüler des Albertus Magnus in Köln. Danach hielt er sich abwechselnd in Paris und Italien auf. Sein theologisches Hauptwerk ist die *Summa theologiae*, in der ihm eine Synthese von antiker aristotelischer Philosophie und christlicher Theologie augustinischer Prägung gelang. Er starb am 7. März 1274 auf dem Weg zum zweiten Konzil von Lyon in der Zisterzienserabtei Fossanuova.

Ansgar, Bischof, Glaubensbote (3. Februar)

Er wurde 801 in Corbie in der Picardie geboren, besuchte dort die Schule und wurde Mönch. 823 wurde er Lehrer an der Klosterschule zu Korvey und unternahm seit 826 Missionsreisen nach Skandinavien. 831 wurde er erster Bischof von Hamburg und päpstlicher Legat für Schweden und Dänemark, wo er Missionsstationen gründete. 865 fand er den Tod in Bremen, wohin er seinen Bischofssitz nach der Zerstörung Hamburgs durch die Normannen 845 verlegt hatte.

Cyrill (Konstantin), Mönch, und Methodius, Bischof, Glaubensboten (14. Februar)

Beide waren Brüder und stammten aus Thessalonike, reisten 860 als Missionare mit kaiserlichem Auftrag zunächst zu den Chasaren, 863 nach Mähren. Cyrill schuf hier das nach ihm benannte slawische Alphabet und übersetzte Texte der Bibel und Liturgie in die Volkssprache. Papst Hadrian II. billigte 867 nach vorhergehenden Auseinandersetzungen die Verwendung des Slawischen in der Liturgie. Cyrill starb am 14. Februar 869 in Rom.

Methodius war Erzbischof von Pannonien und Mähren und päpstlicher Legat bei den Slawen. Erzbischof Adalwin von Salzburg, der Pannonien und Mähren als sein Missionsgebiet betrachtete, verurteilte ihn auf der Synode zu Regensburg 870 zur Verbannung nach Ellwangen. Mit eingeschränkten Befugnissen durfte er nach seiner Freilassung 873 weiterwirken. Methodius starb am 6. April 885 in Staré Město auf dem Gebiet der heutigen Tschechischen Republik.

Polykarp, Bischof, Märtyrer (23. Februar)

Er war Schüler des Apostels und Evangelisten Johannes und Bischof von Smyrna. Im Alter von 86 Jahren starb er um das Jahr 155/156 den Märtyrertod. Da die Flammen ihm nichts anhaben konnten, wurde er durch einen Dolchstoß getötet. Der Bericht über sein Martyrium gehört zu den ältesten bekannten Märtyrerakten.

Perpetua und Felizitas, Märtyrerinnen (7. März)

Perpetua – aus vornehmer Familie stammend – und die Sklavin Felizitas wurden unter dem Kaiser Septimus Severus in Karthago als Katechumenen verhaftet, empfingen im Gefängnis die

Taufe, wurden um 202/203 wilden Tieren vorgeworfen und schließlich durch Dolchstiche in den Hals getötet.

Patrick, Bischof, Glaubensbote (17. März)

Patrick wurde um 385 im damaligen römischen Britannien geboren und von dort im Alter von 16 Jahren nach Irland verschleppt. Nach Flucht und Studium kehrte er nach Irland zurück und verkündete dort auf Missionsreisen seit 432 das Evangelium. Um 444 gründete er seine Bischofskirche in Armagh. Er starb um 461. Er gilt als der Patron Irlands.

Anselm, Bischof, Kirchenlehrer (21. April)

Er wurde um 1033/34 zu Aosta in Piemont geboren, lebte seit 1060 als Mönch im Kloster Bec, wurde 1078 Abt. 1093 wurde er zum Erzbischof von Canterbury berufen, wo er am 21. April 1109 starb und begraben wurde. Er gilt als Vater der Scholastik. Von besonderer Bedeutung sind seine theologischen Arbeiten zur Gottes- und Versöhnungslehre.

Katharina von Siena, Ordensfrau, Kirchenlehrerin (29. April)

Sie wurde 1347 zu Siena geboren, trat mit 18 Jahren den Bußschwestern vom heiligen Dominikus bei, pflegte 1374 Pestkranke und erkrankte selber an der Seuche. 1375 empfing sie die Wundmale Christi an ihrem Leib. Papst Urban VI. rief sie 1378 nach Rom, wo sie am 29. April 1380 starb. Neben ihren staatsmännischen Fähigkeiten, die sie in den Dienst der römischen Kirche stellte, wird ihre christozentrische Frömmigkeit gerühmt, die sich besonders in der Verehrung des *kostbaren Blutes Christi* ausdrückte.

Athanasius, Bischof, Kirchenlehrer (2. Mai)

Athanasius wurde um 295 als Sohn christlicher Eltern in Alexandrien geboren, wo er 328 zum Patriarchen gewählt wurde. Als erbitterter Gegner der Lehre des Arius mußte er mehrfach in die Verbannung gehen. 335–337 lebte er in Trier, 339–345 in Rom. Am 2. Mai 373 starb er in Alexandrien.

Beda der Ehrwürdige, Ordenspriester, Kirchenlehrer (25. Mai)

Geboren um 672/673, wurde er zunächst Benediktinermönch und um 702 Priester im Kloster Jarrow. Er beeinflußte den Gelehrtenkreis um Karl den Großen und die mittelalterliche Wissenschaft, griff dabei auch auf Gedankengut der heidnischen Antike zurück. Er starb am 26. Mai 735 in Jarrow. Seine Reliquien kamen 1020/1030 nach Durham, gingen dort aber 1541 verloren.

Philipp Neri, Priester (26. Mai)

Philipp Neri wurde am 21. Juli 1515 zu Florenz geboren, führte später ein asketisches Leben unter dem Einfluß der Schriften Savonarolas. 1551 erhielt er die Priesterweihe und schloß sich einer Priestergemeinschaft an, aus der 1552 die Vereinigung der *Oratorianer* hervorging. Sein besonderes Anliegen war die religiöse Erneuerung Roms. Er starb am 26. Mai 1595 in Rom.

Justin, Märtyrer (1. Juni)

Justin gilt als bedeutender altkirchlicher Apologet, der das junge Christentum vor allem gegen die Einwände der antiken Philosophie verteidigte. In seiner Verteidigungsschrift an den

Kaiser Antoninus Pius und den römischen Senat sowie in dem Dialog mit dem Juden Tryphon setzte er sich auch mit der jüdischen Lehre auseinander. Um 165 fand er in Rom den Märtyrertod durch Enthauptung.

Bonifatius bzw. Winfried, Bischof, Glaubensbote, Märtyrer (5. Juni)

Bonifatius wurde geboren um 672/673 in Wessex, war zunächst Mönch und Leiter der Klosterschule in Nursling. 716 ging er als Missionar nach Friesland. Papst Gregor II. beauftragte ihn 719 mit der Germanenmission und ernannte ihn 722 zum Bischof, 732 zum Erzbischof und 738 zum päpstlichen Legaten für Germanien. Er missionierte in Hessen und Thüringen und gründete zahlreiche Klöster und Bistümer. 746 wurde er Bischof von Mainz. Am 5. Juni 754 wurde er auf einer Missionsreise nach Friesland getötet. Sein Grab befindet sich in Fulda.

Barnabas, Apostel (11. Juni)

Barnabas, eigentlich Joseph genannt, stammte von Zypern, war Levit, begleitete Paulus auf seiner ersten Missionsreise, bis er sich mit ihm in Antiochien überwarf (Gal 2,13; vgl. auch Apg 4,36; 9,27; 11, 22.30; 12,25; 13,1.2.7.43.46.50; 14,12.20; 15,2.12.22.25.35–39; 1 Kor 9,6; Gal 2,1.9; Kol 4,10). Nach Apg 15,36–39 entzündete sich der Streit an der Person des Johannes Markus; nach Gal 2,11 ff führten die Auseinandersetzungen mit den Judaisten zum Bruch. Barnabas zog daraufhin mit Markus nach Zypern. Nach späterer Überlieferung wirkte er in Griechenland, Rom und Mailand und starb durch Steinigung in Salamis. Ihm wird der sog. *Barnabasbrief* zugeschrieben. Sein Grab verehrt man seit 485/486 auf Zypern.

Antonius von Padua, Ordenspriester, Kirchenlehrer (13. Juni)

Taufname Fernandez; er wurde 1195 in Lissabon geboren, war zunächst Augustiner-Chorherr, trat 1220 den Minderbrüdern bei, zu deren erstem theologischen Lehrer ihn Franziskus berief. Er starb am 13. Juni 1231 zu Arcella bei Padua. 1263 wurden seine Gebeine nach Padua übertragen.

Irenäus, Bischof, Märtyrer (28. Juni)

Er war Schüler Polykarps, ab 177/178 Bischof in Lyon. Als theologischer Schriftsteller setzte er sich besonders mit gnostischen Irrlehren auseinander. Der Überlieferung nach starb er um 202 den Märtyrertod.

Benedikt von Nursia, Vater des abendländischen Mönchtums (11. Juli)

Benedikt wurde um 480 zu Nursia in Umbrien geboren, lebte nach dem Studium in Rom zunächst in einer Asketengemeinschaft, dann als Einsiedler, sammelte später Mönche um sich, mit denen er 529 nach Montecassino übersiedelte. Hier verfaßte er seine Klosterregel, die zur Grundlage des abendländischen Mönchtums wurde. Der Orden der Benediktiner mit seinen zahlreichen Nebenzweigen geht auf ihn zurück. Benedikt starb am 21. März 547 auf Montecassino, wo er auch begraben wurde.

Maria Magdalena (22. Juli)

Sie war offenbar eine der treuesten Anhängerinnen Jesu. Nach der neutestamentlichen Überlieferung wurde sie durch Jesus von siebenfacher Besessenheit geheilt (Mk 16,9; Lk 8,2). Im Passions- und Auferstehungsbericht der drei ersten Evangelien erscheint sie am Grabe Jesu mit anderen Frauen, nach Johannes allein. Dort begegnet ihr der Auferstandene. In der späteren Überlieferung wurde sie mit der großen Sünderin (Lk 7,36–50) identifiziert (vgl. auch Mt 27, 56.61; 28,1; Mk 15,40.47; 16,1; Lk 24,10; Joh 19,25; 20,1.11.16.18). Auch mit Maria von Betanien wurde sie zusammengebracht. Nach einer Legende des 11./13. Jahrhunderts beschloß sie ihr Leben in der Provence. Griechischer Tradition zufolge befindet sich ihr Grab in Ephesus, von wo 899 ihre Reliquien nach Konstantinopel überführt wurden.

Laurentius, Diakon, Märtyrer (10. August)

Er war Erzdiakon des Papstes Sixtus II., wurde der Überlieferung nach am 10. August 258 zusammen mit vier Gefährten getötet, nach einer bereits im 4. Jahrhundert bekannten Legende auf einem Rost zu Tode geröstet. Nach dem Sieg über die Ungarn auf dem Lechfeld am 10. August 955 erfuhr sein Kult in Deutschland einen bedeutenden Aufschwung.

Klara, Jungfrau (11. August)

Geboren 1194 zu Assisi, floh Klara 1212 unter dem Einfluß des Franziskus aus ihrem Elternhaus und begründete die nach ihr genannte Ordensgemeinschaft der Klarissen. Sie starb am 11. August 1253 in San Damiano bei Assisi.

Bernhard von Clairvaux, Abt, Kirchenlehrer (20. August)

Um 1090 in Burgund geboren, trat er 1112 in das Reformkloster Cîteaux ein, gründete 1115 zusammen mit 12 Mönchen das Kloster in Clairvaux, das er als Abt leitete. Von hier aus rief er weitere 69 Klöster ins Leben und warb für die Teilnahme am zweiten Kreuzzug. Er begründete die mittelalterliche Christusmystik und die Lehre vom Brautverhältnis der Seele zu Christus. Er starb am 20. August 1153 zu Clairvaux.

Monika (27. August)

Monika, geboren um 332 zu Tagaste in Numidien, war die Mutter Augustins. Sie starb, kurz bevor sie mit ihrem Enkel und ihrem Sohn nach dessen Taufe nach Afrika zurückkehren wollte, im Herbst 387 zu Ostia.

Augustinus, Bischof, Kirchenlehrer (28. August)

Augustin, geboren am 13. November 354 zu Tagaste in Numidien, wurde von seiner Mutter Monika christlich erzogen, wandte sich jedoch während seiner Studienjahre dem Manichäismus und Skeptizismus zu. Als Lehrer für Rhetorik in Mailand begegnete er Ambrosius und empfing durch ihn in der Osternacht 387 die Taufe. 388 kehrte er nach Tagaste zurück. 391 wurde er Priester, 395 Bischof in Hippo. Er starb während der Belagerung Hippos durch die Wandalen am 28. August 430. Er gilt als der größte Theologe des christlichen Altertums. Sein Einfluß auf die reformatorische Theologie und gegenwärtiges theologisches Denken ist beträchtlich.

Johannes Chrysostomus, Bischof, Kirchenlehrer (13. September)

Geboren um 344/345 in Antiochien, empfing er 369 die Taufe, 397 wurde er Bischof von Konstantinopel. 403 kam es zu Unstimmigkeiten mit dem kaiserlichen Hof; Johannes wurde abgesetzt und an die armenische Grenze verbannt. Auf dem Weg zu einem weiteren Verbannungsort starb er am 14. September 407 in Kumana. Er gilt als der größte Prediger der östlichen Kirche im Altertum; dieser Gabe verdankt er seinen Beinamen Chrysostomus = Goldmund.

Hieronymus, Priester, Kirchenlehrer (30. September)

Er wurde um 347 in Stridon geboren, studierte in Rom, empfing dort die Taufe, ließ sich als Asket in der Wüste Chalkis nieder, wurde um 379 in Antiochien zum Priester geweiht, kehrte 382 nach Rom zurück, wo er Sekretär des Papstes Damasus I. wurde. Seit 386 lebte er in Betlehem, wo er Klöster gründete und am 30. September 419 oder 420 starb. Er war ein bedeutender theologischer Schriftsteller, der sich insbesondere durch seine Übersetzertätigkeit Verdienste um die Verbreitung der Heiligen Schrift erwarb.

Franz von Assisi, Ordensgründer (4. Oktober)

Franziskus wurde um 1181/82 zu Assisi als Sohn reicher Eltern geboren, verschenkte seine ganze Habe den Armen und gründete mit einer Schar Gleichgesinnter den Orden der Minderbrüder, deren Regel Papst Innozenz III. 1209/1210 bestätigte. Honorius III. setzte 1223 eine neue Regel in Kraft. Der Orden breitete sich rasch aus und fand im Klarissenorden 1212 sein weibliches Gegenstück. 1221 rief Franz den Dritten Orden (Franziskanertertiaren) ins Leben. 1224 empfing er die Wundmale Christi an seinem Leib (Stigmatisation). Er starb am 3. Oktober 1226 in Assisi. Er gilt bis heute als leuchtendes Beispiel christlicher Nächstenliebe und eines Lebens nach der Bergpredigt Jesu.

Ignatius von Antiochien, Bischof, Märtyrer (17. Oktober)

Ignatius, Bischof von Antiochien am Orontes, starb unter Kaiser Trajan um 117 mit mehreren Gefährten den Märtyrertod in Rom. Seine sieben erhalten gebliebenen Briefe sind eine wichtige Quelle für Frömmigkeit, Glaubenslehre und Organisation der frühen christlichen Gemeinden.

Elisabeth von Thüringen, Landgräfin (19. November)

Elisabeth, Tochter des Königs Andreas II. von Ungarn, wurde 1207 geboren und bereits im Alter von einem Jahr mit dem späteren Landgrafen Ludwig IV. von Thüringen verlobt. 1211 kam sie nach Thüringen und wurde auf der Wartburg erzogen, 1221 fand die Heirat statt. Als Ludwig IV. am 11. Juli 1227 bei dem Kreuzzug Kaiser Friedrichs II. in Italien starb, wurde Elisabeth von ihrem Schwager Heinrich Raspe von der Wartburg verjagt. Sie gründete ein Spital in Marburg, wo sie Arme und Kranke pflegte. 1228 wurde sie Franziskanertertiarin. Sie starb am 17. November 1231 in Marburg und wurde schon am 27. Mai 1235 heiliggesprochen. Sie gilt als Vorbild christlicher Nächstenliebe, Barmherzigkeit und Selbstentäußerung.

Klemens, Papst, Märtyrer (23. November)

Klemens, um die Jahre 92–101 Bischof von Rom, ist vielleicht mit dem in Phil 4,3 genannten Paulusschüler identisch. Wichtig für die Kenntnis der frühchristlichen Gemeinden ist der unter seinem Namen verfaßte Brief an die Korinther (um 93/97). Der Legende nach erlitt er das Martyrium, indem er mit einem Anker um den Hals im Schwarzen Meer versenkt wurde. Der Slawenapostel Cyrill überführte im 9. Jahrhundert seine Reliquien nach Rom.

Ambrosius, Bischof, Kirchenlehrer (7. Dezember)

Um 339 in Trier als Sohn eines hohen Beamten geboren, wurde Ambrosius 374 noch als Katechumene zum Bischof von Mailand gewählt. Er erwarb sich bedeutende Verdienste um den christlichen Gottesdienst und die Glaubenslehre. Augustin wurde von ihm getauft. Ambrosius starb am 4. April 397 in Mailand. Sein Gedenktag ist der Tag seiner Bischofsweihe.

Auswahlbibliographie

Adolf Adam: Das Kirchenjahr mitfeiern. Seine Geschichte und seine Bedeutung nach der Liturgieerneuerung. Freiburg, Basel, Wien 1979.

Adolf Adam u. Rupert Berger: Pastoralliturgisches Handlexikon. Hrsg. von Franz Schneider. Freiburg i.Br. 1980, Leipzig 1982.

Agende für evangelisch-lutherische Kirchen und Gemeinden. Erster Band. Der Hauptgottesdienst mit Predigt und heiligem Abendmahl und die sonstigen Predigt- und Abendmahlsgottesdienste. Ausgabe für den Pfarrer. Berlin 1955. Altarausgabe mit den Sonderordinarien der einzelnen Landeskirchen: Berlin 1957 (= Lutherische Agende).

Agende für evangelisch-lutherische Kirchen und Gemeinden. Zweiter Band. Die Gebetsgottesdienste. (Zur Erprobung bestimmter Entwurf). Berlin 1960.

Agende für die Evangelische Kirche der Union. I. Band. Die Gemeindegottesdienste. 2. Aufl., Witten 1969.

Hugo Aufderbeck (Hrsg.): Die Feier der vierzig und fünfzig Tage. Ein Werkbuch. 2. Aufl., Leipzig 1960.

Hansjörg Auf der Maur: Feiern im Rhythmus der Zeit I. Herrenfeste in Woche und Jahr. Regensburg 1983 (= Gottesdienst der Kirche. Handbuch der Liturgiewissenschaft. Hrsg. von Hans Bernhard Meyer, Hansjörg Auf der Maur, Balthasar Fischer, Angelus A. Häußling, Bruno Kleinheyer, Teil 5).

Benediktionale. Studienausgabe für die katholischen Bistümer des deutschen Sprachgebietes. Erarbeitet von der Internationalen Arbeitsgemeinschaft der Liturgischen Kommissionen im deutschen Sprachgebiet. Hrsg. von den Liturgischen Instituten Salzburg, Trier, Zürich. Einsiedeln, Zürich, Freiburg, Wien 1978.

Calendarium Romanum. Ex decreto Ss. Oecumenici Concilii Vaticani II instauratum auctoritate Pauli pp. VI promulgatum. Editio typica Vaticano 1969.

Klaus Dirschauer: Das Gedächtnis Jesu Christi im Jahr der Kirche. In: Jahrbuch für Liturgik und Hymnologie 23 (1979) 108–119.

Erneuerte Agende. Vorentwurf. Hannover und Bielefeld 1990.

Der Evangelische Namenkalender. Hrsg. von der Lutherischen Liturgischen Konferenz. Hannover 1984.

Evangelisches Gesangbuch. Stammausgabe der Evangelischen Kirche in Deutschland (1993).

Evangelisches Tagzeitenbuch. Ordnung für das tägliche Gebet. Hrsg. im

Auftrag der Evangelischen Michaelsbruderschaft von Albert Mauder. 3. Aufl., Kassel 1979.

Die Feier der heiligen Messe. Meßbuch. Für die Bistümer des internationalen deutschen Sprachgebietes. Authentische Ausgabe für den liturgischen Gebrauch. Hrsg. im Auftrag der Bischofskonferenzen des internationalen deutschen Sprachgebietes. Teil I: Die Sonn- und Feiertage deutsch und lateinisch. Die Karwoche deutsch. Teil II: Das Meßbuch deutsch für alle Tage des Jahres außer der Karwoche. Einsiedeln usw. 1975; Leipzig 1977 (II) und 1979 (I).

Leonhard Fendt: Einführung in die Liturgiewissenschaft. Berlin 1958.

Gotteslob. Katholisches Gebet- und Gesangbuch. Hrsg. von der Berliner Ordinarienkonferenz. Stuttgart 1975; Leipzig 1976.

Georg von Gynz-Rekowski: Der Festkreis des Jahres. Berlin 1981.

Philipp Harnoncourt: Der Tag des Herrn. Zur Geschichte und Theologie von Sabbat und Sonntag. In: Heiliger Dienst 37 (1983) 1–15, 61–75.

Erich Hertzsch: Die Wirklichkeit der Kirche. Kompendium der Praktischen Theologie. Erster Teil: Die Liturgie. Halle 1956.

Erich Hertzsch: Evangelisches Brevier. Berlin 1959.

Heinz Hoffmann: Totengedächtnis und Totenfeier an der Wende vom 18. zum 19. Jahrhundert. In: Herbergen der Christenheit 14 (1983/84) 19–35.

Klaus-Peter Jörns/Karl-Heinrich Bieritz: Art. Kirchenjahr. In: Theologische Realenzyklopädie, Bd. 18, 575–599.

Wolfgang Jung: Liturgisches Wörterbuch. Berlin 1964.

Kleines Kantionale II. Für einstimmigen Chor. Zum Band II der Agende für evangelisch-lutherische Kirchen und Gemeinden. Hannover 1969.

Georg Kugler u. Herbert Lindner: Neue Familiengottesdienste 4. Liturgie – Symbole – Osternacht – Schulschluß – Familiengottesdienst im Freien. Gütersloh 1980.

Gerhard Kunze: Die gottesdienstliche Zeit. In: Liturgia. Handbuch des evangelischen Gottesdienstes. Hrsg. von Karl Ferdinand Müller u. Walter Blankenburg. Erster Band: Geschichte und Lehre des evangelischen Gottesdienstes. Kassel 1954, 437–535.

Lektionar für evangelisch-lutherische Kirchen und Gemeinden. Neue Ausgabe. Hamburg 1978.

Liturgia horarum iuxta ritum Romanum. Editio typica 1–4. Vaticano 1971–1972.

Liturgie. Hrsg. im Auftrag der Liturgiekonferenz der evangelisch-reformierten Kirchen in der deutschsprachigen Schweiz. Teil 3: Abendmahl. Bern 1983.

Christhard Mahrenholz: Kompendium der Liturgik des Hauptgottesdienstes. Kassel 1963.

Aimé-Georges Martimort (Hrsg.): Handbuch der Liturgiewissenschaft. Band II: Die übrigen Sakramente und die Sakramentalien. Die Heiligung der Zeit. Leipzig 1967 (L'Eglise en prière. Introduction à la Liturgie, Tournai 1961).

Hans Bernhard Meyer: Zeit und Gottesdienst. Anthropologische Bemerkungen zur liturgischen Zeit. In: Liturgisches Jahrbuch 31 (1981) 193–213.

Missale Romanum. Ex decreto Ss. Oecumenici Concilii Vaticani II instauratum auctoritate Pauli pp. VI promulgatum. Editio I iuxta typicam. Lipsiae 1970 (Editio typica Vaticano 1970; Editio typica altera Vaticano 1975).

Neue Lesungen für den Gottesdienst. Bearbeitet und hrsg. von der Lutherischen Liturgischen Konferenz Deutschlands. Hamburg 1972.

Konrad Onasch: Liturgie und Kunst der Ostkirche in Stichworten unter Berücksichtigung der Alten Kirche. Leipzig 1981.

Ordo lectionum missae. (Editio typica. Vaticano 1969) Editio typica altera. Vaticano 1981.

Joseph Pascher: Das liturgische Jahr. München 1963.

Perikopenbuch zur Ordnung der Predigttexte. Hrsg. von der Lutherischen Liturgischen Konferenz mit einer Einführung von Herwarth von Schade. Hamburg 1978.

Klemens Richter: Was ich vom Kirchenjahr wissen wollte. Zu Fragen aus der Gemeinde von heute. Freiburg, Basel, Wien 1982 (2. Aufl. 1983).

Georg Rietschel: Lehrbuch der Liturgik. Band I: Die Lehre vom Gemeindegottesdienst. Band II: Die Kasualien. 2., neubearbeitete Aufl. von Paul Graff. Göttingen 1951–1952.

Karl Bernhard Ritter: Die eucharistische Feier. Die Liturgie der evangelischen Messe und des Predigtgottesdienstes. Hrsg. in Verbindung mit der Evangelischen Michaelsbruderschaft. Kassel 1961.

Hannelore Sachs, Ernst Badstübner u. Helga Neumann: Christliche Ikonographie in Stichworten. Leipzig 1980.

Theodor Schnitzler: Kirchenjahr und Brauchtum. Leipzig 1975 (= Pastoralkatechetische Hefte 53). Auch: Kirchenjahr und Brauchtum neu entdeckt. In Stichworten, Übersichten und Bildern. Freiburg, Basel, Wien 1977.

Anselm Schott O.S.B.: Das Meßbuch der heiligen Kirche. Mit liturgischen Erklärungen und kurzen Lebensbeschreibungen der Heiligen. Neubearbeitet von Benediktinern der Erzabtei Beuron. Freiburg i.Br. 1956; Leipzig 1958.

Schott-Meßbuch für die Sonn- und Festtage. Originaltexte der authentischen deutschen Ausgabe des Meßbuchs und des Meßlektionars. Mit Einführungen hrsg. von den Benediktinern der Erzabtei Beuron. Freiburg i.Br. Lesejahr A 1983, Lesejahr B 1984, Lesejahr C 1982.

Schott-Meßbuch für die Wochentage. Originaltexte der authentischen deutschen Ausgabe des Meßbuchs und des Meßlektionars. Mit Einführungen hrsg. von den Benediktinern der Erzabtei Beuron. Teil I und II. Freiburg i.Br. 1984.

Schott-Meßbuch. Die neuen Wochentags-Lesungen. Teil 1: Advents- und Weihnachtszeit. Teil 2: Die Fastenzeit und die Osterzeit. Teil 3: 6.–

20. Woche im Jahreskreis. Teil 4: 21.–34. Woche im Jahreskreis. Freiburg, Basel, Wien 1972.
Frieder Schulz: Die Ordnung der liturgischen Zeit in den Kirchen der Reformation. In: Liturgisches Jahrbuch 32 (1982) 1–24.
Frieder Schulz: Art. Kirchenjahr. In: Evangelisches Kirchenlexikon, 3. Aufl., Bd. 2, 1115 – 1126.
Hans Joachim Schulz: Liturgie, Tagzeiten und Kirchenjahr des byzantinischen Ritus. In: Handbuch der Ostkirchenkunde. Hrsg. von E. v. Ivánka, J. Tyciak u. P. Wiertz, Düsseldorf 1971, 332–385.
Hans Seidel: Der festliche Mensch. Grundstrukturen einer theologischen Anthropologie nach Gen 2,1–3. In: Schriftenreihe der Universität Osnabrück. Fachbereich 3. März 1983, 285–297.
Stundenbuch. Für die katholischen Bistümer des deutschen Sprachgebietes. Authentische Ausgabe für den liturgischen Gebrauch. Hrsg. im Auftrag der Deutschen und der Berliner Ordinarienkonferenz, der Österreichischen Bischofskonferenz, der Schweizer Bischofskonferenz sowie der Bischöfe von Luxemburg, Bozen-Brixen, Lüttich, Metz und Straßburg. Teil 1–3. Einsiedeln usw. 1978.
Thomas J. Talley: Liturgische Zeit in der alten Kirche. Der Forschungsstand. In: Liturgisches Jahrbuch 32 (1982) 25–45.
Jakob Torsy (Hrsg.): Der große Namenstagskalender. 3550 Namen und 1540 Lebensbeschreibungen unserer Heiligen. Einsiedeln, Zürich, Freiburg, Wien 1976; 9. Aufl. 1982.
Alexander Völker (Hrsg.): Die Feier der Osternacht. Im Auftrag der Evangelischen Michaelsbruderschaft hrsg., Kassel 1983.
Ludwig Wächter: Der jüdische Festkalender. Geschichte und Gegenwart. In: Die Zeichen der Zeit 1980, 259–267.
Hermann Joseph Weisbender: Heilige des Regionalkalenders. Band I: Januar bis Juni. Band II: Juli bis Dezember. 2. Aufl., Leipzig 1983.

Personen- und Sachregister